葛老师的红楼课

王召强　丛书主编　　葛承程　编著

这是一本配备家长交流群的名著阅读书

建/议/配/合/二/维/码/一/起/使/用/本/书

■ 入群步骤

01	02	03
用微信扫描二维码；	根据提示，选择加入感兴趣的交流群；	群内回复关键词领相应学习资源。

■ 本书含有以下家长交流群

- ▶ 地域群　　　基于家长所在位置建立的社群参加线下活动。
- ▶ 读书话题群　同本书其他家长陪孩子探讨读书心得。
- ▶ 阅读任务群　通过阅读任务帮孩子养成良好学习习惯。

微信扫描二维码 ◀
加入本书读者微信交流群

南京大学出版社

主编的话

经典阅读，离不开名师领读

我在小学阶段，几乎没有读过一本完整的课外书，那时家里唯一的藏书，是一本父亲在煤矿上培训时发放的有关爆破的油印资料，被母亲拿来夹带"鞋样子"。我那时根本看不懂里面的化学符号，也就只能拿来随便翻翻，欣赏里面母亲收集的各式各样的"鞋样子"。

到了初中，我才有机会接触课外读物。初一的语文老师家里有很多藏书，我跟同学一起到他家里玩时，发现他是一个藏书颇丰的人。我当即鼓足勇气，向他借阅了一套《水浒传》。那时山东电视台经常播放自制的电视连续剧《武松》，让我们这些自诩为"山东好汉"的毛头小子对《水浒传》产生了浓厚的兴趣。

真没想到，我这辈子读的第一部小说竟然就是《水浒传》，这可能就是我们山东人的宿命，仿佛冥冥之中自有天意。"少不读水浒，老不读三国"这种告诫完全不适用于我们。这次阅读《水浒传》的经历，让我对中国古代的历史文化产生了浓厚的兴趣，对我后来走上文科的道路产生了深远的影响。可惜这位语文老师只教了我们一年，后来我就只能在同学中借阅图书了。

考上高中以后，我才有意识地拓展课外阅读。为此，舅舅特地带我去了一趟城里的新华书店，我直奔文学书架而去。从此以后，我就打开了一个课外阅读的新天地，像《简·爱》《爱玛》《巴黎圣母院》《悲惨世界》《罗宾汉的故事》《钢铁是怎样炼成的》《童年》《在人间》《我的大学》《三国演义》《红楼梦》《西游记》《王朔文集》《穆斯林的葬礼》这类小说，我就是在高中紧张的学习生活中抽空读完的。高中三年，我从来没有因为语文成绩而苦恼过，几乎每次考试都是名列前茅。即便是在高考复习极度紧张的高三学年，我还是坚持读完了雨果的长篇小说《悲惨世界》。

直到现在，我还清楚地记得高一时，每周日晚上回到家后，夜读《三国演义》的情景。那时我读的是寄宿制高中，每周只有小半天的休息时间，周日回到家时，已是下午四五点钟，吃完晚饭后，我就开始独享"阅读的至乐"了。

我当时读的是繁体字的竖排本，居然没有碰到什么阅读障碍，就这样津津有味地读了进去。《三国演义》是半文半白的文体，对于培养阅读文言文的语感，是再好不过的了。我想我高中三年语文成绩比较突出，主要跟我在阅读"四大名著"中养成的语感有关。

就阅读状态而言，我现在最怀念高中时期读小说的情景。因为那时我还处于庄子所描述的混沌状态，无论何种类型、何种题材的小说，于我而言都是陌生而新鲜的，我都是带着一颗赤子之心贪婪地阅读着，没有任何功利性的目的。

我当时语文成绩很好，并不指望课外阅读来帮我提高分数，反而每每为了提高数学成绩而挤压课外阅读的时间。考进大学中文系以后，读书时间虽然得到了充分的保障，图书馆里的图书也基本上满足了我读书的需求，但读书的功利性、目的性明显增强了许多，再也回不到那个"无目的阅读"的自然状态。

大学期间，我紧跟着大学老师讲述文学作品选和文学史的节奏，阅读了古今中外大量的文学作品，单就小说而言，我尤其钟爱20世纪以降的西方现代派作品。虽然我也是一个在野地里生长起来的孩子，原本应该更亲近《边城》这种现实题材的作品。但奇怪的是，我对现代派小说情有独钟，像法国的新小说、美国的黑色幽默小说、拉丁美洲的魔幻现实主义小说等等，一读起来就有一种舍不得读完的感觉。即便是卡夫卡那些未完成的小说片段，我都能津津有味地读进去。

不过，在大三、大四的时候，我又回归了中国古典小说的阅读，当时我选了一门陈大康老师的《红楼梦》导读课，在陈老师的指导下，细读了一遍《红楼梦》，并把王国维、胡适以来研究红学的重要著作，几乎都通读了一遍。我这才发现《红楼梦》的博大精深之处，只怪我高中时年少无知，错过了细读《红楼梦》的时机。

我在教学过程中开始整本书阅读教学的摸索，是在我工作的第二年（2004年），当时我在上海市松江二中开设的一门自主选修课程，就是《红楼梦》导读，对于一个新教师而言，其难度之大可想而知。在还没有听闻过"整本书阅读"这个教学理念的当时，我就像一头闯进瓷器店里的大象一样，茫然不知所措，现在回想起来，真是令人汗颜。

我原本打算以《红楼梦》第五回"游幻境指迷十二钗　饮仙醪曲演红楼梦"中的判词为纲，逐一梳理"金陵十二钗"的命运遭际和性格特点，从而引导学生共同探讨《红楼梦》在人物形象塑造上的艺术成就。

没想到具体操作起来，简直是难于上青天，选修这门课的学生只有一人在选课前完整地读过一遍《红楼梦》，其他学生根本没有精力在短时间内把《红楼梦》通读一遍，所以这门"人物形象"课最终就演变成了我对"红学"的梳理课。好在"红学"博大精深，足以填满一个学期的选修课时。

2017年，《普通高中语文课程标准》出来以后，我惊喜地发现"整本书阅读"被纳入了十八个学习任务群，而在"部编本"中学语文教材中，"四大名著"赫然在列。这就意味着今后每一位中学生都要在语文老师的指导下，整本书阅读"四大名著"了。

遥想当初我开设《红楼梦》导读的选修课的惨痛经历，不禁让我思考，整本书阅读"四大名著"谈何容易！

其实从2004年开始，我就一直在思考这个问题：究竟如何开展整本书阅读教学。在过去两年的教学实践中（2017年9月至今），我总算摸索出了一点整本书阅读教学的门道。于是决定跟王健瑶、李金财、耿荣、葛承程这四位老师合作，研发出一套整本书阅读"四大名著"的课程化教材来。

王健瑶老师是我在松江二中的老同事，相交十数年来默契最深；李金财、耿荣老师与我同为黄玉峰老师门下弟子，是我到杨浦工作以来新结识的志同道合之友；葛承程老师原系复旦大学的研究生，曾在我校实习，因毕业论文研究的课题是批判性课程，故而结缘。

此番合作研发"领读经典"书系，四位老师用心最苦，用力最深，在卷帙浩繁的原著中精选出二十到三十回，悉心编排，并加之以精读指导，旨在落实新课标的教育理念，为广大中学师生提供一个整本书阅读"四大名著"的课程化教材，以弥补目下整本书阅读教学之不足。疏漏之处，在所难免，还望各位读者多多指教。

王召强

2019 年 4 月 23 日

前言

如何使用这本书

很开心又有一本书和大家见面了，依然是关于《红楼梦》，依然是面向中学生。开心的是，我一直在中学生中做着古典文学领读的工作，能够从事一份自己喜欢的工作是一件幸事。白天在学校教学，晚间和假期阅读与写作，在服务他人和忠于自己之间获得了平衡，也在教与学中互相长进。越了解学生，就越能理解他们的阅读处境、他们现实的难处，也就越能设身处地为他们写作一本助读之书。

我任职的学校是上海的一所高水平中学，我在全校范围内开设了"中学生红楼梦导读"的选修课，选修的学生80%左右是高中生，20%左右是国际部的初中生；他们都对古典文学，对《红楼梦》有浓厚的兴趣。

一、学生们的共识：中学生应该读《红楼梦》

他们普遍认为《红楼梦》无论在中国文学还是世界文学范围内都是一流的作品。他们对小说中的人物、故事情节、诗词曲赋、风俗习惯、园林建筑、美食文化、宗法制度、传统文化、医疗偏方、社会背景等都饶有兴味。

他们在《红楼梦》的内容里能读出爱情、青年成长、家族兴衰、官场斗争、宗教神话、清朝历史。《红楼梦》不是截取人生的某个截面或片段，它讲述的是一个关于生活的全面的图景。"日光之下并无新事"，生活的本质总是相似的，这与时代的更替、科技的进步关系不大。他们以中学生12—18岁的年龄，能够理解同处青春期的小说主人公们的喜怒哀乐，甚至对很多场景感同身受，很多困惑似曾相识。他们甚至认为真正深入地阅读《红楼梦》对于认识自己，读懂中国都有不可估量的重要作用。

他们对《红楼梦》的认识是令我惊喜的！这一批中学生有着良好的文学品味（尽管有些学生在课程结束时仍未把小说读完），积极而真诚的阅读兴趣，坦率而热烈的投入程度。这是能够挑战《红楼梦》阅读，走入小说所描绘的宏大世界所需的勇气、好奇和热情。

二、学生们的困难：时间紧、篇幅长、缺乏指导

在中学生中能够通读《红楼梦》原著一遍以上的人是极少的，但大部分人都片段读过、跳读过，几乎所有人家里都有这部书。

没有通读《红楼梦》原著的原因主要有：（1）没有时间；（2）篇幅太长；（3）理不清头绪；（4）看过戏剧或漫画，对故事内容有些了解，对阅读原著缺乏新鲜感；（5）太高深，读不懂。

通过同学们描述性的语言，我发现了一些真实的困境：（1）现阶段中学生课业压力大，时间紧张，即使是一所高水平学校的学生，他们有着很强的学习自主性，仍然无法按照兴趣来自由阅读；（2）阅读习惯和能力停留在浅阅读阶段，缺乏深度；（3）难以获得有效的阅读指导。

熟悉中学生生活的人都知道，他们每天待在学校的时间高达8-10小时，如果加上通勤和做作业，每天能自由支配的时间实在太少。因此，对于时间有限又想领略《红楼梦》风采的中学生来说，120回的文本，百万字的篇幅，确实会令大部分人产生难以读完的预判而放弃了尝试。

常规的中学语文教育是以选文为主，每篇字数一般在1500—2000字，同学们养成了"读文"而不是"读书"的习惯。几个人物与几百个人物，一两个事件与一群事件，几个场景与无数场景，几个主题和无数可能的主题，这是一般的选文阅读与《红楼梦》阅读的体量差距，而这两者需要的时间、精力、方法也是有巨大差异的。加之纷繁复杂的人物

关系、互相关联却伏延千里的故事情节，于今迥异的文化习俗都令中学生的《红楼梦》阅读之路坎坷难行。

人物解读、小说情节布置、故事几条主线、隐喻、诗词、语言、清朝末期社会风云、作者家世与人物原型、自传还是虚构、版本源流、批本与红学，这些即使不做深入研究，也应当作为理解文本的辅助指导。然而，如果没有相关课程和老师可资求教，以及面对浩如烟海的红学研究之作，如果无法获得可靠的参考书籍，将使同学们的阅读之路孤立无援。

三、这本书能解决什么问题

针对上述学生们的实际困难，这本书从《红楼梦》中挑选出20回，并配以解读和活动设计，启发思考。

（一）节选篇目

篇名	回目	主要内容	选择原因
第一篇 鸿篇巨制如何开头	第1回	两个神话——贾宝玉、林黛玉的来历 两个串引人物——甄士隐、贾雨村	从神话到现实，红楼梦的叙事架构；从前身到今世，生命的起源和人生的意义
	第3回	林黛玉进贾府	主要人物往舞台中央（贾府）汇集
	第5回	贾宝玉梦游幻境	梦境与现实；谶语与预言
第二篇 故事开始流动	第6回	刘姥姥一进荣国府	刘姥姥视角看贾府、看众人；刘姥姥这个人物不简单
	第18回	元妃省亲	贾元春视角看省亲别墅（大观园）；皇家仪典与骨肉亲情；元春的尊荣与悲情
	第23回	初入大观园居住；宝黛共读西厢	宝黛爱情主线，从儿童之爱到萌动之情
	第27回	宝钗扑蝶；黛玉葬花	钗黛性格与关系
	第33回	宝玉挨打	亲子矛盾的总爆发；人物关系的群面相

(续表)

篇名	回目	主要内容	选择原因
第三篇 大观园里的小岁月	第37回	成立海棠诗社	大观园儿女的诗情与性格
	第40回	刘姥姥二进荣国府（刘姥姥进大观园）	刘姥姥视角看大观园、看众人；众人视角看刘姥姥
	第41回		
	第45回	钗黛和解	钗黛关系的变化
	第48回	香菱学诗	生活的苦与人性对美的追求；人物与环境
	第49回	白雪中赏红梅、烤鹿肉	愉快的冬季生活
	第50回	芦雪广即景联诗	
	第56回	探春理家	荣国府的伟女子，改革与政治
第四篇 当青春遭遇现实	第73回	一个绣春囊引发的灾难	她们到底在恐慌什么？
	第74回	抄检大观园	毁灭的开始；家族衰败的开始
第五篇 我们散了，世界还在继续	第97回	黛玉焚稿；宝钗出嫁	一悲一喜，或者都是悲剧
	第120回	两个串引人物收束全文	拥有的都是侥幸，失去的都是人生，留下的只是故事，世界仍然继续，不为谁而更改

　　这些精选的回目包含了《红楼梦》中的经典场景，比如"梦游幻境""共读西厢""黛玉葬花""宝玉挨打""刘姥姥进大观园""抄检大观园"等大家耳熟能详的桥段。以叙事主线、主要人物解读、小说主题意涵等阅读目标来排列、整合，使阅读条理更清晰，更容易地进入小说文本，并以此20回所掌握的故事主线、鉴赏方法来迁移阅读全部的文本。

（二）学习活动

活动项目	主要内容	学习目标
红楼小讲台	笔者解读	理解文本内容，串联前后关系，分析本回主角人物
本回我评论	读者感悟	在理解文本的基础上独立思考、自由表达
红楼鉴赏台	红学大家鉴赏摘录、重要红学研究者与书籍介绍	拓展阅读，借鉴参考红学研究成果和意见
红楼人物馆	小说人物解读	分析解读小说人物形象
绝妙好词笺	小说中的诗词歌赋鉴赏	诗歌鉴赏，小说中不同文体的运用
红楼活动场	个性化学习活动，例如： 1. 创意写作，比如林黛玉日记，给宝玉的一封信等 2. 剧本表演 3. 话题辩论	深度理解、批判性思考

（三）你将得到：从一本书到一种能力

我们可能经常看到这样的场景，几个中学生围坐在一起谈论《红楼梦》，A 同学说："我特别不喜欢林黛玉，整天哭哭啼啼的。"B 同学说："我看不出这部书有什么好的，一个男孩子围着几个女孩子整天磨磨唧唧的。"C 同学说："如果贾府不走下坡路不被抄家，也许林黛玉和贾宝玉能够在一起，造成他们不能在一起的主要原因是家庭环境、社会环境的改变。"D 同学说："我不觉得贾宝玉有什么好的，即使没有社会原因，贾宝玉也没有能力捍卫他们的爱情。"

听到这段谈话，老师们可能很高兴地看到这几位同学已经开始了对《红楼梦》的阅读，并且在宝黛爱情的问题上已经很有些见解了！但是听完之后会发现，他们评价宝黛爱情，好像在评价他们认识的某对情侣。也就是说，他们是把小说中的人物当成真实人物在理解。这也是很多同学在阅读文学作品时容易出现的问题。这本书便致力于帮助读者们用比较专业的态度阅读文学作品。

这里涉及的能力主要有以下几点。

1. 文学鉴赏能力

文学鉴赏能力包括解读人物形象、提炼叙事主线、解读文本价值、小说写作方法等。

2. 深度阅读的习惯和能力

深度阅读是伴随着深度思考的。边读边思，追求的不是短暂的视觉快感和心理满足，而是进入内容情境，开阔视野、拓展知识，反复咀嚼、提升能力，使阅读向精深专注的方向前进。

3. 批判性思维品质提升

《红楼梦》这部书，历来热捧与争议并存。单看中学生是否应该阅读这本书，争执就从未停歇。常见的担忧如：红楼梦是个悲剧，孩子们读了会悲观。首先，这种说法是不符合悲剧理论的，是用一种世俗眼光把悲剧理解为欲望的不能实现。把悲剧简单地看成结局的不圆满，还是看到悲剧是一个生成的过程，是人在与现实对抗、与自我命运搏斗中展现出的本质力量，这是阅读文学作品的专业能力的区别。其次，这种说法也是浅阅读的一个表现。再次，悲剧不一定是消极的，甚至可以是崇高的，激励人的。更重要的是，这种说法中包含着成人对青少年阅读选择的霸权。

仅举一例，便可发现，在《红楼梦》文本的阅读之前已有很多可资思考的问题，更遑论阅读过程中，之于文本内容的思想、价值观、人物在面对生活时的选择……孩子们是人云亦云，还是以专业的眼光思考问题、推翻成见、理解他人也坚持自己。可以说《红楼梦》的阅读，是一个很好的批判性思维培养的样本。

最后，期待与大家在书中相遇！让我们共解其中味！

葛承程

2019 年 5 月 9 日

目录

第一篇　鸿篇巨制如何开头

第一回　甄士隐梦幻识通灵　贾雨村风尘怀闺秀…………………3
第三回　贾雨村夤缘复旧职　林黛玉抛父进京都…………………23
第五回　游幻境指迷十二钗　饮仙醪曲演红楼梦…………………41

第二篇　故事开始流动

第六回　贾宝玉初试云雨情　刘姥姥一进荣国府…………………61
第十八回　大观园试才题对额　荣国府归省庆元宵………………75
第二十三回　西厢记妙词通戏语　牡丹亭艳曲警芳心……………94
第二十七回　滴翠亭杨妃戏彩蝶　埋香冢飞燕泣残红……………108
第三十三回　手足眈眈小动唇舌　不肖种种大承笞挞……………124

第三篇　大观园里的小岁月

第三十七回　秋爽斋偶结海棠社　蘅芜苑夜拟菊花题……………139
第四十回　史太君两宴大观园　金鸳鸯三宣牙牌令………………161
第四十一回　栊翠庵茶品梅花雪　怡红院劫遇母蝗虫……………180
第四十五回　金兰契互剖金兰语　风雨夕闷制风雨词……………194
第四十八回　滥情人情误思游艺　慕雅女雅集苦吟诗……………212

第四十九回　琉璃世界白雪红梅　脂粉香娃割腥啖膻……………… 230

第五十回　芦雪广争联即景诗　暖香坞雅制春灯谜……………… 245

第五十六回　敏探春兴利除宿弊　识宝钗小惠全大体……………… 262

第四篇　当理想遭遇现实

第七十三回　痴丫头误拾绣春囊　懦小姐不问累金凤……………… 283

第七十四回　惑奸谗抄检大观园　矢孤介杜绝宁国府……………… 298

第五篇　我们散了，世界还在继续

第九十七回　林黛玉焚稿断痴情　薛宝钗出闺成大礼……………… 325

第一百二十回　甄士隐详说太虚情　贾雨村归结红楼梦……………… 343

第一篇

鸿篇巨制如何开头

第一回

甄士隐梦幻识通灵　贾雨村风尘怀闺秀

　　此开卷第一回也。作者自云：因曾历过一番梦幻之后，故将真事隐去，而借"通灵"之说，撰此《石头记》一书也。故曰"甄士隐"云云。但书中所记何事何人？自又云："今风尘碌碌，一事无成，忽念及当日所有之女子，一一细考较去，觉其行止见识皆出于我之上。何我堂堂须眉，诚不若彼裙钗哉？实愧则有余，悔又无益之大无可如何之日也！当此，则自欲将已往所赖天恩祖德，锦衣纨袴之时，饫甘餍肥之日，背父兄教育之恩，负师友规谈之德，以至今日一技无成，半生潦倒之罪，编述一集，以告天下人：我之罪固不免，然闺阁中本自历历有人，万不可因我之不肖，自护己短，一并使其泯灭也。虽今日之茅椽蓬牖，瓦灶绳床，其晨夕风露，阶柳庭花，亦未有妨我之襟怀笔墨者。虽我未学，下笔无文，又何妨用假语村言，敷演出一段故事来，亦可使闺阁昭传，复可悦世之目，破人愁闷，不亦宜乎？"故曰"贾雨村"云云。

　　此回中凡用"梦"用"幻"等字，是提醒阅者眼目，亦是此书立意本旨。

批注

批注

列位看官：你道此书从何而来？说起根由虽近荒唐，细按则深有趣味。待在下将此来历注明，方使阅者了然不惑。

原来女娲氏炼石补天之时，于大荒山无稽崖炼成高经十二丈，方经二十四丈顽石三万六千五百零一块。娲皇氏只用了三万六千五百块，只单单剩了一块未用，便弃在此山青埂峰下。谁知此石自经煅炼之后，灵性已通，因见众石俱得补天，独自己无材不堪入选，遂自怨自叹，日夜悲号惭愧。

一日，正当嗟悼之际，俄见一僧一道远远而来，生得骨格不凡，丰神迥异，说说笑笑来至峰下，坐于石边高谈快论。先是说些云山雾海神仙玄幻之事，后便说到红尘中荣华富贵。此石听了，不觉打动凡心，也想要到人间去享一享这荣华富贵；但自恨粗蠢，不得已，便口吐人言，向那僧道说道："大师，弟子蠢物，不能见礼了。适闻二位谈那人世间荣耀繁华，心切慕之。弟子质虽粗蠢，性却稍通；况见二师仙形道体，定非凡品，必有补天济世之材，利物济人之德。如蒙发一点慈心，携带弟子得入红尘，在那富贵场中，温柔乡里受享几年，自当永佩洪恩，万劫不忘也。"二仙师听毕，齐憨笑道："善哉，善哉！那红尘中有却有些乐事，但不能永远依恃，况又有'美中不足，好事多魔'八个字紧相连属，瞬息间则又乐极悲生，人非物换，究竟是到头一梦，万境归空，倒不如不去的好。"

这石凡心已炽，那里听得进这话去，乃复苦求再四。二仙知不可强制，乃叹道："此亦静极思动，无中生有之数也。既如此，我们便携你去受享受享，只是到不得意时，切莫后悔。"石道："自然，自然。"那僧又道："若说你性灵,却又如此质蠢,并更无奇贵之处。如此也只好踮脚而已。也罢,我如今大施佛法助你助,待劫终之日,复还本质,以了此案。你道好否?"石头听了,感谢不尽。那僧便念咒书符,大展幻术,将一块大石登时变成一块鲜明莹洁的美玉,且又缩成扇坠大小的可佩可拿。那僧托于掌上,笑道:"形体倒也是个宝物了!还只没有实在的好处,须得再镌上数字,使人一见便知是奇物方妙。然后携你到那昌明隆盛之邦,诗礼簪缨之族,花柳繁华地,温柔富贵乡去安身乐业。"石头听了,喜不能禁,乃问:"不知赐了弟子那几件奇处,又不知携了弟子到何地方?望乞明示,使弟子不惑。"那僧笑道:"你且莫问,日后自然明白的。"说着,便袖了这石,同那道人飘然而去,竟不知投奔何方何舍。

后来,又不知过了几世几劫,因有个空空道人访道求仙,忽从这大荒山无稽崖青埂峰下经过,忽见一大块石上字迹分明,编述历历。空空道人乃从头一看,原来就是无材补天,幻形入世,蒙茫茫大士、渺渺真人携入红尘,历尽离合悲欢炎凉世态的一段故事。后面又有一首偈云:

无材可去补苍天,枉入红尘若许年。
此系身前身后事,倩谁记去作奇传?

诗后便是此石坠落之乡,投胎之处,亲自经历的一段陈迹故事。其中家庭闺阁琐事,以及闲情诗词倒还全备,或可适趣解闷;然朝代年纪,地舆邦国,却反失落无考。

空空道人遂向石头说道:"石兄,你这一段故事,据你自己说有些趣味,故编写在此,意欲问世传奇。据我看来，第一件，无朝代年纪可考；第二件，并无大贤大忠理朝廷治风俗的善政，其中只不过几个异样女子，或情或痴，或小才微善，亦无班姑、蔡女之德能。我纵抄去，恐世人不爱看呢。"石头笑答道："我师何太痴耶！若云无朝代可考，今我师竟假借汉唐等年纪添缀，又有何难？但我想，历来野史，皆蹈一辙，莫如我这不借此套者，反倒新奇别致，不过只取其事体情理罢了，又何必拘拘于朝代年纪哉！再者，市井俗人喜看理治之书者甚少，爱适趣闲文者特多。历来野史，或讪谤君相，或贬人妻女，奸淫凶恶，不可胜数。更有一种风月笔墨，其淫秽污臭，屠毒笔墨，坏人子弟，又不可胜数。至若佳人才子等书，则又千部共出一套，且其中终不能不涉于淫滥，以致满纸潘安、子建、西子、文君，不过作者要写出自己的那两首情诗艳赋来，故假拟出男女二人名姓，又必旁出一小人其间拨乱，亦如剧中之小丑然。且鬟婢开口即者也之乎，非文即理。故逐一看去，悉皆自相矛盾、大不近情理之话，竟不如我半世亲睹亲闻的这几个女子，虽不敢说强似前代书中所有之人，但事迹原委，亦可以消愁破闷；也有几首歪诗熟话，可以喷饭供酒。至若离合悲欢，兴衰际遇，则又追踪蹑迹，不敢稍加穿凿，徒为供人之目而反失其真传者。今之人，贫者日为衣食所累，富者又怀不足之心，纵然一时稍闲，又有贪淫恋色，好货寻愁之事，那里去有工夫看那理治之书？所以我这一段故事，也不愿世人称奇道妙，也不定要世人喜悦检读，只愿他们当那醉淫饱卧之时，或避世去愁之际，把此一玩，岂不省了些寿命筋力？就比那谋虚逐妄，却也省了口舌是非之害，腿脚奔忙之苦。再者，亦令世人换新眼目，不比那些胡牵乱扯，忽离忽遇，满纸才人淑女、子建文君红娘小玉等通共熟套之旧稿。我师意为何如？"

空空道人听如此说，思忖半晌，将《石头记》再检阅一遍，因见上面虽有些指奸责佞贬恶诛邪之语，亦非伤时骂世之旨；及至君仁臣良父慈子孝，凡伦常所关之处，皆是称功颂德，眷眷无穷，实非别书之可比。虽其中大旨谈情，亦不过实录其事，又非假拟妄称，一味淫邀艳约、私订偷盟之可比。因毫不干涉时世，方从头至尾抄录回来，问世传奇。从此空空道人因空见色，由色生情，传情入色，自色悟空，遂易名为情僧，改《石头记》为《情僧录》。东鲁孔梅溪则题曰《风月宝鉴》。后因曹雪芹于悼红轩中披阅十载，增删五次，纂成目录，分出章回，则题曰《金陵十二钗》。并题一绝云：

满纸荒唐言，一把辛酸泪！
都云作者痴，谁解其中味？

出则既明，且看石上是何故事。按那石上书云：

当日地陷东南，这东南一隅有处曰姑苏，有城曰阊门者，最是红尘中一二等富贵风流之地。这阊门外有个十里街，街内有个仁清巷，巷内有个古庙，因地方窄狭，人皆呼作葫芦庙。庙旁住着一家乡宦，姓甄，名费，字士隐。嫡妻封氏，情性贤淑，深明礼义。家中虽不甚富贵，然本地便也推他为望族了。因这甄士隐禀性恬淡，不以功名为念，每日只以观花修竹、酌酒吟诗为乐，倒是神仙一流人品。只是一件不足：如今年已半百，膝下无儿，只有一女，乳名唤作英莲，年方三岁。

批注

　　一日，炎夏永昼，士隐于书房闲坐，至手倦抛书，伏几少憩，不觉朦胧睡去。梦至一处，不辨是何地方。忽见那厢来了一僧一道，且行且谈。只听道人问道："你携了这蠢物，意欲何往？"那僧笑道："你放心，如今现有一段风流公案正该了结，这一干风流冤家，尚未投胎入世。趁此机会，就将此蠢物夹带于中，使他去经历经历。"那道人道："原来近日风流冤孽又将造劫历世去不成？但不知落于何方何处？"那僧笑道："此事说来好笑，竟是千古未闻的罕事。只因西方灵河岸上三生石畔，有绛珠草一株，时有赤瑕宫神瑛侍者，日以甘露灌溉，这绛珠草始得久延岁月。后来既受天地精华，复得雨露滋养，遂得脱却草胎木质，得换人形，仅修成个女体，终日游于离恨天外，饥则食蜜青果为膳，渴则饮灌愁海水为汤。只因尚未酬报灌溉之德，故其五内便郁结着一段缠绵不尽之意。恰近日这神瑛侍者凡心偶炽，乘此昌明太平朝世，意欲下凡造历幻缘，已在警幻仙子案前挂了号。警幻亦曾问及，灌溉之情未偿，趁此倒可了结的。那绛珠仙子道：'他是甘露之惠，我并无此水可还。他既下世为人，我也去下世为人，但把我一生所有的眼泪还他，也偿还得过他了。'因此一事，就勾出多少风流冤家来，陪他们去了结此案。"

　　那道人道："果是罕闻。实未闻有还泪之说。想来这一段故事，比历来风月事故更加琐碎细腻了。"那僧道："历来几个风流人物，不过传其大概以及诗词篇章而已；至家庭闺阁中一饮一食，总未述记。再者，大半风月故事，不过偷香窃玉、暗约私奔而已，并不曾将儿女之真情发泄一二。想这一干人入世，其情痴色鬼、贤愚不肖者，悉与前人传述不同矣。"那道人道："趁此何不你我也去下世度脱几个，岂不是一场功德？"那僧道："正合吾意，你且同我到警幻仙子宫中，将蠢物交割清楚，待这一干风流孽鬼下世已完，你我再去。如今虽已有一半落尘，然犹未全集。"道人道："既如此，便随你去来。"

却说甄士隐俱听得明白，但不知所云"蠢物"系何东西。遂不禁上前施礼，笑问道："二仙师请了。"那僧道也忙答礼相问。士隐因说道："适闻仙师所谈因果，实人世罕闻者。但弟子愚浊，不能洞悉明白，若蒙大开痴顽，备细一闻，弟子则洗耳谛听，稍能警省，亦可免沉沦之苦。"二仙笑道："此乃玄机不可预泄者。到那时不要忘我二人，便可跳出火坑矣。"士隐听了，不便再问。因笑道："玄机不可预泄，但适云'蠢物'，不知为何，或可一见否？"那僧道："若问此物，倒有一面之缘。"说着，取出递与士隐。

士隐接了看时，原来是块鲜明美玉，上面字迹分明，镌着"通灵宝玉"四字，后面还有几行小字。正欲细看时，那僧便说已到幻境，便强从手中夺了去，与道人竟过一大石牌坊，上书四个大字，乃是"太虚幻境"。两边又有一副对联，道是：

假作真时真亦假，无为有处有还无。

士隐意欲也跟了过去，方举步时，忽听一声霹雳，有若山崩地陷。士隐大叫一声，定睛一看，只见烈日炎炎，芭蕉冉冉，所梦之事便忘了大半。又见奶母正抱了英莲走来。士隐见女儿越发生得粉妆玉琢，乖觉可喜，便伸手接来，抱在怀内，斗他顽耍一回，又带至街前，看那过会的热闹。方欲进来时，只见从那边来了一僧一道：那僧则癞头跣脚，那道则跛足蓬头，疯疯癫癫，挥霍谈笑而至。及至到了他门前，看见士隐抱着英莲，那僧便大哭起来，又向士隐道："施主，你把这有命无运、累及爹娘之物，抱在怀内作甚？"士隐听了，知是疯话，也不去睬他。那僧还说："舍我罢，舍我罢！"士隐不耐烦，便抱女儿撤身要进去，那僧乃指着他大笑，口内念了四句言词道：

惯养娇生笑你痴，菱花空对雪澌澌。
好防佳节元宵后，便是烟消火灭时。

士隐听得明白，心下犹豫，意欲问他们来历。只听道人说道："你我不必同行，就此分手，各干营生去罢。三劫后，我在北邙山等你，会齐了同往太虚幻境销号。"那僧道："最妙，最妙！"说毕，二人一去，再不见个踪影了。士隐心中此时自忖：这两个人必有来历，该试一问，如今悔却晚也。

这士隐正痴想，忽见隔壁葫芦庙内寄居的一个穷儒——姓贾名化、表字时飞、别号雨村者走了出来。这贾雨村原系胡州人氏，也是诗书仕宦之族，因他生于末世，父母祖宗根基已尽，人口衰丧，只剩得他一身一口，在家乡无益，因进京求取功名，再整基业。自前岁来此，又淹蹇住了，暂寄庙中安身，每日卖字作文为生，故士隐常与他交接。

当下雨村见了士隐，忙施礼陪笑道："老先生倚门伫望，敢是街市上有甚新闻否？"士隐笑道："非也。适因小女啼哭，引他出来作耍，正是无聊之甚，兄来得正妙，请入小斋一谈，彼此皆可消此永昼。"说着，便令人送女儿进去，自与雨村携手来至书房中。小童献茶。方谈得三五句话，忽家人飞报："严老爷来拜。"士隐慌的忙起身谢罪道："恕诳驾之罪，略坐，弟即来陪。"雨村忙起身亦让道："老先生请便。晚生乃常造之客，稍候何妨。"说着，士隐已出前厅去了。

这里雨村且翻弄书籍解闷。忽听得窗外有女子嗽声，雨村遂起身往窗外一看，原来是一个丫鬟，在那里撷花，生得仪容不俗，眉目清明，虽无十分姿色，却亦有动人之处。雨村不觉看的呆了。

那甄家丫鬟撷了花，方欲走时，猛抬头见窗内有人，敝巾旧服，虽是贫窘，然生得腰圆背厚，面阔口方，更兼剑眉星眼，直鼻权腮。这丫鬟忙转身回避，心下乃想："这人生的这样雄壮，却又这样褴褛，想他定是我家主人常说的什么贾雨村了，每有意帮助周济，只是没甚机会。我家并无这样贫窘亲友，想定是此人无疑了。怪道又说他必非久困之人。"如此想来，不免又回头两次。

雨村见他回了头，便自为这女子心中有意于他，便狂喜不尽，自为此女子必是个巨眼英雄，风尘中之知己也。一时小童进来，雨村打听得前面留饭，不可久待，遂从夹道中自便出门去了。士隐待客既散，知雨村自便，也不去再邀。

一日，早又中秋佳节。士隐家宴已毕，乃又另具一席于书房，却自己步月至庙中来邀雨村。原来雨村自那日见了甄家之婢曾回顾他两次，自为是个知己，便时刻放在心上。今又正值中秋，不免对月有怀，因而口占五言一律云：

批注

> 未卜三生愿，频添一段愁。
> 闷来时敛额，行去几回头。
> 自顾风前影，谁堪月下俦？
> 蟾光如有意，先上玉人楼。

雨村吟罢，因又思及平生抱负，苦未逢时，乃又搔首对天长叹，复高吟一联曰：

> 玉在匮中求善价，钗于奁内待时飞。

恰值士隐走来听见，笑道："雨村兄真抱负不浅也！"雨村忙笑道："不过偶吟前人之句，何敢狂诞至此。"因问："老先生何兴至此？"士隐笑道："今夜中秋，俗谓'团圆之节'，想尊兄旅寄僧房，不无寂寥之感，故特具小酌，邀兄到敝斋一饮，不知可纳芹意否？"雨村听了，并不推辞，便笑道："既蒙厚爱，何敢拂此盛情。"说着，便同士隐复过这边书院中来。

须臾茶毕，早已设下杯盘，那美酒佳肴自不必说。二人归坐，先是款斟漫饮，次渐谈至兴浓，不觉飞觥限斝起来。当时街坊上家家箫管，户户弦歌，当头一轮明月，飞彩凝辉，二人愈添豪兴，酒到杯干。雨村此时已有七八分酒意，狂兴不禁，乃对月寓怀，口占一绝云：

> 时逢三五便团圆，满把晴光护玉栏。
> 天上一轮才捧出，人间万姓仰头看。

士隐听了，大叫："妙哉！吾每谓兄必非久居人下者，今所吟之句，飞腾之兆已见，不日可接履于云霓之上矣。可贺，可贺！"乃亲斟一斗为贺。雨村因干过，叹道："非晚生酒后狂言，若论时尚之学，晚生也或可去充数沽名，只是目今行囊路费一概无措，神京路远，非赖卖字撰文即能到者。"士隐不待说完，便道："兄何不早言。愚每有此心，但每遇兄时，兄并未谈及，愚故未敢唐突。今既及此，愚虽不才，'义利'二字却还识得。且喜明岁正当大比，兄宜作速入都，春闱一战，方不负兄之所学也。其盘费余事，弟自代为处置，亦不枉兄之谬识矣！"当下即命小童进去，速封五十两白银，并两套冬衣。又云："十九日乃黄道之期，兄可即买舟西上，待雄飞高举，明冬再晤，岂非大快之事耶！"雨村收了银衣，不过略谢一语，并不介意，仍是吃酒谈笑。那天已交了三更，二人方散。

士隐送雨村去后，回房一觉，直至红日三竿方醒。因思昨夜之事，意欲再写两封荐书与雨村带至神都，使雨村投谒个仕宦之家为寄足之地。因使人过去请时，那家人去了回来说："和尚说，贾爷今日五鼓已进京去了，也曾留下话与和尚转达老爷，说'读书人不在黄道黑道，总以事理为要，不及面辞了。'"士隐听了，也只得罢了。

真是闲处光阴易过，倏忽又是元宵佳节矣。士隐命家人霍启抱了英莲去看社火花灯，半夜中，霍启因要小解，便将英莲放在一家门槛上坐着。待他小解完了来抱时，那有英莲的踪影？急得霍启直寻了半夜，至天明不见，那霍启也就不敢回来见主人，便逃往他乡去了。那士隐夫妇，见女儿一夜不归，便知有些不妥，再使几人去寻找，回来皆云连音响皆无。夫妻二人，半世只生此女，一旦失落，岂不思想，因

批注

此昼夜啼哭，几乎不曾寻死。看看的一月，士隐先就得了一病，当时封氏孺人也因思女构疾，日日请医疗治。

不想这日三月十五，葫芦庙中炸供，那些和尚不加小心，致使油锅火逸，便烧着窗纸。此方人家多用竹篱木壁者，大抵也因劫数，于是接二连三，牵五挂四，将一条街烧得如火焰山一般。彼时虽有军民来救，那火已成了势，如何救得下？直烧了一夜，方渐渐的熄去，也不知烧了几家。只可怜甄家在隔壁，早已烧成一片瓦砾场了。只有他夫妇并几个家人的性命不曾伤了。急得士隐惟跌足长叹而已。只得与妻子商议，且到田庄上去安身。偏值近年水旱不收，鼠盗蜂起，无非抢田夺地，鼠窃狗偷，民不安生，因此官兵剿捕，难以安身。士隐只得将田庄都折变了，便携了妻子与两个丫鬟投他岳丈家去。

他岳丈名唤封肃，本贯大如州人氏，虽是务农，家中都还殷实。今见女婿这等狼狈而来，心中便有些不乐。幸而士隐还有折变田地的银子未曾用完，拿出来托他随分就价薄置些须房地，为后日衣食之计。那封肃便半哄半赚，些须与他些薄田朽屋。士隐乃读书之人，不惯生理稼穑等事，勉强支持了一二年，越觉穷了下去。封肃每见面时，便说些现成话，且人前人后又怨他们不善过活，只一味好吃懒作等语。士隐知投人不着，心中未免悔恨，再兼上年惊唬，急忿怨痛，已有积伤，暮年之人，贫病交攻，竟渐渐的露出那下世的光景来。

可巧这日拄了拐杖挣挫到街前散散心时，忽见那边来了一个跛足道人，疯癫落脱，麻屣鹑衣，口内念着几句言词，道是：

第一回 甄士隐梦幻识通灵 贾雨村风尘怀闺秀

世人都晓神仙好，惟有功名忘不了！
古今将相在何方？荒冢一堆草没了。
世人都晓神仙好，只有金银忘不了！
终朝只恨聚无多，及到多时眼闭了。
世人都晓神仙好，只有姣妻忘不了！
君生日日说恩情，君死又随人去了。
世人都晓神仙好，只有儿孙忘不了！
痴心父母古来多，孝顺儿孙谁见了？

▶ 批注

士隐听了，便迎上来道："你满口说些什么？只听见些'好''了''好''了'。"那道人笑道："你若果听见'好''了'二字，还算你明白。可知世上万般，好便是了，了便是好。若不了，便不好；若要好，须是了。我这歌儿，便名《好了歌》。"士隐本是有宿慧的，一闻此言，心中早已彻悟。因笑道："且住！待我将你这《好了歌》解注出来何如？"道人笑道："你解，你解。"士隐乃说道：

陋室空堂，当年笏满床；衰草枯杨，曾为歌舞场。蛛丝儿结满雕梁，绿纱今又糊在蓬窗上。说什么脂正浓，粉正香，如何两鬓又成霜？昨日黄土陇头送白骨，今宵红灯帐底卧鸳鸯。金满箱，银满箱，展眼乞丐人皆谤。正叹他人命不长，那知自己归来丧！训有方，保不定日后作强梁。择膏粱，谁承望流落在烟花巷！因嫌纱帽小，致使锁枷扛；昨怜破袄寒，今嫌紫蟒长：乱烘烘你方唱罢我登场，反认他乡是故乡。甚荒唐，到头来都是为他人作嫁衣裳！

那疯跛道人听了，拍掌笑道："解得切，解得切！"士隐便说一声"走罢！"将道人肩上褡裢抢了过来背着，竟不

批注

回家，同了疯道人飘飘而去。当下烘动街坊，众人当作一件新闻传说。封氏闻得此信，哭个死去活来，只得与父亲商议，遣人各处访寻，那讨音信？无奈何，少不得依靠着他父母度日。幸而身边还有两个旧日的丫鬟伏侍，主仆三人，日夜作些针线发卖，帮着父亲用度。那封肃虽然日日抱怨，也无可奈何了。

这日，那甄家大丫鬟在门前买线，忽听街上喝道之声，众人都说新太爷到任。丫鬟于是隐在门内看时，只见军牢快手，一对一对的过去，俄而大轿抬着一个乌帽猩袍的官府过去。丫鬟倒发了个怔，自思这官好面善，倒象在那里见过的。于是进入房中，也就丢过不在心上。至晚间，正待歇息之时，忽听一片声打的门响，许多人乱嚷，说："本府太爷差人来传人问话。"封肃听了，唬得目瞪口呆，不知有何祸事。

红楼小讲台

第一回可以分为三个部分：第一部分是作者自云，本书的写作意旨；第二部分是本书来历，即贾宝玉的前身——顽石和神瑛侍者为何下凡；第三部分才是小说内容的开始，从甄士隐和贾雨村说起。

第一部分"作者自云"三件事。（1）为什么要写《石头记》这本书？这本书的内容来源于自身经历，这番经历不同凡俗，像梦境一般奇幻。用"通灵"之说，借神话、神秘感叙述真实的经历。（2）书中人物是谁？都是作者当年认识的女子，她们的风采都在"我"之上，令"我"佩服又感喟，愿为她们立传传说。（3）反思往事，"我"之不肖已成既定事实，唯愿写作此书，抒发悔思，故事传奇悦世之目。

这二部分"本书来历"，开始进入曹雪芹架构的神话空间。（1）女娲补天，余留顽石。作者从上古创始之神女娲起笔，讲述了小说主人公——贾宝玉的来历，追溯前身，从生命的起始写起，这与一般故事"很久很久以前"的开头不同。曹雪芹将《红楼梦》的人物故事与太初创始神话相结合，把真实的经历与神秘的传说融合起来，在写实的框架中加入神秘主义。（2）顽石入世，初愿受享。这块原为补天而造的顽石，在弃置未用多年之后，极端无聊寂寞之时偶然听闻了一僧一道对繁华尘世的叙述，仿佛久旱逢甘霖般地渴望入世，目的也是异常的原始而直白：在那富贵场中，温柔乡里受享几年。

从书名的更迭我们可以看出，曹雪芹为自己的这部作品介绍或虚构的（是否真有其人，学术界尚有争议）几位前辈作者都从自己的角度体悟内容并在书中留下了自己的痕迹。这种安排使此书的来历显得既有真实感，又有神秘性。它成为一部从神仙玄幻直通世俗人间的历程秘史。

第三部分，由神秘主义的神仙世界转入写实主义的现实世界。

故事从两个人物开始，一个叫甄士隐（谐音"真事隐"）——姑苏望族、生性恬淡的"富贵闲人"，万事俱足，唯一件不满：一把年纪只有一女无儿。情节便从这一件不足上开始流动了。

《红楼梦》中有很多次写梦，第一次便是甄士隐的梦境。这个梦境连接了前文的两个神话"补天顽石"和"绛珠仙草"。甄士隐作为一个旁观者听闻了这一段"风流公案"，并求见了"通灵宝玉"。似乎作者将天机泄露给了凡人，然而正如许多"早知道"一样，即使人能提前知晓命运，也未必能做出更明智的人生选择，所谓人非经历而不能领悟吧。

"假作真时真亦假，无为有处有还无。"这是小说中的一对名联，与故事开头人物"甄士隐""贾雨村"的名字对应。真假问题是作者反复叮嘱的，提醒人们在人生中自辨，在看似虚假的地方找寻真意，也在看似真实的地方感受虚无。

贾雨村（谐音"假语存"）名化，表字时飞，雨村是他的号。字"时飞"代表了一种渴望世俗成功、建功立业的入世追求，"雨村"这个颇具

浪漫色彩的别号，又代表了一种闲适、悠然的人生追求，这个字和号非常符合中国传统知识分子的人生志趣。

把酒赋诗，即兴口占，都表现了贾雨村的才华与豪情。"天上一轮才捧出，人间万姓仰头看"，表明此时贾雨村对于出人头地、扬名立万有着自信与豪情。对于这个有才华有抱负但穷困的后生，甄士隐是欣赏并怜惜的，他选择鼓励并资助贾雨村。贾雨村得到资助后不辞而别急忙上路，"读书人不在黄道黑道，总以事理为要"，反映贾雨村不似一般读腐了书的人，此时的贾雨村是一个迫切渴望成功的知识青年。从此，贾雨村正式踏上了应试求官之路，这在世俗人看来是一条上升之路。而同时甄士隐的人生便从那一件"不足"上开始了败落。女儿英莲的丢失，像多米诺骨牌一样引起了甄士隐人生的种种败落。

女儿丢失、房屋失火、投人不着让甄士隐的人生从一件意外上全然脱轨了。在寂寞无聊，万般无奈中，甄士隐再次见到跛足道人，并参悟了《好了歌》：将一切欲望釜底抽薪。甄士隐解的《好了歌注》，概括起来就是两个字——无常。一切都是变动的，没有永远的繁华。一切世人喜爱的，苦心追求的功名、美色、儿孙、财富都是虚妄。可以说，此时的甄士隐与其说是了悟，不如说是绝望，对现实人生的绝望。

回顾甄士隐的人生，会发现他的落魄结局除了有运气不佳的成分，也有未尽职分的个人原因。作为英莲的父亲，他没有尽到监护之责，元宵节看灯，在这样一个杂乱熙攘的地方，竟然仅由一个家奴带女儿前去。失火后他选择投奔岳父，和岳父相处多年竟然察人不明，失去了仅剩不多的资财，使人生完全没有了自立的资本。无论是丢失女儿还是失火，单一的事件都不足以击败一个家庭，然而一连串不加掌控的消极行为却可能葬送未来。

对比甄士隐与贾雨村，虽然甄士隐悠然淡泊似乎令人欣赏，但他的消极不作为却令人警惕；贾雨村的急功近利虽然令人厌恶，但他的积极进取仍然值得赞赏。在第一回中，作者通过这两个人物的两种人生路径启示我们：在积极进取与淡泊宁静之间把握一个度。

本回我评论：

注：设置此栏目的目的在于鼓励同学们阅读完本文后，梳理自己的思考，提出自己的见解。既可以条理清晰地概括主要内容（使用思维导图、表格、箭头等工具均可），也可以提出自己的见解与质疑。不求全备，但求真思。

绝妙好词笺

注：设置此栏目的目的在于鼓励同学们在阅读小说的同时，注意此书的一大特色——小说中的诗歌。理解小说与诗歌两种文体的辉映关系，诗作与人物的表现关系。也可以尝试诗歌鉴赏与创作。

自题一绝

曹雪芹

满纸荒唐言，一把辛酸泪！
都云作者痴，谁解其中味？

名家鉴赏台

注：红学研究浩如烟海，设置此栏目摘取权威红学评论，以阅读资料的丰富帮助同学们深度阅读文本，站在巨人的肩膀上看见更宽阔的红楼梦世界。

葛老师的红楼课

《红楼梦》里面拿曹雪芹自己名义写的诗，只有二十个字，就是《自题一绝》："满纸荒唐言，一把辛酸泪！都云作者痴，谁解其中味？"这首诗写得好不好呢？诗歌的形式里面，五言绝句这种形式最适合写景。五言绝句很擅长间接地表现一个小的景象、景致，一个意境；而七言绝句擅长叙情、议论。五言绝句又能议论，又能叙情，就显出作者的本领来了。才二十个字，就把《红楼梦》里面很重要的问题提出来了，即真与假。"满纸荒唐言"，如果你真正会体会的话，你就知道《红楼梦》小说，不是按照真实的人生经历写的，它是荒唐言，就是假的，是虚构的。我们今天来看，作者不只虚构一块石头或者一个警幻仙子、太虚幻境，整篇都是虚构的，所以叫"满纸荒唐言"。但是这个虚构是有基础的，作者的感受是真实的，"一把辛酸泪"，他要把他真实的感受，写在完全虚构的故事里面。这样一个作品，有几个人能理解呢？所以说，大家都觉得作者很痴，花了十年时间，花了那么多工夫，写得那么精细，写得那么好，但谁能真正理解它的味道？你说这二十个字里边，概括得怎么样？感慨多深沉，这样的诗，就是这么一首。

——蔡义江[1]

红楼人物馆

注：《红楼梦》中的人物是中国文学人物画廊中的经典形象。设置此栏目的目的在于鼓励同学们在阅读每一回时，注意把握人物形象分析与鉴赏的方法。

1. 有人说，贾雨村是《红楼梦》里的头号坏男人，头一个出场的第一大恶人（后文做下了许多恶事）。不谈后文，仅从开篇第一回说说你对贾雨村的评价（请有理有据）。

---

[1] 百家讲坛：红楼六家谈（七）蔡义江：诗人曹雪芹。

2. 在第四回"薄命女偏逢薄命郎,葫芦僧乱判葫芦案"中,贾雨村不仅没有主持公道,出手搭救甄士隐的女儿甄英莲,反而为了讨好贾家而徇私弄法,将英莲推入火坑。读原著,分析贾雨村态度的变化。

红楼活动场

注:《红楼梦》体量巨大,读到后文容易遗忘前文。设置此栏目帮助同学们加深印象。或深刻理解人物;或理清人物关系;或学习文学文化常识,拓展知识面;或读写结合,创意写作。

1. 红迷检测

《红楼梦》又称《＿＿＿＿＿》《＿＿＿＿＿》《＿＿＿＿＿》《＿＿＿＿＿》。

贾宝玉 =＿＿＿＿(质)+＿＿＿＿(形)

2. 图文互证

(1)请画出补天顽石,并根据单位换算,标出顽石的大小,并尝试解读地名、数量词的意义。

古今度量单位:一丈 = 十尺 ≈ 3.33 米

　　　　　　三尺 =1 米

　　　　　　三丈 =10 米

原来女娲氏炼石补天之时,于大荒山无稽崖炼成高经十二丈,方经二十四丈顽石三万六千五百零一块。娲皇氏只用了三万六千五百块,只单单剩了一块未用,便弃在此山青埂峰下。谁知此石自经煅炼之后,灵性已通,因见众石俱得补天,独自己无材不堪入选,遂自怨自叹,日夜悲号惭愧。

（2）以下是《西游记》开头部分节选，请与《红楼梦》对比阅读。

话表世界之间，分为四大部洲：曰东胜神洲、西牛贺洲、南赡部洲、北俱芦洲。这部书单表东胜神洲。海外有一国土，名曰傲来国。国近大海，海中有一座名山，唤为花果山。此山顶上，有一块仙石。其石有三丈六尺五寸高，有二丈四尺围圆。三丈六尺五寸高，按周天三百六十五度；二丈四尺围圆，按政历二十四气。上有九窍八孔，按九宫八卦。四面更无树木遮阴，左右倒有芝兰相衬。盖自开辟以来，每受天真地秀，日精月华，感之既久，遂有灵通之意。内育仙胞，一日迸裂，产一石卵，似圆球样大。因见风，化作一个石猴。五官俱备，四肢皆全。便就学爬学走，拜了四方。目运两道金光，射冲斗府。惊动高天上圣大慈仁者玉皇大天尊玄穹高上帝，驾座金阙云宫灵霄宝殿，聚集仙卿，见有金光焰焰，即命千里眼、顺风耳开南天门观看。二将果奉旨出门外，看的真，听的明。须臾回报道："臣奉旨观听金光之处，乃东胜神洲海东傲来小国之界，有一座花果山，山上有一仙石，石产一卵，见风化一石猴，在那里拜四方，眼运金光，射冲斗府。如今服饵水食，金光将潜息矣。"玉帝垂赐恩慈曰："下方之物，乃天地精华所生，不足为异。"

3. 创意写作

小说中贾雨村得到甄士隐资助之后不辞而别，再次出现便是第一回结尾部分"只见军牢快手，一对一对的过去，俄而大轿抬着一个乌帽猩袍的官府过去"。先前落魄，此时风光。中间省略了过程，请发挥想象，以"贾雨村不辞而别之后"为题进行创意写作。

第三回

贾雨村夤缘复旧职　林黛玉抛父进京都

却说雨村忙回头看时，不是别人，乃是当日同僚一案参革的号张如圭者。他本系此地人，革后家居，今打听得都中奏准起复旧员之信，他便四下里寻情找门路，忽遇见雨村，故忙道喜。二人见了礼，张如圭便将此信告诉雨村，雨村自是欢喜，忙忙的叙了两句，遂作别各自回家。冷子兴听得此言，便忙献计，令雨村央烦林如海，转向都中去央烦贾政。雨村领其意，作别回至馆中，忙寻邸报看真确了。

次日，面谋之如海。如海道："天缘凑巧，因贱荆去世，都中家岳母念及小女无人依傍教育，前已遣了男女船只来接，因小女未曾大痊，故未及行。此刻正思向蒙训教之恩未经酬报，遇此机会，岂有不尽心图报之理。但请放心。弟已预为筹画至此，已修下荐书一封，转托内兄务为周全协佐，方可稍尽弟之鄙诚，即有所费用之例，弟于内兄信中已注明白，亦不劳尊兄多虑矣。"雨村一面打恭，谢不释口，一面又问："不知令亲大人现居何职？只怕晚生草率，不敢骤然入都干渎。"如海笑道："若论舍亲，与尊兄犹系同谱，乃荣公之孙：大内兄现袭一等将军，名赦，

批注

批注

字恩侯；二内兄名政,字存周,现任工部员外郎,其为人谦恭厚道,大有祖父遗风,非膏粱轻薄仕宦之流,故弟方致书烦托。否则不但有污尊兄之清操,即弟亦不屑为矣。"雨村听了,心下方信了昨日子兴之言,于是又谢了林如海。如海乃说:"已择了出月初二日小女入都,尊兄即同路而往,岂不两便?"雨村唯唯听命,心中十分得意。如海遂打点礼物并饯行之事,雨村一一领了。

那女学生黛玉,身体方愈,原不忍弃父而往,无奈他外祖母致意务去,且兼如海说:"汝父年将半百,再无续室之意;且汝多病,年又极小,上无亲母教养,下无姊妹兄弟扶持,今依傍外祖母及舅氏姊妹去,正好减我顾盼之忧,何反云不往?"黛玉听了,方洒泪拜别,随了奶娘及荣府几个老妇人登舟而去。雨村另有一只船,带两个小童,依附黛玉而行。

有日到了都中,进入神京,雨村先整了衣冠,带了小童,拿着宗侄的名帖,至荣府的门前投了。彼时贾政已看了妹丈之书,即忙请入相会。见雨村相貌魁伟,言语不俗,且这贾政最喜读书人,礼贤下士,济弱扶危,大有祖风;况又系妹丈致意,因此优待雨村,更又不同,便竭力内中协助,题奏之日,轻轻谋了一个复职候缺,不上两个月,金陵应天府缺出,便谋补了此缺,拜辞了贾政,择日上任去了。不在话下。

且说黛玉自那日弃舟登岸时,便有荣国府打发了轿子并拉行李的车辆久候了。这林黛玉常听得母亲说过,他外祖母家与别家不同。他近日所见的这几个三等仆妇,吃穿用度,已是不凡了,何况今至其家。因此步步留心,时时在意，不肯轻易多说一句话，多行一步路，惟恐被人耻笑了他去。自上了轿，进入城中，从纱窗向外瞧了一瞧，其街市之繁华，人烟之阜盛，自与别处不同。又行了半日，忽见街北蹲着两个大石狮子，三间兽头大门，门前列坐着十来个华冠丽服之人。正门却不开，只有东西两角门有人出入。正门之上有一匾，匾上大书"敕造宁国府"五个大字。黛玉想道：这必是外祖之长房了。想着，又往西行，不多远，照样也是三间大门，方是荣国府了。却不进正门，只进了西边角门。那轿夫抬进去，走了一射之地，将转弯时，便歇下退出去了。后面的婆子们已都下了轿，赶上前来。另换了三四个衣帽周全十七八岁的小厮上来，复抬起轿子。众婆子步下围随至一垂花门前落下。众小厮退出，众婆子上来打起轿帘，扶黛玉下轿。林黛玉扶着婆子的手，进了垂花门，两边是抄手游廊，当中是穿堂，当地放着一个紫檀架子大理石的大插屏。转过插屏，小小的三间厅，厅后就是后面的正房大院。正面五间上房，皆雕梁画栋，两边穿山游廊厢房，挂着各色鹦鹉，画眉等鸟雀。台矶之上，坐着几个穿红着绿的丫头，一见他们来了，便忙都笑迎上来，说："刚才老太太还念呢，可巧就来了。"于是三四人争着打起帘笼，一面听得人回话："林姑娘到了。"

黛玉方进入房时，只见两个人搀着一位鬓发如银的老母迎上来，黛玉便知是他外祖母。方欲拜见时，早被他外祖母一把搂入怀中，心肝儿肉叫着大哭起来。当下地下侍立之人，无不掩面涕泣，黛玉也哭个不住。一时众人慢慢解劝住了，黛玉方拜见了外祖母。——此即冷子兴所云之史氏太君，贾赦贾政之母也。当下贾母一一指与黛玉："这

批注

是你大舅母；这是你二舅母；这是你先珠大哥的媳妇珠大嫂子。"黛玉一一拜见过。贾母又说："请姑娘们来。今日远客才来，可以不必上学去了。"众人答应了一声，便去了两个。

不一时，只见三个奶嬷嬷并五六个丫鬟，簇拥着三个姊妹来了。第一个肌肤微丰，合中身材，腮凝新荔，鼻腻鹅脂，温柔沉默，观之可亲。第二个削肩细腰，长挑身材，鸭蛋脸面，俊眼修眉，顾盼神飞，文彩精华，见之忘俗。第三个身量未足，形容尚小。其钗环裙袄，三人皆是一样的妆饰。黛玉忙起身迎上来见礼，互相厮认过，大家归了坐。丫鬟们斟上茶来。不过说些黛玉之母如何得病，如何请医服药，如何送死发丧。不免贾母又伤感起来，因说："我这些儿女，所疼者独有你母，今日一旦先舍我而去，连面也不能一见，今见了你，我怎不伤心！"说着，搂了黛玉在怀，又呜咽起来。众人忙都宽慰解释，方略略止住。

众人见黛玉年貌虽小，其举止言谈不俗，身体面庞虽怯弱不胜，却有一段自然的风流态度，便知他有不足之症。因问："常服何药，如何不急为疗治？"黛玉道："我自来是如此，从会吃饮食时便吃药，到今日未断，请了多少名医修方配药，皆不见效。那一年我三岁时，听得说来了一个癞头和尚，说要化我去出家，我父母固是不从。他又说：'既舍不得他，只怕他的病一生也不能好的了。若要好时，除非从此以后总不许见哭声；除父母之外，凡有外姓亲友之人，一概不见，方可平安了此一世。'疯疯癫癫，说了这些不经之谈，也没人理他。如今还是吃人参养荣丸。"贾母道："正好，我这里正配丸药呢。叫他们多配一料就是了。"

一语未了，只听后院中有人笑声，说："我来迟了，不曾迎接远客！"黛玉纳罕道："这些人个个皆敛声屏气，恭肃严整如此，这来者系谁，这样放诞无礼？"心下想时，只见一群媳妇丫鬟围拥着一个人从后房门进来。这个人打扮与众姑娘不同，彩绣辉煌，恍若神妃仙子：头上戴着金丝八宝攒珠髻，绾着朝阳五凤挂珠钗；项上带着赤金盘螭璎珞圈；裙边系着豆绿宫绦，双衡比目玫瑰佩；身上穿着缕金百蝶穿花大红洋缎窄裉袄，外罩五彩刻丝石青银鼠褂；下着翡翠撒花洋绉裙。一双丹凤三角眼，两弯柳叶吊梢眉，身量苗条，体格风骚，粉面含春威不露，丹唇未启笑先闻。黛玉连忙起身接见。贾母笑道："你不认得他，他是我们这里有名的一个泼皮破落户儿，南省俗谓作'辣子'，你只叫他'凤辣子'就是了。"

黛玉正不知以何称呼，只见众姊妹都忙告诉他道："这是琏嫂子。"黛玉虽不识，也曾听见母亲说过，大舅贾赦之子贾琏，娶的就是二舅母王氏之内侄女，自幼假充男儿教养的，学名王熙凤。黛玉忙陪笑见礼，以"嫂"呼之。

这熙凤携着黛玉的手，上下细细打谅了一回，仍送至贾母身边坐下，因笑道："天下真有这样标致的人物，我今儿才算见了！况且这通身的气派，竟不像老祖宗的外孙女儿，竟是个嫡亲的孙女，怨不得老祖宗天天口头心头一时不忘。只可怜我这妹妹这样命苦，怎么姑妈偏就去世了！"说着，便用帕拭泪。贾母笑道："我才好了，你倒来招我。你妹妹远路才来，身子又弱，也才劝住了，快再休提前话。"这熙凤听了，忙转悲为喜道："正是呢！我一见了妹妹，一心都在他身上了，又是喜欢，又是伤心，竟忘

批注

批注

记了老祖宗。该打，该打！"又忙携黛玉之手，问："妹妹几岁了？可也上过学？现吃什么药？在这里不要想家，想要什么吃的、什么玩的，只管告诉我；丫头老婆们不好了，也只管告诉我。"一面又问婆子们："林姑娘的行李东西可搬进来了？带了几个人来？你们赶早打扫两间下房，让他们去歇歇。"

说话时，已摆了茶果上来。熙凤亲为捧茶捧果。又见二舅母问他："月钱放过了不曾？"熙凤道："月钱已放完了。才刚带着人到后楼上找缎子，找了这半日，也并没有见昨日太太说的那样的，想是太太记错了？"王夫人道："有没有，什么要紧。"因又说道："该随手拿出两个来给你这妹妹去裁衣裳的，等晚上想着叫人再去拿罢，可别忘了。"熙凤道："这倒是我先料着了，知道妹妹不过这两日到的，我已预备下了，等太太回去过了目好送来。"王夫人一笑，点头不语。

当下茶果已撤，贾母命两个老嬷嬷带了黛玉去见两个母舅。时贾赦之妻邢氏忙亦起身，笑回道："我带了外甥女过去，倒也便宜。"贾母笑道："正是呢，你也去罢，不必过来了。"邢夫人答应了一声"是"字，遂带了黛玉与王夫人作辞，大家送至穿堂前。出了垂花门，早有众小厮们拉过一辆翠幄青绸车，邢夫人携了黛玉，坐在上面，众婆子们放下车帘，方命小厮们抬起，拉至宽处，方驾上驯骡，亦出了西角门，往东过荣府正门，便入一黑油大门中，至仪门前方下来。众小厮退出，方打起车帘，邢夫人搀着黛玉的手，进入院中。黛玉度其房屋院宇，必是荣府中花园隔断过来的。进入三层仪门，果见正房厢庑游廊，悉皆小巧别致，不似方才那边轩峻壮丽；且院中随处之树木山石皆在。一时进入正室，早有许多盛妆丽服之姬妾丫鬟迎着，邢夫人让黛玉坐了，一面命人到外面书房去请贾赦。一时人来回话说："老爷说了：'连日身上不好，见了姑娘彼此倒伤心，暂且不忍相见。劝姑娘不要伤心想家，跟着老太太和舅母，即同家里一样。姊妹们虽拙，大家一处伴着，亦可以解些烦闷。或有委屈之处，只管说得，不要外道才是。'"黛玉忙站起来，一一听了。再坐一刻，便告辞。邢夫人苦留吃过晚饭去，黛玉笑回道："舅母爱惜赐饭，原不应辞，只是还要过去拜见二舅舅，恐领了赐去不恭，异日再领，未为不可。望舅母容谅。"邢夫人听说，笑道："这倒是了。"遂令两三个嬷嬷用方才的车好生送了姑娘过去。于是黛玉告辞。邢夫人送至仪门前，又嘱咐了众人几句，眼看着车去了方回来。

一时黛玉进了荣府，下了车。众嬷嬷引着，便往东转弯，穿过一个东西的穿堂，向南大厅之后，仪门内大院落，上面五间大正房，两边厢房鹿顶耳房钻山，四通八达，轩昂壮丽，比贾母处不同。黛玉便知这方是正经正内室，一条大甬路，直接出大门的。进入堂屋中，抬头迎面先看见一个赤金九龙青地大匾，匾上写着斗大的三个大字，是"荣禧堂"，后有一行小字："某年月日，书赐荣国公贾源"，又有"万几宸翰之宝"。大紫檀雕螭案上，设着三尺来高青绿古铜鼎，悬着待漏随朝墨龙大画，一边是金蜼彝，一边是玻璃盒。地下两溜十六张楠木交椅，又有一副对联，乃乌木联牌，镶着錾银的字迹，道是：

座上珠玑昭日月，堂前黼黻焕烟霞。

批注

29

批注

进羹。贾母正面榻上独坐,两边四张空椅,熙凤忙拉了黛玉在左边第一张椅上坐了,黛玉十分推让。贾母笑道:"你舅母你嫂子们不在这里吃饭。你是客,原应如此坐的。"黛玉方告了座,坐了。贾母命王夫人坐了。迎春姊妹三个告了座方上来。迎春便坐右手第一,探春左第二,惜春右第二。旁边丫鬟执着拂尘,漱盂,巾帕。李、凤二人立于案旁布让。外间伺候之媳妇丫鬟虽多,却连一声咳嗽不闻。

寂然饭毕,各有丫鬟用小茶盘捧上茶来。当日林如海教女以惜福养身,云饭后务待饭粒咽尽,过一时再吃茶,方不伤脾胃。今黛玉见了这里许多事情不合家中之式,不得不随的,少不得一一改过来,因而接了茶。早见人又捧过漱盂来,黛玉也照样漱了口。盥手毕,又捧上茶来,这方是吃的茶。贾母便说:"你们去罢,让我们自在说话儿。"王夫人听了,忙起身,又说了两句闲话,方引凤、李二人去了。贾母因问黛玉念何书。黛玉道:"只刚念了《四书》。"黛玉又问姊妹们读何书。贾母道:"读的是什么书,不过是认得两个字,不是睁眼的瞎子罢了!"

一语未了,只听外面一阵脚步响,丫鬟进来笑道:"宝玉来了!"黛玉心中正疑惑着:"这个宝玉,不知是怎生个惫懒人物,懵懂顽童?——倒不见那蠢物也罢了。心中想着,忽见丫鬟话未报完,已进来了一位年轻的公子:

头上戴着束发嵌宝紫金冠,齐眉勒着二龙抢珠金抹额;穿一件二色金百蝶穿花大红箭袖,束着五彩丝攒花结长穗宫绦,外罩石青起花八团倭锻排穗褂;登着青缎粉底小朝靴。面若中秋之月,色如春晓之花,鬓若刀裁,眉如墨画,面如桃瓣,目若秋波。虽怒时而若笑,即瞋视而有情。项上金螭璎珞,又有一根五色丝绦,系着一块美玉。

黛玉一见,便吃一大惊,心下想道:"好生奇怪,倒象在那里见过一般,何等眼熟到如此!"只见这宝玉向贾母请了安,贾母便命:"去见你娘来。"宝玉即转身去了。一时回来,再看,已换了冠带:头上周围一转的短发,都结成小辫,红丝结束,共攒至顶中胎发,总编一根大辫,黑亮如漆,从顶至梢,一串四颗大珠,用金八宝坠角;身上穿着银红撒花半旧大袄,仍旧带着项圈、宝玉、寄名锁、护身符等物;下面半露松花撒花绫裤腿,锦边弹墨袜,厚底大红鞋。越显得面如敷粉,唇若施脂;转盼多情,语言常笑。天然一段风骚,全在眉梢;平生万种情思,悉堆眼角。看其外貌最是极好,却难知其底细。后人有《西江月》二词,批宝玉极恰,其词曰:

  无故寻愁觅恨,有时似傻如狂。纵然生得好皮囊,腹内原来草莽。　潦倒不通世务,愚顽怕读文章。行为偏僻性乖张,那管世人诽谤!

  富贵不知乐业,贫穷难耐凄凉。可怜辜负好韶光,于国于家无望。　天下无能第一,古今不肖无双。寄言纨绔与膏粱:莫效此儿形状!

贾母因笑道:"外客未见,就脱了衣裳,还不去见你妹妹!"宝玉早已看见多了一个姊妹,便料定是林姑妈之女,忙来作揖。厮见毕归坐,细看形容,与众各别:

两弯似蹙非蹙罥烟眉,一双似喜非喜含情目。态生两靥之愁,娇袭一身之病。泪光点点,娇喘微微。闲静时如姣花照水,行动处似弱柳扶风。心较比干多一窍,病如西子胜三分。

宝玉看罢,因笑道:"这个妹妹我曾见过的。"贾母笑

批注

道："可又是胡说，你又何曾见过他？"宝玉笑道："虽然未曾见过他，然我看着面善，心里就算是旧相识，今日只作远别重逢，亦未为不可。"贾母笑道："更好，更好，若如此，更相和睦了。"宝玉便走近黛玉身边坐下，又细细打量一番，因问："妹妹可曾读书？"黛玉道："不曾读，只上了一年学，些须认得几个字。"宝玉又道："妹妹尊名是那两个字？"黛玉便说了名。宝玉又问表字。黛玉道："无字。"宝玉笑道："我送妹妹一妙字，莫若'颦颦'二字极妙。"探春便问何出。宝玉道：《古今人物通考》上说：'西方有石名黛，可代画眉之墨。'况这林妹妹眉尖若蹙，用取这两个字，岂不两妙！"探春笑道："只恐又是你的杜撰。"宝玉笑道："除《四书》外，杜撰的太多，偏只我是杜撰不成？"又问黛玉："可也有玉没有？"众人不解其语，黛玉便忖度着因他有玉，故问我有也无，因答道："我没有那个。想来那玉是一件罕物，岂能人人有的。"

宝玉听了，登时发作起痴狂病来，摘下那玉，就狠命摔去，骂道："什么罕物，连人之高低不择，还说'通灵'不'通灵'呢！我也不要这劳什子了！"吓的众人一拥争去拾玉。贾母急的搂了宝玉道："孽障！你生气，要打骂人容易，何苦摔那命根子！"宝玉满面泪痕泣道："家里姐姐妹妹都没有，单我有，我说没趣；如今来了这们一个神仙似的妹妹也没有，可知这不是个好东西。"贾母忙哄他道："你这妹妹原有这个来的，因你姑妈去世时，舍不得你妹妹，无法处，遂将他的玉带了去了：一则全殉葬之礼，尽你妹妹之孝心；二则你姑妈之灵，亦可权作见了女儿之意。因此他只说没有这个，不便自己夸张之意。你如今怎比得他？还不好生慎重带上，仔细你娘知道了。"说着，便向丫鬟手中接来，亲与他带上。宝玉听如此说，想一想大有情理，也就不生别论了。

当下，奶娘来请问黛玉之房舍。贾母说："今将宝玉挪出来，同我在套间暖阁儿里，把你林姑娘暂安置碧纱橱里。等过了残冬，春天再与他们收拾房屋，另作一番安置罢。"宝玉道："好祖宗，我就在碧纱橱外的床上很妥当，何必又出来闹的老祖宗不得安静。"贾母想了一想说："也罢了。"每人一个奶娘并一个丫头照管，余者在外间上夜听唤。一面早有熙凤命人送了一顶藕合色花帐，并几件锦被缎褥之类。

黛玉只带了两个人来：一个是自幼奶娘王嬷嬷，一个是十岁的小丫头，亦是自幼随身的，名唤作雪雁。贾母见雪雁甚小，一团孩气，王嬷嬷又极老，料黛玉皆不遂心省力的，便将自己身边的一个二等丫头，名唤鹦哥者与了黛玉。外亦如迎春等例，每人除自幼乳母外，另有四个教引嬷嬷，除贴身掌管钗钏盥沐两个丫鬟外，另有五六个洒扫房屋来往使役的小丫鬟。当下，王嬷嬷与鹦哥陪侍黛玉在碧纱橱内。宝玉之乳母李嬷嬷，并大丫鬟名唤袭人者，陪侍在外面大床上。

原来这袭人亦是贾母之婢，本名珍珠。贾母因溺爱宝玉，生恐宝玉之婢无竭力尽忠之人，素喜袭人心地纯良，克尽职任，遂与了宝玉。宝玉因知他本姓花，又曾见旧人诗句上有"花气袭人"之句，遂回明贾母，更名袭人。这袭人亦有些痴处：伏侍贾母时，心中眼中只有一个贾母；如今服侍宝玉，心中眼中又只有一个宝玉。只因宝玉性情乖僻，每每规谏宝玉，心中着实忧郁。

是晚，宝玉李嬷嬷已睡了，他见里面黛玉和鹦哥犹

批注

葛老师的红楼课

批注

未安息,他自卸了妆,悄悄进来,笑问:"姑娘怎么还不安息?"黛玉忙让:"姐姐请坐。"袭人在床沿上坐了。鹦哥笑道:"林姑娘正在这里伤心,自己淌眼抹泪的说:'今儿才来,就惹出你家哥儿的狂病,倘或摔坏了那玉,岂不是因我之过!'因此便伤心,我好容易劝好了。"袭人道:"姑娘快休如此,将来只怕比这个更奇怪的笑话儿还有呢!若为他这种行止,你多心伤感,只怕你伤感不了呢。快别多心!"黛玉道:"姐姐们说的,我记着就是了。究竟那玉不知是怎么个来历?上面还有字迹?"袭人道:"连一家子也不知来历,上头还有现成的眼儿,听得说,落草时是从他口里掏出来的。等我拿来你看便知。"黛玉忙止道:"罢了,此刻夜深,明日再看也不迟。"大家又叙了一回,方才安歇。

次日起来,省过贾母,因往王夫人处来,正值王夫人与熙凤在一处拆金陵来的书信看,又有王夫人之兄嫂处遣了两个媳妇来说话的。黛玉虽不知原委,探春等却都晓得是议论金陵城中所居的薛家姨母之子姨表兄薛蟠,倚财仗势,打死人命,现在应天府案下审理。如今母舅王子腾得了信息,故遣他家内的人来告诉这边,意欲唤取进京之意。

红楼小讲台

　　本回可以分为三个部分:第一部分是贾雨村带着林黛玉去往外祖母家(贾府);第二部分是贾雨村借着林如海与贾家的关系,攀附上贾政得以恢复官职并升迁;第三部分是林黛玉进入贾府的所见所闻。

本回最光彩夺目的部分是林黛玉进贾府，以林黛玉的视角看贾府和众人，又以众人的视角打量黛玉，以及宝黛初见。

黛玉先前已从母亲口中风闻外祖母家的不凡，从外祖母家来接自己的仆妇身上也看出贾府的华贵，到达后一路上的街景都让她感受到豪门的贵气，因此从心理上先拘谨起来，"步步留心，时时在意，不肯轻易多说一句话，多行一步路，惟恐被人耻笑了他去"。

哭着的外祖母，奶嬷嬷和丫鬟簇拥着的三春，笑着出来的王熙凤，众人皆到场，一番相认，哭泣转为喜笑，唯独宝玉缺席。其他人都相认完毕，舞台腾出之后，宝玉压轴登场，先是一个亮相便隐入幕后。再次出场的宝玉与黛玉正式相见。

本回我评论：

名家鉴赏台

"……一双丹凤三角眼，两弯柳叶掉梢眉。身量苗条，体格风骚。粉面含春威不露，丹唇未启笑先闻。"

倘若读者设身处地，用黛玉这个新客的眼光来看凤姐，将会产生矛盾的感觉。在凤姐那猛一看显得好看的特征里，隐藏着不只是不好看而且是可怕的特征。一般地说，"春"和"威"是不相容的，但在凤姐神态上却是互相依赖着的。她那如春的外貌，将在别的情势之下，露出她的威猛来。这如春的外貌里包含着不露的威势，就越看越显得她的可怕吧？诱人的美和可怕的丑的对立统一，是有些读者称凤姐为"美女蛇"或"胭脂虎"的一种原因。贾瑞和尤二姐只看到凤姐那"春"的一面，黛玉敏感地察觉到那仿佛"不露"的一面。她那没有彻底掩藏起来的"威",是人们对她的认识有所偏重却不脱离基本特征的根据。

——《粉面含春威不露》,选自王朝闻《论凤姐》[①]

红楼人物馆

(一)不同视角看黛玉

《红楼梦》中不同的人看黛玉,看到的内容、感受到的人物光彩也是不同的。请你分析作者这样写,用意是什么?

1. 第2回,贾雨村视角看黛玉:

这女学生年又小,身体又极怯弱,工课不限多寡,故十分省力。

2. 本回,众人视角看黛玉:

众人见黛玉年貌虽小,其举止言谈不俗,身体面庞虽怯弱不胜,却有一段自然的风流态度,便知他有不足之症。

3. 本回,贾宝玉视角看黛玉:

细看形容,与众各别:

两弯似蹙非蹙罥烟眉,一双似喜非喜含情目。态生两靥之愁,娇袭一身之病。泪光点点,娇喘微微。闲静时如姣花照水,行动处似弱柳扶风。心较比干多一窍,病如西子胜三分。

书画天地:你能根据众人视角,画出一个林黛玉吗?

[①] 王朝闻. 论凤姐[M]. 天津:百花文艺出版社,1980.

（二）林黛玉进贾府，所见诸人中，出场特别、光彩夺目以至令人目不暇接者唯王熙凤耳！请细读王熙凤的出场，勾勒人物形象。

	概括主要信息	表现出的性格	在贾府的身份、地位
王熙凤的出场	未见其人，先闻其声		
王熙凤的肖像	眼眉微翘，身量苗条，体格风骚，衣着华丽，彩绣辉煌		
王熙凤见黛玉	赞美黛玉像贾母嫡亲的孙女，悲喜转换十分迅速，热情招待，指派下人		
王熙凤回王夫人话	询问诸事均答办妥，先于王夫人想到衣料事，待请过目		

（三）黛玉视角中的宝玉

黛玉眼中的宝玉	
第一次出场	面若中秋之月，色如春晓之花，鬓若刀裁，眉如墨画，面如桃瓣，目若秋波。虽怒时而若笑，即瞋视而有情。
第二次出场	面如敷粉，唇若施脂，转盼多情，语言常笑。天然一段风骚，全在眉梢；平生万种情思，悉堆眼角。

黛玉心中的宝玉	
未见之前	黛玉亦常听得母亲说过，二舅母生的有个表兄，乃衔玉而诞，顽劣异常，极恶读书，最喜在内帏厮混，外祖母又极溺爱，无人敢管。
既见之后	黛玉一见，便吃一大惊，心下想道："好生奇怪，倒象在那里见过一般，何等眼熟到如此！"

创意写作：以林黛玉的身份、口吻，写一篇日记，记录自己进入贾府这难忘的一天。

年月日_____　　　天气_____

我今天到了外祖母家，_____

第五回

游幻境指迷十二钗　饮仙醪曲演红楼梦

第四回中既将薛家母子在荣府内寄居等事略已表明，此回则暂不能写矣。

如今且说林黛玉自在荣府以来，贾母万般怜爱，寝食起居，一如宝玉，迎春、探春、惜春三个亲孙女倒且靠后；便是宝玉和黛玉二人之亲密友爱处，亦自较别个不同，日则同行同坐，夜则同息同止，真是言和意顺，略无参商。不想如今忽然来了一个薛宝钗，年岁虽大不多，然品格端方，容貌丰美，人多谓黛玉所不及。而且宝钗行为豁达，随分从时，不比黛玉孤高自许，目无下尘，故比黛玉大得下人之心。便是那些小丫头子们，亦多喜与宝钗去顽。因此黛玉心中便有些悒郁不忿之意，宝钗却浑然不觉。那宝玉亦在孩提之间，况自天性所禀来的一片愚拙偏僻，视姊妹弟兄皆出一意，并无亲疏远近之别。其中因与黛玉同随贾母一处坐卧，故略比别个姊妹熟惯些。既熟惯，则更觉亲密；既亲密，则不免一时有求全之毁，不虞之隙。这日不知为何，他二人言语有些不合起来，黛玉又气的独在房中垂泪，宝玉又自悔言语冒撞，前去俯就，那黛玉方渐渐的回转来。

批注

批注

　　因东边宁府中花园内梅花盛开，贾珍之妻尤氏乃治酒，请贾母、邢夫人、王夫人等赏花。是日先携了贾蓉之妻，二人来面请。贾母等于早饭后过来，就在会芳园游顽，先茶后酒，不过皆是宁荣二府女眷家宴小集，并无别样新文趣事可记。

　　一时宝玉倦怠，欲睡中觉，贾母命人好生哄着，歇一回再来。贾蓉之妻秦氏便忙笑回道："我们这里有给宝叔收拾下的屋子，老祖宗放心，只管交与我就是了。"又向宝玉的奶娘丫鬟等道："嬷嬷、姐姐们，请宝叔随我这里来。"贾母素知秦氏是个极妥当的人，生的袅娜纤巧，行事又温柔和平，乃重孙媳中第一个得意之人，见他去安置宝玉，自是安稳的。

　　当下秦氏引了一簇人来至上房内间。宝玉抬头看见一幅画贴在上面，画的人物固好，其故事乃是《燃藜图》，也不看系何人所画，心中便有些不快。又有一副对联，写的是：

　　　　世事洞明皆学问，人情练达即文章。

及看了这两句，纵然室宇精美，铺陈华丽，亦断断不肯在这里了，忙说："快出去！快出去！"秦氏听了笑道："这里还不好，可往那里去呢？不然往我屋里去吧。"宝玉点头微笑。有一个嬷嬷说道："那里有个叔叔往侄儿房里睡觉的理？"秦氏笑道："嗳哟哟，不怕他恼。他能多大呢，就忌讳这些个！上月你没看见我那个兄弟来了，虽然与宝叔同年，两个人若站在一处，只怕那个还高些呢。"宝玉道："我怎么没见过？你带他来我瞧瞧。"众人笑道："隔着二三十里，往那里带去，见的日子有呢。"说着大家来至秦氏房中。刚至房门，便有一股细细的甜香袭人而来。宝玉觉得眼饧骨软，连说"好香！"入房向壁上看时，有唐伯虎画的《海棠春睡图》，两边有宋学士秦太虚写的一副对联，其联云：

嫩寒锁梦因春冷，芳气笼人是酒香。

案上设着武则天当日镜室中设的宝镜，一边摆着飞燕立着舞过的金盘，盘内盛着安禄山掷过伤了太真乳的木瓜。上面设着寿昌公主于含章殿下卧的榻，悬的是同昌公主制的联珠帐。宝玉含笑连说："这里好！"秦氏笑道："我这屋子大约神仙也可以住得了。"说着亲自展开了西子浣过的纱衾，移了红娘抱过的鸳枕。于是众奶母伏侍宝玉卧好，款款散了，只留袭人、媚人、晴雯、麝月四个丫鬟为伴。秦氏便分咐小丫鬟们，好生在廊檐下看着猫儿狗儿打架。

那宝玉刚合上眼，便惚惚的睡去，犹似秦氏在前，遂悠悠荡荡，随了秦氏，至一所在。但见朱栏白石，绿树清溪，真是人迹希逢，飞尘不到。宝玉在梦中欢喜，想道："这个去处有趣，我就在这里过一生，纵然失了家也愿意，强如天天被父母师傅打呢。"正胡思之间，忽听山后有人作歌曰：

春梦随云散，飞花逐水流；
寄言众儿女，何必觅闲愁。

宝玉听了是女子的声音。歌声未息，早见那边走出一个人

批注

> 批注

来，蹁跹袅娜，端的与人不同。有赋为证：

> 方离柳坞，乍出花房。但行处，鸟惊庭树；将到时，影度回廊。仙袂乍飘兮，闻麝兰之馥郁；荷衣欲动兮，听环佩之铿锵。靥笑春桃兮，云堆翠髻；唇绽樱颗兮，榴齿含香。纤腰之楚楚兮，回风舞雪；珠翠之辉辉兮，满额鹅黄。出没花间兮，宜嗔宜喜；徘徊池上兮，若飞若扬。蛾眉颦笑兮，将言而未语；莲步乍移兮，待止而欲行。美彼之良质兮，冰清玉润；慕彼之华服兮，闪灼文章。爱彼之貌容兮，香培玉琢；美彼之态度兮，凤翥龙翔。其素若何，春梅绽雪。其洁若何，秋菊被霜。其静若何，松生空谷。其艳若何，霞映澄塘。其文若何，龙游曲沼。其神若何，月射寒江。应惭西子，实愧王嫱。奇矣哉，生于孰地，来自何方；信矣乎，瑶池不二，紫府无双。果何人哉？如斯之美也！

宝玉见是一个仙姑，喜的忙来作揖问道："神仙姐姐不知从那里来，如今要往那里去？也不知这是何处，望乞携带携带。"那仙姑笑道："吾居离恨天之上，灌愁海之中，乃放春山遣香洞太虚幻境警幻仙姑是也：司人间之风情月债，掌尘世之女怨男痴。因近来风流冤孽，缠绵于此处，是以前来访察机会，布散相思。今忽与尔相逢，亦非偶然。此离吾境不远，别无他物，仅有自采仙茗一盏，亲酿美酒一瓮，素练魔舞歌姬数人，新填《红楼梦》仙曲十二支，试随吾一游否？"宝玉听说，便忘了秦氏在何处，竟随了仙姑，至一所在，有石牌横建，上书"太虚幻境"四个大字，两边一副对联，乃是：

第五回 游幻境指迷十二钗 饮仙醪曲演红楼梦

假作真时真亦假，无为有处有还无。

转过牌坊，便是一座宫门，上面横书四个大字，道是："孽海情天"。又有一副对联，大书云：

厚地高天，堪叹古今情不尽；
痴男怨女，可怜风月债难偿。

宝玉看了，心下自思道："原来如此。但不知何为'古今之情'，何为'风月之债'？从今倒要领略领略。"宝玉只顾如此一想，不料早把些邪魔招入膏肓了。当下随了仙姑进入二层门内，至两边配殿，皆有匾额对联，一时看不尽许多，惟见有几处写的是："痴情司"，"结怨司"，"朝啼司"，"夜怨司"，"春感司"，"秋悲司"。看了，因向仙姑道："敢烦仙姑引我到那各司中游玩游玩，不知可使得？"仙姑道："此各司中皆贮的是普天之下所有的女子过去未来的簿册，尔凡眼尘躯，未便先知的。"宝玉听了，那里肯依，复央之再四。仙姑无奈，说："也罢，就在此司内略随喜随喜罢了。"宝玉喜不自胜，抬头看这司的匾上，乃是"薄命司"三字，两边对联写的是：

春恨秋悲皆自惹，花容月貌为谁妍。

宝玉看了，便知感叹。进入门来，只见有十数个大厨，皆用封条封着。看那封条上，皆是各省的地名。宝玉一心只拣自己的家乡封条看，遂无心看别省的了。只见那边厨上封条上大书七字云："金陵十二钗正册"。宝玉问道：

批注

"何为'金陵十二钗正册'？"警幻道："即贵省中十二冠首女子之册，故为'正册'。"宝玉道："常听人说，金陵极大，怎么只十二个女子？如今单我家里，上上下下，就有几百女孩子呢。"警幻冷笑道："贵省女子固多，不过择其紧要者录之。下边二厨则又次之。余者庸常之辈，则无册可录矣。"宝玉听说，再看下首二厨上，果然写着"金陵十二钗副册"，又一个写着"金陵十二钗又副册"。宝玉便伸手先将"又副册"厨开了，拿出一本册来，揭开一看，只见这首页上画着一幅画，又非人物，也无山水，不过是水墨渲染的满纸乌云浊雾而已。后有几行字迹，写的是：

　　霁月难逢，彩云易散。心比天高，身为下贱。风流灵巧招人怨。寿夭多因毁谤生，多情公子空牵念。

宝玉看了，又见后面画着一簇鲜花，一床破席，也有几句言词，写道是：

　　枉自温柔和顺，空云似桂如兰；
　　堪羡优伶有福，谁知公子无缘。

宝玉看了不解。遂掷下这个，又去开了副册厨门，拿起一本册来，揭开看时，只见画着一株桂花，下面有一池沼，其中水涸泥干，莲枯藕败，后面书云：

　　根并荷花一茎香，平生遭际实堪伤。
　　自从两地生孤木，致使香魂返故乡。

宝玉看了仍不解。便又掷了，再去取"正册"看，只见头一页上便画着两株枯木，木上悬着一围玉带；又有一堆雪，雪下一股金簪。也有四句言词，道是：

> 可叹停机德，堪怜咏絮才。
> 玉带林中挂，金簪雪里埋。

宝玉看了仍不解。待要问时，情知他必不肯泄漏；待要丢下，又不舍。遂又往后看时，只见画着一张弓，弓上挂着香橼。也有一首歌词云：

> 二十年来辨是非，榴花开处照宫闱。
> 三春争及初春景，虎兕相逢大梦归。

后面又画着两人放风筝，一片大海，一只大船，船中有一女子掩面泣涕之状。也有四句写云：

> 才自精明志自高，生于末世运偏消。
> 清明涕送江边望，千里东风一梦遥。

后面又画几缕飞云，一湾逝水。其词曰：

> 富贵又何为，襁褓之间父母违。
> 展眼吊斜晖，湘江水逝楚云飞。

后面又画着一块美玉，落在泥垢之中。其断语云：

> 欲洁何曾洁，云空未必空。
> 可怜金玉质，终陷淖泥中。

批注

后面忽见画着个恶狼，追扑一美女，欲啖之意。其书云：

子系中山狼，得志便猖狂。
金闺花柳质，一载赴黄粱。

后面便是一所古庙，里面有一美人在内看经独坐。其判云：

勘破三春景不长，缁衣顿改昔年妆。
可怜绣户侯门女，独卧青灯古佛旁。

后面便是一片冰山，上面有一只雌凤。其判曰：

凡鸟偏从末世来，都知爱慕此生才。
一从二令三人木，哭向金陵事更哀。

后面又是一座荒村野店，有一美人在那里纺绩。其判云：

势败休云贵，家亡莫论亲。
偶因济刘氏，巧得遇恩人。

后面又画着一盆茂兰，旁有一位凤冠霞帔的美人。也有判云：

桃李春风结子完，到头谁似一盆兰。
如冰水好空相妒，枉与他人作笑谈。

后面又画着高楼大厦,有一美人悬梁自缢。其判云:

情天情海幻情身,情既相逢必主淫。
漫言不肖皆荣出,造衅开端实在宁。

宝玉还欲看时,那仙姑知他天分高明,性情颖慧,恐把仙机泄漏,遂掩了卷册,笑向宝玉道:"且随我去游玩奇景,何必在此打这闷葫芦!"

宝玉恍恍惚惚,不觉弃了卷册,又随了警幻来至后面。但见珠帘绣幕,画栋雕檐,说不尽那光摇朱户金铺地,雪照琼窗玉作宫。更见仙花馥郁,异草芬芳,真好个所在。又听警幻笑道:"你们快出来迎接贵客!"一语未了,只见房中又走出几个仙子来,皆是荷袂蹁跹,羽衣飘舞,姣若春花,媚如秋月。一见了宝玉,都怨谤警幻道:"我们不知系何'贵客',忙的接了出来!姐姐曾说今日今时必有绛珠妹子的生魂前来游玩,故我等久待。何故反引这浊物来污染这清净女儿之境?"

宝玉听如此说,便吓得欲退不能退,果觉自形污秽不堪。警幻忙携住宝玉的手,向众姊妹道:"你等不知原委:今日原欲往荣府去接绛珠,适从宁府所过,偶遇宁荣二公之灵,嘱吾云:'吾家自国朝定鼎以来,功名奕世,富贵传流,虽历百年,奈运终数尽,不可挽回者。故遗之子孙虽多,竟无可以继业。其中惟嫡孙宝玉一人,禀性乖张,生性怪谲,虽聪明灵慧,略可望成,无奈吾家运数合终,恐无人规引入正。幸仙姑偶来,万望先以情欲声色等事警其痴顽,或能使彼跳出迷人圈子,然后入于正路,亦吾兄弟之幸矣。'如此嘱吾,故发慈心,引彼至此。先以彼家上

批注

中下三等女子之终身册籍，令彼熟玩，尚未觉悟；故引彼再至此处，令其再历饮馔声色之幻，或冀将来一悟，亦未可知也。"

说毕，携了宝玉入室。但闻一缕幽香，竟不知其所焚何物。宝玉遂不禁相问。警幻冷笑道："此香尘世中既无，尔何能知！此香乃系诸名山胜境内初生异卉之精，合各种宝林珠树之油所制，名'群芳髓'。"宝玉听了，自是羡慕而已。大家入座，小丫鬟捧上茶来。宝玉自觉清香异味，纯美非常，因又问何名。警幻道："此茶出在放春山遣香洞，又以仙花灵叶上所带之宿露而烹，此茶名曰'千红一窟'。"宝玉听了，点头称赏。因看房内，瑶琴、宝鼎、古画、新诗，无所不有；更喜窗下亦有唾绒，奁间时渍粉污。壁上也见悬着一副对联，书云：

幽微灵秀地，无可奈何天。

宝玉看毕，无不羡慕。因又请问众仙姑姓名：一名痴梦仙姑，一名钟情大士，一名引愁金女，一名度恨菩提，各各道号不一。少刻，有小丫鬟来调桌安椅，设摆酒馔。真是：琼浆满泛玻璃盏，玉液浓斟琥珀杯。更不用再说那肴馔之盛。宝玉因闻得此酒清香甘冽，异乎寻常，又不禁相问。警幻道："此酒乃以百花之蕊，万木之汁，加以麟髓之醅，凤乳之麹酿成，因名为'万艳同杯'。"宝玉称赏不迭。

饮酒间，又有十二个舞女上来，请问演何词曲。警幻道："就将新制《红楼梦》十二支演上来。"舞女们答应了，便轻敲檀板，款按银筝，听他歌道是：

开辟鸿蒙……

　　方歌了一句，警幻便说道："此曲不比尘世中所填传奇之曲，必有生旦净末之则，又有南北九宫之限。此或咏叹一人，或感怀一事，偶成一曲，即可谱入管弦。若非个中人，不知其中之妙。料尔亦未必深明此调。若不先阅其稿，后听其歌，翻成嚼蜡矣。"说毕，回头命小丫鬟取了《红楼梦》原稿来，递与宝玉。宝玉接来，一面目视其文，一面耳聆其歌曰：

　　〔红楼梦引子〕开辟鸿蒙，谁为情种？都只为风月情浓。趁着这奈何天，伤怀日，寂寥时，试遣愚衷。因此上，演出这怀金悼玉的《红楼梦》。

　　〔终身误〕都道是金玉良姻，俺只念木石前盟。空对着，山中高士晶莹雪；终不忘，世外仙姝寂寞林。叹人间，美中不足今方信。纵然是齐眉举案，到底意难平。

　　〔枉凝眉〕一个是阆苑仙葩，一个是美玉无瑕。若说没奇缘，今生偏又遇着他；若说有奇缘，如何心事终虚化？一个枉自嗟呀，一个空劳牵挂。一个是水中月，一个是镜中花。想眼中能有多少泪珠儿，怎经得秋流到冬尽，春流到夏！

　　宝玉听了此曲，散漫无稽，不见得好处；但其声韵凄惋，竟能销魂醉魄。因此也不察其原委，问其来历，就暂以此释闷而已。因又看下道：

　　〔恨无常〕喜荣华正好，恨无常又到。眼睁

批注

睁，把万事全抛。荡悠悠，把芳魂消耗。望家乡，路远山高。故向爹娘梦里相寻告：儿命已入黄泉，天伦呵，须要退步抽身早！

〔分骨肉〕一帆风雨路三千，把骨肉家园齐来抛闪。恐哭损残年，告爹娘，休把儿悬念。自古穷通皆有定，离合岂无缘？从今分两地，各自保平安。奴去也，莫牵连。

〔乐中悲〕襁褓中，父母叹双亡。纵居那绮罗丛，谁知娇养？幸生来，英豪阔大宽宏量，从未将儿女私情略萦心上。好一似，霁月光风耀玉堂。厮配得才貌仙郎，博得个地久天长，准折得幼年时坎坷形状。终久是云散高唐，水涸湘江。这是尘寰中消长数应当，何必枉悲伤！

〔世难容〕气质美如兰，才华阜比仙。天生成孤癖人皆罕。你道是啖肉食腥膻，视绮罗俗厌；却不知太高人愈妒，过洁世同嫌。可叹这，青灯古殿人将老；辜负了，红粉朱楼春色阑。到头来，依旧是风尘肮脏违心愿。好一似，无瑕白玉遭泥陷；又何须，王孙公子叹无缘。

〔喜冤家〕中山狼，无情兽，全不念当日根由。一味的骄奢淫荡贪还构。觑着那，侯门艳质同蒲柳；作践的，公府千金似下流。叹芳魂艳魄，一载荡悠悠。

〔虚花悟〕将那三春看破，桃红柳绿待如何？把这韶华打灭，觅那清淡天和。说什么，天上夭桃盛，云中杏蕊多。到头来，谁把秋捱过？则看那，白杨村里人呜咽，青枫林下鬼吟哦。更兼着，连天衰草遮坟墓。这的是，昨贫今富人劳碌，春荣秋谢花折磨。似这般，生关死劫谁能躲？闻说道，西方宝树唤婆娑，上结着长生果。

〔聪明累〕机关算尽太聪明，反算了卿卿性命。生前心已碎，死后性空灵。家富人宁，终有个家亡人散各奔腾。枉费了，意悬悬半世心；好一似，荡悠悠三更梦。忽喇喇似大厦倾，昏惨惨似灯将尽。呀！一场欢喜忽悲辛。叹人世，终难定！

〔留余庆〕留余庆，留余庆，忽遇恩人；幸娘亲，幸娘亲，积得阴功。劝人生，济困扶穷，休似俺那爱银钱忘骨肉的狠舅奸兄！正是乘除加减，上有苍穹。

〔晚韶华〕镜里恩情，更那堪梦里功名！那美韶华去之何迅！再休提绣帐鸳衾。只这带珠冠，披凤袄，也抵不了无常性命。虽说是，人生莫受老来贫，也须要阴骘积儿孙。气昂昂头戴簪缨；光灿灿胸悬金印；威赫赫爵禄高登；昏惨惨黄泉路近。问古来将相可还存？也只是虚名儿与后人钦敬。

〔好事终〕画梁春尽落香尘。擅风情，秉月貌，便是败家的根本。箕裘颓堕皆从敬，家事消亡首罪宁。宿孽总因情。

〔收尾·飞鸟各投林〕为官的，家业凋零；富贵的，金银散尽；有恩的，死里逃生；无情的，分明报应。欠命的，命已还；欠泪的，泪已尽。冤冤相报实非轻，分离聚合皆前定。欲知命短问前生，老来富贵也真侥幸。看破的，遁入空门；痴迷的，枉送了性命。好一似食尽鸟投林，落了片白茫茫大地真干净！

歌毕，还要歌副曲。警幻见宝玉甚无趣味，因叹："痴儿竟尚未悟！"那宝玉忙止歌姬不必再唱，自觉朦胧恍惚，告醉求卧。警幻便命撤去残席，送宝玉至一香闺绣阁之中，其间铺陈之盛，乃素所未见之物。更可骇者，早有一位女子在内，其鲜艳妩媚，有似乎宝钗，风流袅娜，则又如黛玉。正不知何意，忽警幻道："尘世中多少富贵之家，那些绿窗风月，绣阁烟霞，皆被淫污纨绔与那些流荡女子悉皆玷辱。更可恨者，自古来多少轻薄浪子，皆以'好色不淫'为饰，又以'情而不淫'作案，此皆饰非掩丑之语也。好色即淫，知情更淫。是以巫山之会，云雨之欢，皆由既悦其色、复恋其情所致也。吾所爱汝者，乃天下古今第一淫人也。"

宝玉听了，唬的忙答道："仙姑差了。我因懒于读书，家父母尚每垂训饬，岂敢再冒'淫'字。况且年纪尚小，不知'淫'字为何物。"警幻道："非也。淫虽一理，意则有别。如世之好淫者，不过悦容貌，喜歌舞，调笑无厌，云雨无时，恨不能尽天下之美女供我片时之趣兴，此皆皮肤淫滥之蠢物耳。如尔则天分中生成一段痴情，吾辈推之为'意淫'。'意淫'二字，惟心会而不可口传，可神通而不可语达。汝今独得此二字，在闺阁中，固可为良友，然于世道中未免迂阔怪诡，百口嘲谤，万目睚眦。今既遇令祖宁荣二公剖腹深嘱，吾不忍君独为我闺阁增光，见弃于世道，是以特引前来，醉以灵酒，沁以仙茗，警以妙曲，再将吾妹一人，乳名兼美字可卿者，许配于汝。今夕良时，即可成姻。不过令汝领略此仙闺幻境之风光尚如此，何况尘境之情景哉？而今后万万解释，改悟前情，留意于孔孟之间，委身于经济之道。"说毕便秘授以云雨之事，推宝玉入房，将门掩上自去。

那宝玉恍恍惚惚，依警幻所嘱之言，未免有儿女之事，难以尽述。至次日，便柔情缱绻，软语温存，与可卿难解难分。因二人携手出去游顽之时，忽至一个所在，但见荆榛遍地，狼虎同群，迎面一道黑溪阻路，并无桥梁可通。正在犹豫之间，忽见警幻后面追来，告道："快休前进，作速回头要紧！"宝玉忙止步问道："此系何处？"警幻道："此即迷津也。深有万丈，遥亘千里，中无舟楫可通，只有一个木筏，乃木居士掌舵，灰侍者撑篙，不受金银之谢，但遇有缘者渡之。尔今偶游至此，设如堕落其中，则深负我从前谆谆警戒之语矣。"话犹未了，只听迷津内水响如雷，竟有许多夜叉海鬼将宝玉拖将下去。吓得宝玉汗下如雨，一面失声喊叫："可卿救我！"吓得袭人辈众丫鬟忙上来搂住，叫："宝玉别怕，我们在这里！"

却说秦氏正在房外嘱咐小丫头们好生看着猫儿狗儿打架，忽听宝玉在梦中唤他的小名，因纳闷道："我的小名这里从没人知道的，他如何知道，在梦里叫出来？"正是：

一场幽梦同谁近，千古情人独我痴。

红楼小讲台

本回可以简单地分为两个部分：第一部分承接第三回"林黛玉进贾

府"。林黛玉进入贾府之后，紧接着的问题就是：作为一个失怙幼女，寄人篱下的生活会是什么样的呢？这里从三个人与林黛玉的关系来展现林黛玉在贾府生活的全貌：贾母——代表贾府的最高权威；贾宝玉——贾府最受宠的男孩；薛宝钗——同为客居贾府的最受欢迎的女孩。写这三人对待林黛玉的态度，与林黛玉的关系，可谓一针见血。初到贾府，拥有贾母这个最高领袖的爱护，有贾宝玉的友爱，林黛玉在贾府的地位自然不会低，写到这里都是和顺美满的，仿佛林黛玉进入贾府就进入了人生的乐园。突然，一个闪耀的女孩也来到了贾府，她一下子吸引了所有人的目光，原先围聚着自己的身影突然转移到她的身边去了。

万事如意是幸福，却不是故事，矛盾与冲突才是推动故事发展的永动机。薛宝钗的到来打破了林黛玉初到贾府的甜蜜，故事情节开始发展。

薛宝钗的合群大气是客观现实，林黛玉在这方面相形见绌，受到大多数人的冷落。薛宝钗虽未刻意争夺众人的喜爱，却仍令林黛玉气愤不平，也许是嫉妒，也许是不甘。面对林黛玉的心理变化，薛宝钗和贾宝玉都是浑然不觉，只是作者在贾宝玉的"浑然不觉"上多写了些原因，那是出自本心里的"愚拙偏僻"，这是一个贬义褒用的词，在一个重视亲疏远近之别的世俗世界里，即使是兄弟姐妹也要分个等级差别，宝玉却秉持一视同仁的观念，这在世俗眼中是"愚拙偏僻"，在作者眼中却是难能可贵。

"求全之毁，不虞之隙"，这是所有爱人、亲人相处时都会遇到的问题。对爱要求无度，越爱越受伤害。

明清小说由话本小说发展而来，话本就是说书人的脚本，上一回要留有悬念，下一回接着讲述。第二部分（"因东边宁府"开始）才是本回正文内容的开始。

赏花游园，家庭宴集，这是本回故事"贾宝玉梦游幻境"的起因，睡午觉是情节的发展，梦游幻境是故事的高潮，醒来是情节的收束。

本回的重要情节是贾宝玉梦游幻境。此地名为"太虚幻境"，实指此为梦境。对联中"真假有无"看似玄虚奇妙，亦指梦境看似虚无其实暗含真意。也在点醒贾宝玉要在这看似虚假的梦境里寻找真意，才能参破人生玄机。

进入"太虚幻境"之后，接着进入"风月司"宫门，宫门上的横书和对联，再一次解释"风月"主题。接着进入"风月司"二层，有各分管部门办公室。接着进入分管部门之一的"薄命司"，贾宝玉接触机密文件——"金陵十二钗"正册、副册、又副册。这不仅是主管部门的机密文件，更是开启小说阅读的金钥匙。

本回我评论：

红楼细思量

1. "金陵十二钗"正册人物是林黛玉、薛宝钗、贾元春、贾迎春、贾探春、贾惜春、史湘云、妙玉、王熙凤、巧姐、李纨、秦可卿。请根据判词推断人物以及她与宝玉的关系，写在侧面批注栏。

2. 认真阅读判词，可以发现"金陵十二钗"正册人物的共同特点是：

（1）＿＿＿＿＿＿＿＿＿＿＿＿＿＿＿＿＿＿＿＿＿＿＿＿

（2）＿＿＿＿＿＿＿＿＿＿＿＿＿＿＿＿＿＿＿＿＿＿＿＿

（3）＿＿＿＿＿＿＿＿＿＿＿＿＿＿＿＿＿＿＿＿＿＿＿＿

3. 细读"红楼梦曲"，我们会发现作者：

（1）对女孩们的貌、才、情、智是持＿＿＿＿＿＿的态度、感情；

（2）对女孩们的品格、行为、选择的人生道路是持＿＿＿＿＿＿的态度、感情；

（3）对女孩们的悲剧结局是持_____的态度、感情。

红楼活动场

1. 书画天地：你可以根据本回内容，画出全宇宙感情的主管机构——太虚幻境的内部图吗？

2. 为太虚幻境的主管——警幻仙姑，列一张岗位职责表。写清她的工作内容和职责。

第二篇

故事开始流动

第六回

贾宝玉初试云雨情　刘姥姥一进荣国府

却说秦氏因听见宝玉从梦中唤他的乳名，心中自是纳闷，又不好细问。彼时宝玉迷迷惑惑，若有所失。众人忙端上桂圆汤来，呷了两口，遂起身整衣。袭人伸手与他系裤带时，不觉伸手至大腿处，只觉冰凉一片沾湿，唬的忙退出手来，问是怎么了。宝玉红涨了脸，把他的手一捻。袭人本是个聪明女子，年纪本又比宝玉大两岁，近来也渐通人事，今见宝玉如此光景，心中便觉察一半了，不觉也羞的红涨了脸面，不敢再问。仍旧理好衣裳，遂至贾母处来，胡乱吃毕了晚饭，过这边来。

袭人忙趁众奶娘丫鬟不在旁时，另取出一件中衣来与宝玉换上。宝玉含羞央告道："好姐姐，千万别告诉人。"袭人亦含羞笑问道："你梦见什么故事了？是那里流出来的那些脏东西？"宝玉道："一言难尽。"说着便把梦中之事细说与袭人听了。然后说至警幻所授云雨之情，羞的袭人掩面伏身而笑。宝玉亦素喜袭人柔媚娇俏，遂强袭人同领警幻所训云雨之事。袭人素知贾母已将自己与了宝玉的，今便如此，亦不为越礼，遂和宝玉偷试一番，幸得无人撞见。自此宝玉视袭人更比别个不同，袭人待宝玉更为尽

批注

心。暂且别无话说。

按荣府中一宅人合算起来，人口虽不多，从上至下也有三四百丁；虽事不多，一天也有一二十件，竟如乱麻一般，并无个头绪可作**纲领**。正寻思从那一件事自那一个人写起方妙，恰好忽从千里之外，芥荳之微，小小一个人家，因与荣府略有些瓜葛，这日正往荣府中来，因此便就此一家说来，倒还是**头绪**。你道这一家姓甚名谁，又与荣府有甚瓜葛？且听细讲。

方才所说的这小小之家，乃本地人氏，姓王，祖上曾作过小小的一个京官，昔年与凤姐之祖王夫人之父认识。因贪王家的势利，便连了宗认作侄儿。那时只有王夫人之大兄凤姐之父与王夫人随在京中的，知有此一门连宗之族，余者皆不认识。目今其祖已故，只有一个儿子，名唤王成，因家业萧条，仍搬出城外原乡中住去了。王成新近亦因病故，只有其子，小名狗儿。狗儿亦生一子，小名板儿，嫡妻刘氏，又生一女，名唤青儿。一家四口，仍以务农为业。因狗儿白日间又作些生计，刘氏又操井臼等事，青板姊妹两个无人看管，狗儿遂将岳母刘姥姥接来一处过活。这刘姥姥乃是个积年的老寡妇，膝下又无儿女，只靠两亩薄田度日。今者女婿接来养活，岂不愿意，遂一心一计，帮趁着女儿女婿过活起来。

因这年秋尽冬初，天气冷将上来，家中冬事未办，狗儿未免心中烦虑，吃了几杯闷酒，在家闲寻气恼，刘氏也不敢顶撞。因此刘姥姥看不过，乃劝道："姑爷，你别嗔着我多嘴。咱们村庄人，那一个不是老老诚诚的，守多大碗儿吃多大的饭。你皆因年小的时候，托着你那老家之福，吃喝惯了，如今所以把持不住。有了钱就顾头不顾尾，没了钱就瞎生气，成个什么男子汉大丈夫呢！如今咱们虽离城住着，终是天子脚下。这长安城中，遍地都是钱，只可惜没人会去拿去罢了。在家跳蹋会子也不中用。"狗儿听说，便急道："你老只会炕头儿上混说，难道叫我打劫偷去不成？"刘姥姥道："谁叫你偷去呢。也到底想法儿大家裁度，不然那银子钱自己跑到咱家来不成？"狗儿冷笑道："有法儿还等到这会子呢。我又没有收税的亲戚，作官的朋友，有什么法子可想的？便有，也只怕他们未必来理我们呢！"

刘姥姥道："这倒不然。谋事在人，成事在天。咱们谋到了，看菩萨的保佑，有些机会，也未可知。我倒替你们想出一个机会来。当日你们原是和金陵王家连过宗的，二十年前，他们看承你们还好；如今自然是你们拉硬屎，不肯去亲近他，故疏远起来。想当初我和女儿还去过一遭。他们家的二小姐着实响快，会待人，倒不拿大。如今现是荣国府贾二老爷的夫人。听得说，如今上了年纪，越发怜贫恤老，最爱斋僧敬道，舍米舍钱的。如今王府虽升了边任，只怕这二姑太太还认得咱们。你何不去走动走动，或者他念旧，有些好处，也未可知。要是他发一点好心，拔一根寒毛比咱们的腰还粗呢。"刘氏一旁接口道："你老虽说的是，但只你我这样个嘴脸，怎样好到他门上去的。先不先，他们那些门上的人也未必肯去通信。没的去打嘴现世。"

谁知狗儿利名心最重，听如此一说，心下便有些活动起来。又听他妻子这话，便笑接道："姥姥既如此说，况且当年你又见过这姑太太一次，何不你老人家明日就走一

批注

趟，先试试风头再说。"刘姥姥道："嗳哟哟！可是说的，'侯门深似海'，我是个什么东西，他家人又不认得我，我去了也是白去的。"狗儿笑道："不妨，我教你老人家一个法子：你竟带了外孙子板儿，先去找陪房周瑞，若见了他，就有些意思了。这周瑞先时曾和我父亲交过一件事，我们极好的。"刘姥姥道："我也知道他的。只是许多时不走动，知道他如今是怎样。这也说不得了，你又是个男人，又这样个嘴脸，自然去不得；我们姑娘年轻媳妇子，也难卖头卖脚的，倒还是舍着我这付老脸去碰一碰。果然有些好处，大家都有益；便是没银子来，我也到那公府侯门见一见世面，也不枉我一生。"说毕，大家笑了一回。当晚计议已定。

次日天未明，刘姥姥便起来梳洗了，又将板儿教训了几句。那板儿才五六岁的孩子，一无所知，听见刘姥姥带他进城逛去，便喜的无不应承。于是刘姥姥带他进城，找至宁荣街。

来至荣府大门石狮子前，只见簇簇轿马，刘姥姥便不敢过去，且掸了掸衣服，又教了板儿几句话，然后蹭到角门前。只见几个挺胸叠肚指手画脚的人，坐在大板凳上，说东谈西呢。刘姥姥只得蹭上来问："太爷们纳福。"众人打量了他一会，便问"那里来的？"刘姥姥陪笑道："我找太太的陪房周大爷的，烦那位太爷替我请他老出来。"那些人听了，都不瞅睬，半日方说道："你远远的在那墙角下等着，一会子他们家有人就出来的。"内中有一老年人说道："不要误他的事，何苦要他。"因向刘姥姥道："那周大爷已往南边去了。他在后一带住着，他娘子却在家。你要找时，从这边绕到后街上后门上去问就是了。"

第六回　贾宝玉初试云雨情　刘姥姥一进荣国府

　　刘姥姥听了谢过，遂携了板儿，绕到后门上。只见门前歇着些生意担子，也有卖吃的，也有卖顽耍物件的，闹吵吵三二十个小孩子在那里厮闹。刘姥姥便拉住一个道："我问哥儿一声，有个周大娘可在家么？"孩子们道："那个周大娘？我们这里周大娘有三个呢，还有两个周奶奶，不知是那一行当的？"刘姥姥道："是太太的陪房周瑞。"孩子道："这个容易，你跟我来。"说着，跳蹿蹿的引着刘姥姥进了后门，至一院墙边，指与刘姥姥道："这就是他家。"又叫道："周大娘，有个老奶奶来找你呢，我带了来了。"

　　周瑞家的在内听说，忙迎了出来，问："是那位？"刘姥姥忙迎上来问道："好呀，周嫂子！"周瑞家的认了半日，方笑道："刘姥姥，你好呀！你说说，能几年，我就忘了。请家里来坐罢。"刘姥姥一壁里走着，一壁笑说道："你老是贵人多忘事，那里还记得我们呢。"说着，来至房中。周瑞家的命雇的小丫头倒上茶来吃着。周瑞家的又问板儿道："你都长这们大了！"又问些别后闲话。又问刘姥姥："今日还是路过，还是特来的？"刘姥姥便说："原是特来瞧瞧嫂子你，二则也请请姑太太的安。若可以领我见一见更好，若不能，便借重嫂子转致意罢了。"

　　周瑞家的听了，便已猜着几分来意。只因昔年他丈夫周瑞争买田地一事，其中多得狗儿之力，今见刘姥姥如此而来，心中难却其意；二则也要显弄自己的体面。听如此说，便笑说道："姥姥你放心。大远的诚心诚意来了，岂有个不教你见个真佛去的呢。论理，人来客至回话，却不与我相干。我们这里都是各占一样儿：我们男的只管春秋两季地租子，闲时只带着小爷们出门子就完了；我只管跟

批注

批注

　　太太奶奶们出门的事。皆因你原是太太的亲戚，又拿我当个人，投奔了我来，我就破个例，给你通个信去。但只一件，姥姥有所不知，我们这里又不比五年前了。如今太太竟不大管事，都是琏二奶奶管家了。你道这琏二奶奶是谁？就是太太的内侄女，当日大舅老爷的女儿，小名凤哥的。"刘姥姥听了，忙问道："原来是他！怪道呢，我当日就说他不错呢。这等说来，我今儿还得见他了。"周瑞家的道："这自然的。如今太太事多心烦，有客来了，略可推得去的就推过去了，都是凤姑娘周旋迎待。今儿宁可不会太太，倒要见他一面，才不枉这里来一遭。"刘姥姥道："阿弥陀佛！全仗嫂子方便了。"周瑞家的道："说那里话。俗语说的：'与人方便，自己方便。'不过用我说一句话罢了，害着我什么。"说着，便叫小丫头到倒厅上悄悄的打听打听，老太太屋里摆了饭了没有。小丫头去了。这里二人又说些闲话。

　　刘姥姥因说："这凤姑娘今年大还不过二十岁罢了，就这等有本事，当这样的家，可是难得的。"周瑞家的听了道："我的姥姥，告诉不得你呢。这位凤姑娘年纪虽小，行事却比世人都大呢。如今出挑的美人一样的模样儿，少说些有一万个心眼子。再要赌口齿，十个会说话的男人也说他不过。回来你见了就信了。就只一件，待下人未免太严些个。"说着，只见小丫头回来说："老太太屋里已摆完了饭了，二奶奶在太太屋里呢。"周瑞家的听了，连忙起身，催着刘姥姥说："快走，快走。这一下来他吃饭是个空子，咱们先赶着去。若迟一步，回事的人也多了，难说话。再歇了中觉，越发没了时候了。"说着一齐下了炕，打扫打扫衣服，又教了板儿几句话，随着周瑞家的，逶迤往贾琏的住处来。

　　先到了倒厅，周瑞家的将刘姥姥安插在那里略等一等。自己先过了影壁，进了院门，知凤姐未下来，先找着凤姐的一个心腹通房大丫头名唤平儿的。周瑞家的先将刘姥姥起初来历说明，又说："今日大远的特来请安。当日太太是常会的，今日不可不见，所以我带了他进来了。等奶奶下来，我细细回明，奶奶想也不责备我莽撞的。"平儿听了，便作了主意："叫他们进来，先在这里坐着就是了。"周瑞家的听了，方出去引他两个进入院来。

　　上了正房台矶，小丫头打起猩红毡帘，才入堂屋，只闻一阵香扑了脸来，竟不辨是何气味，身子如在云端里一般。满屋中之物都耀眼争光的，使人头悬目眩。刘姥姥此时惟点头咂嘴念佛而已。于是来至东边这间屋内，乃是贾琏的女儿大姐儿睡觉之所。平儿站在炕沿边，打量了刘姥姥两眼，只得问个好让坐。刘姥姥见平儿遍身绫罗，插金带银，花容玉貌的，便当是凤姐儿了。才要称姑奶奶，忽见周瑞家的称他是平姑娘，又见平儿赶着周瑞家的称周大娘，方知不过是个有些体面的丫头了。于是让刘姥姥和板儿上了炕，平儿和周瑞家的对面坐在炕沿上，小丫头子斟了茶来吃茶。

　　刘姥姥只听见咯当咯当的响声，大有似乎打箩柜筛面的一般，不免东瞧西望的。忽见堂屋中柱子上挂着一个匣子，底下又坠着一个秤砣般一物，却不住的乱幌。刘姥姥心中想着："这是什么爱物儿？有甚用呢？"正呆时，只听得当的一声，又若金钟铜磬一般，不防倒唬的一展眼。接着又是一连八九下。方欲问时，只见小丫头子们齐乱跑，说："奶奶下来了。"周瑞家的与平儿忙起身，命刘姥姥

"只管等着,是时候我们来请你。"说着,都迎出去了。

刘姥姥屏声侧耳默候。只听远远有人笑声,约有一二十妇人,衣裙窸窣,渐入堂屋,往那边屋内去了。又见两三个妇人,都捧着大漆捧盒,进这边来等候。听得那边说了声"摆饭",渐渐的人才散出,只有伺候端菜的几个人。半日鸦雀不闻之后,忽见二人抬了一张炕桌来,放在这边炕上,桌上碗盘森列,仍是满满的鱼肉在内,不过略动了几样。板儿一见了,便吵着要肉吃,刘姥姥一巴掌打了他去。忽见周瑞家的笑嘻嘻走过来,招手儿叫他。刘姥姥会意,于是带了板儿下炕,至堂屋中,周瑞家的又和他唧咕了一会,方过这边屋里来。

只见门外錾铜钩上悬着大红撒花软帘,南窗下是炕,炕上大红毡条,靠东边板壁立着一个锁子锦靠背与一个引枕,铺着金心绿闪缎大坐褥,旁边有雕漆痰盒。那凤姐儿家常带着秋板貂鼠昭君套,围着攒珠勒子,穿着桃红撒花袄,石青刻丝灰鼠披风,大红洋绉银鼠皮裙,粉光脂艳,端端正正坐在那里,手内拿着小铜火箸儿拨手炉内的灰。平儿站在炕沿边,捧着小小的一个填漆茶盘,盘内一个小盖钟。凤姐也不接茶,也不抬头,只管拨手炉内的灰,慢慢的问道:"怎么还不请进来?"一面说,一面抬身要茶时,只见周瑞家的已带了两个人在地下站着呢。这才忙欲起身;犹未起身时,满面春风的问好,又嗔着周瑞家的怎么不早说。刘姥姥在地下已是拜了数拜,问姑奶奶安。凤姐忙说:"周姐姐,快搀起来,别拜罢,请坐。我年轻,不大认得,可也不知是什么辈数,不敢称呼。"周瑞家的忙回道:"这就是我才回的那姥姥了。"凤姐点头。刘姥姥已在炕沿上坐了。板儿便躲在背后,百般的哄他出来作揖,他死也不肯。

凤姐儿笑道:"亲戚们不大走动,都疏远了。知道的呢,说你们弃厌我们,不肯常来;不知道的那起小人,还只当我们眼里没人似的。"刘姥姥忙念佛道:"我们家道艰难,走不起,来了这里,没的给姑奶奶打嘴,就是管家爷们看着也不象。"凤姐儿笑道:"这话没的叫人恶心。不过借赖着祖父虚名,作了穷官儿,谁家有什么,不过是个旧日的空架子。俗语说,'朝廷还有三门子穷亲戚'呢,何况你我。"说着,又问周瑞家的回了太太了没有。周瑞家的道:"如今等奶奶的示下。"凤姐道:"你去瞧瞧,要是有人有事就罢,得闲儿呢就回,看怎么说。"周瑞家的答应着去了。

这里凤姐叫人抓些果子与板儿吃,刚问些闲话时,就有家下许多媳妇管事的来回话。平儿回了,凤姐道:"我这里陪客呢,晚上再来回。若有很要紧的,你就带进来现办。"平儿出去了,一会进来说:"我都问了,没什么紧事,我就叫他们散了。"凤姐点头。只见周瑞家的回来,向凤姐道:"太太说了,今日不得闲,二奶奶陪着便是一样。多谢费心想着。白来逛逛呢便罢;若有甚说的,只管告诉二奶奶,都是一样。"刘姥姥道:"也没甚说的,不过是来瞧瞧姑太太,姑奶奶,也是亲戚们的情分。"周瑞家的道:"没甚说的便罢;若有话,只管回二奶奶,是和太太一样的。"一面说,一面递眼色与刘姥姥。

刘姥姥会意,未语先飞红的脸,欲待不说,今日又所为何来?只得忍耻说道:"论理今儿初次见姑奶奶,却不该说,只是大远的奔了你老这里来,也少不的说了。"刚说到这里,只听二门上小厮们回说:"东府里的小大爷进来

批注

了。"凤姐忙止刘姥姥："不必说了。"一面便问："你蓉大爷在那里呢？"只听一路靴子脚响，进来了一个十七八岁的少年，面目清秀，身材俊俏，轻裘宝带，美服华冠。刘姥姥此时坐不是，立不是，藏没处藏。凤姐笑道："你只管坐着，这是我侄儿。"刘姥姥方扭扭捏捏在炕沿上坐了。

贾蓉笑道："我父亲打发我来求婶子，说上回老舅太太给婶子的那架玻璃炕屏，明日请一个要紧的客，借了略摆一摆就送过来。"凤姐道："说迟了一日，昨儿已经给了人了。"贾蓉听着，嘻嘻的笑着，在炕沿上半跪道："婶子若不借，又说我不会说话了，又挨一顿好打呢。婶子只当可怜侄儿罢。"凤姐笑道："也没见你们，王家的东西都是好的不成？你们那里放着那些好东西，只是看不见，偏我的就是好的。"贾蓉笑道："那里有这个好呢！只求开恩罢。"凤姐道："若碰一点儿，你可仔细你的皮！"因命平儿拿了楼房的钥匙，传几个妥当人抬去。贾蓉喜的眉开眼笑，说："我亲自带了人拿去，别由他们乱碰。"说着便起身出去了。

这里凤姐忽又想起一事来，便向窗外叫："蓉哥回来。"外面几个人接声说："蓉大爷快回来。"贾蓉忙复身转来，垂手侍立，听何指示。那凤姐只管慢慢的吃茶，出了半日的神，又笑道："罢了，你且去罢。晚饭后你来再说罢。这会子有人，我也没精神了。"贾蓉应了一声，方慢慢的退去。

这里刘姥姥心神方定，才又说道："今日我带了你侄儿来，也不为别的，只因他老子娘在家里，连吃的都没有。如今天又冷了，越想没个派头儿，只得带了你侄儿奔了你老来。"说着又推板儿道："你那爹在家怎么教你来？打发咱们作煞事来？只顾吃果子咧。"凤姐早已明白了，听他不会说话，因笑止道："不必说了，我知道了。"因问周瑞家的："这姥姥不知可用了早饭没有？"刘姥姥忙说道："一早就往这里赶咧，那里还有吃饭的工夫咧。"凤姐听说，忙命快传饭来。一时周瑞家的传了一桌客饭来，摆在东边屋内，过来带了刘姥姥和板儿过去吃饭。

凤姐说道："周姐姐，好生让着些儿，我不能陪了。"于是过东边房里来。又叫过周瑞家的去，问他才回了太太，说了些什么？周瑞家的道："太太说，他们家原不是一家子，不过因出一姓，当年又与太老爷在一处作官，偶然连了宗的。这几年来也不大走动。当时他们来一遭，却也没空了他们。今儿既来了瞧瞧我们，是他的好意思，也不可简慢了他。便是有什么说的，叫奶奶裁度着就是了。"凤姐听了说道："我说呢，既是一家子，我如何连影儿也不知道。"

说话时，刘姥姥已吃毕了饭，拉了板儿过来，觑舌咂嘴的道谢。凤姐笑道："且请坐下，听我告诉你老人家。方才的意思，我已知道了。若论亲戚之间，原该不等上门来就该有照应才是。但如今家内杂事太烦，太太渐上了年纪，一时想不到也是有的。况是我近来接着管些事，都不知道这些亲戚们。二则外头看着虽是烈烈轰轰的，殊不知大有大的艰难去处，说与人也未必信罢。今儿你既老远的来了，又是头一次见我张口，怎好叫你空回去呢。可巧昨儿太太给我的丫头们做衣裳的二十两银子，我还没动呢，你若不嫌少，就暂且先拿了去罢。"

那刘姥姥先听见告艰难，只当是没有，心里便突突的；后来听见给他二十两，喜的又浑身发痒起来，说道：

批注

> 批注

"嗳,我也是知道艰难的。但俗语说的:'瘦死的骆驼比马大',凭他怎样,你老拔根寒毛比我们的腰还粗呢!"周瑞家的见他说的粗鄙,只管使眼色止他。凤姐看见,笑而不睬,只命平儿把昨儿那包银子拿来,再拿一吊钱来,都送到刘姥姥的跟前。凤姐乃道:"这是二十两银子,暂且给这孩子做件冬衣罢。若不拿着,就真是怪我了。这钱雇车坐罢。改日无事,只管来逛逛,方是亲戚们的意思。天也晚了,也不虚留你们了,到家里该问好的问个好儿罢。"一面说,一面就站了起来。

刘姥姥只管千恩万谢的,拿了银子钱,随了周瑞家的来至外面。周瑞家的道:"我的娘啊!你见了他怎么倒不会说了?开口就是'你侄儿'。我说句不怕你恼的话,便是亲侄儿,也要说和软些。蓉大爷才是他的正经侄儿呢,他怎么又跑出这么一个侄儿来了。"刘姥姥笑道:"我的嫂子,我见了他,心眼儿里爱还爱不过来,那里还说的上话来呢。"二人说着,又到周瑞家坐了片时。刘姥姥便要留下一块银子与周瑞家孩子们买果子吃,周瑞家的如何放在眼里,执意不肯。刘姥姥感谢不尽,仍从后门去了。正是:

得意浓时易接济,受恩深处胜亲朋。

红楼小讲台

为什么要写刘姥姥这个人物?

一、结构作用——叙事线索

《红楼梦》有三条叙事主线:第一条是宝黛钗爱情悲剧,第二条是贾府兴衰,第三条是清朝末期社会风云。刘姥姥是贾府兴衰叙事线的重要人物,从文中一段话可看出:她是红楼梦的"纲领""头绪",线索性人物。

刘姥姥在全书中共有三次进入荣国府,通过刘姥姥的视线和脚步,深入贾府。

第6回:一进荣国府。刘姥姥是一个前来攀亲"乞讨"以过活的老年寡妇。此时贾府虽处末世,但富贵的气派仍吓到了她。贾府的主子中,她只见到了王熙凤,脚步只到过王熙凤房中,得到了20两银子,欢天喜地地回了家。

第39-42回:二进荣国府。此时贾府刚刚经历过末世中兴的元妃省亲,正是说不尽的富贵风流。刘姥姥此行加深了与荣国府的关系,所得颇丰。

第113回:三进荣国府。此时贾府已遭抄没,家破人亡。在危难之中,王熙凤将唯一的女儿托付给刘姥姥,刘姥姥几乎散尽家财救出巧姐。此时她已经完全逆转了受助者的身份,变成施恩者。

刘姥姥是荣国府兴衰的见证者,也是深度参与者。

二、人物塑造之功

艺术的第一个要求是好看。刘姥姥显然是一个艺术上好看的人物。她的诙谐幽默、机敏风趣、带着泥土气息的平民风采、坚强又挥洒自如的个性,增添了小说的趣味。

同时,一水儿豪门贵族里的才子、佳人,个个都是精通琴棋书画的美少女,未免同质化现象严重,容易令人感觉单调,审美疲劳。适时加入的刘姥姥让人物形象不再单一,突然活了起来。同时,刘姥姥进入荣国府,对于其他人物都起到了映衬作用。

三、象征作用

《红楼梦》中有很多象征意义,这个带着泥土气息的刘姥姥象征着土地、平民、本色、田园生活、安顿浮躁心灵的归宿。得到刘姥姥搭救的巧姐,在金陵十二钗正册中的画是:一座荒村野店,有一美人在那里纺绩。这是巧姐的结局,成为一个农妇,过着平静的田园生活。巧姐是十二钗中唯一一个没有成为彻底悲剧的人。

本回我评论：

名家鉴赏台

　　姥姥才是奇女流，她胆识才能、言谈颖慧，般般过人，真非凡品。她识相、知趣、机变，低而不卑，野而不鄙，身份拿得住，使命完得成。她具大度、识大局、有大才、怀大志。

——周汝昌①

红楼活动场

　　1. 整体阅读：刘姥姥一进荣国府（第6回）、二进荣国府（第39–42回）、三进荣国府（第113回）。

　　2. 二选一完成：

　　（1）以"为什么要写刘姥姥"为话题写一篇1000字左右的书评。

　　（2）请在"金陵十二钗"中选择一个人物与刘姥姥进行比较研究。

---

① 周汝昌．红楼夺目红 [M]．北京：作家出版社，2003．

第十八回

大观园试才题对额　荣国府归省庆元宵

　　那宝玉一心只记挂着里边，又不见贾政吩咐，少不得跟到书房。贾政忽然想起他来，方喝道："你还不去？难道还逛不足！也不想逛了这半日，老太太必悬挂着。快进去，疼你也白疼了。"宝玉听说，方退了出来。

　　至院外，就有跟贾政的几个小厮上来拦腰抱住，都说："今儿亏我们，老爷才喜欢，老太太打发人出来问了几遍，都亏我们回说喜欢；不然，若老太太叫你进去，就不得展才了。人人都说，你才那些诗比世人的都强。今儿得了这样的彩头。该赏我们了。"宝玉笑道："每人一吊钱。"众人道："谁没见那一吊钱！把这荷包赏了罢。"说着，一个上来解荷包，那一个就解扇囊，不容分说，将宝玉所佩之物尽行解去。又道："好生送上去罢。"一个抱了起来，几个围绕，送至贾母二门前。那时贾母已命人看了几次。众奶娘丫鬟跟上来，见过贾母，知不曾难为着他，心中自是欢喜。

　　少时袭人倒了茶来，见身边佩物一件无存，因笑道："带的东西又是那起没脸的东西们解了去了。"林黛玉听说，走来瞧瞧，果然一件无存，因向宝玉道："我给的那个

▱ 批注

批注

荷包也给他们了？你明儿再想我的东西，可不能够了！"说毕，赌气回房，将前日宝玉所烦他作的那个香袋儿——才做了一半——赌气拿过来就铰。宝玉见他生气，便知不妥，忙赶过来，早剪破了。

宝玉已见过这香囊，虽尚未完，却十分精巧，费了许多工夫。今见无故剪了，却也可气。因忙把衣领解了，从里面红袄襟上将黛玉所给的那荷包解了下来，递与黛玉瞧道："你瞧瞧，这是什么！我那一回把你的东西给人了？"林黛玉见他如此珍重，带在里面，可知是怕人拿去之意，因此又自悔莽撞，未见皂白，就剪了香袋。因此又愧又气，低头一言不发。宝玉道："你也不用剪，我知道你是懒待给我东西。我连这荷包奉还，何如？"说着，掷向他怀中便走。黛玉见如此，越发气起来，声咽气堵，又汪汪的滚下泪来，拿起荷包来又剪。宝玉见他如此，忙回身抢住，笑道："好妹妹，饶了他罢！"黛玉将剪子一摔，拭泪说道："你不用同我好一阵歹一阵的，要恼，就撂开手。这当了什么！"说着，赌气上床，面向里倒下拭泪。禁不住宝玉上来"妹妹"长"妹妹"短赔不是。

前面贾母一片声找宝玉。众奶娘丫鬟们忙回说："在林姑娘房里呢。"贾母听说道："好，好，好！让他姊妹们一处顽顽罢。才他老子拘了他这半天，让他开心一会子罢。只别叫他们拌嘴，不许扭了他。"众人答应着。黛玉被宝玉缠不过，只得起来道："你的意思不叫我安生，我就离了你。"说着往外就走。宝玉笑道："你到那里，我跟到那里。"一面仍拿起荷包来带上，黛玉伸手抢道："你说不要了，这会子又带上，我也替你怪臊的！"说着，"嗤"的一声又笑了。宝玉道："好妹妹，明儿另替我作个香袋儿罢。"黛玉道："那也只瞧我高兴罢了。"一面说，一面二人出房，到王夫人上房中去了，可巧宝钗亦在那里。

此时王夫人那边热闹非常。原来贾蔷已从姑苏采买了十二个女孩子——并聘了教习——以及行头等事来了。那时薛姨妈另迁于东北上一所幽静房舍居住，将梨香院早已腾挪出来，另行修理了，就令教习在此教演女戏。又另派家中旧有曾演学过歌唱的女人们——如今皆已皤然老妪了，着他们带领管理。就令贾蔷总理其日用出入银钱等事，以及诸凡大小所需之物料帐目。又有林之孝家的来回："采访聘买得十个小尼姑、小道姑都有了，连新作的二十分道袍也有了。外有一个带发修行的，本是苏州人氏，祖上也是读书仕宦之家。因生了这位姑娘自小多病，买了许多替身儿皆不中用，到底这位姑娘亲自入了空门，方才好了，所以带发修行，今年才十八岁，法名妙玉。如今父母俱已亡故，身边只有两个老嬷嬷、一个小丫头伏侍。文墨也极通，经文也不用学了，模样儿又极好。因听见'长安'都中有观音遗迹并贝叶遗文，去岁随了师父上来，现在西门外牟尼院住着。他师父极精演先天神数，于去冬圆寂了。妙玉本欲扶灵回乡的，他师父临寂遗言，说他'衣食起居不宜回乡，在此静居，后来自然有你的结果'。所以他竟未回乡。"王夫人不等回完，便说："既这样，我们何不接了他来。"林之孝家的回道："请他，他说'侯门公府，必以贵势压人，我再不去的。'"王夫人笑道："他既是官宦小姐，自然骄傲些，就下个帖子请他何妨。"林之孝家的答应了出去，命书启相公写请帖去请妙玉。次日遣人备车轿去接等后话，暂且搁过，此时不能表白。

当下又有人回，工程上等着糊东西的纱绫，请凤姐去

批注

开楼拣纱绫；又有人来回，请凤姐开库，收金银器皿。连王夫人并上房丫鬟等众，皆一时不得闲的。宝钗便说："咱们别在这里碍手碍脚，找探丫头去。"说着，同宝玉黛玉往迎春等房中来闲顽，无话。

王夫人等日日忙乱，直到十月将尽，幸皆全备：各处监管都交清帐目；各处古董文玩，皆已陈设齐备；采办鸟雀的，自仙鹤、孔雀以及鹿、兔、鸡、鹅等类，悉已买全，交于园中各处像景饲养；贾蔷那边也演出二十出杂戏来；小尼姑、道姑也都学会了念几卷经咒。贾政方略心意宽畅，又请贾母等进园，色色斟酌，点缀妥当，再无一些遗漏不当之处了。于是贾政方择日题本。本上之日，奉朱批准奏：次年正月十五上元之日，恩准贾妃省亲。贾府领了此恩旨，益发昼夜不闲，年也不曾好生过的。

展眼元宵在迩，自正月初八日，就有太监出来先看方向：何处更衣，何处燕坐，何处受礼，何处开宴，何处退息。又有巡察地方总理关防太监等，带了许多小太监出来，各处关防，挡围幂；指示贾宅人员何处退，何处跪，何处进膳，何处启事，种种仪注不一。外面又有工部官员并五城兵备道打扫街道，撵逐闲人。贾赦等督率匠人扎花灯烟火之类，至十四日，俱已停妥。这一夜，上下通不曾睡。

至十五日五鼓，自贾母等有爵者，皆按品服大妆。园内各处，帐舞蟠龙，帘飞彩凤，金银焕彩，珠宝争辉，鼎焚百合之香，瓶插长春之蕊，静悄无人咳嗽。贾赦等在西街门外，贾母等在荣府大门外。街头巷口，俱系围幂挡严。正等的不耐烦，忽一太监坐大马而来，贾母忙接入，问其消息。太监道："早多着呢！未初刻用过晚膳，未正二

第十八回　大观园试才题对额　荣国府归省庆元宵

刻还到宝灵宫拜佛，酉初刻进大明宫领宴看灯方请旨，只怕戌初才起身呢。"凤姐听了道："既这么着，老太太、太太且请回房，等是时候再来也不迟。"于是贾母等暂且自便，园中悉赖凤姐照理。又命执事人带领太监们去吃酒饭。

　　一时传人一担一担的挑进蜡烛来，各处点灯。方点完时，忽听外边马跑之声。一时，有十来个太监都喘吁吁跑来拍手儿。这些太监会意，都知道是"来了，来了"，各按方向站住。贾赦领合族子侄在西街门外，贾母领合族女眷在大门外迎接。

　　半日静悄悄的。忽见一对红衣太监骑马缓缓的走来，至西街门下了马，将马赶出围幕之外，便垂手面西站住。半日又是一对，亦是如此。少时便来了十来对，方闻得隐隐细乐之声。一对对龙旌凤翣，雉羽夔头，又有销金提炉焚着御香；然后一把曲柄七凤黄金伞过来，便是冠袍带履。又有值事太监捧着香珠、绣帕、漱盂、拂尘等类。一队队过完，后面方是八个太监抬着一顶金顶金黄绣凤版舆，缓缓行来。贾母等连忙路旁跪下。早飞跑过几个太监来，扶起贾母、邢夫人、王夫人来。那版舆抬进大门，入仪门往东去，到一所院落门前，有执拂太监跪请下舆更衣。于是抬舆入门，太监等散去，只有昭容、彩嫔等引领元春下舆。只见院内各色花灯烂灼，皆系纱绫扎成，精致非常。上面有一匾灯，写着"体仁沐德"四字。元春入室，更衣毕复出，上舆进园。只见园中香烟缭绕，花彩缤纷，处处灯光相映，时时细乐声喧，说不尽这太平气像，富贵风流。

　　——此时自己回想当初在大荒山中，青埂峰下，那等

批注

凄凉寂寞；若不亏癞僧、跛道二人携来到此，又安能得见这般世面。本欲作一篇《灯月赋》《省亲颂》，以志今日之事，但又恐入了别书的俗套。按此时之景，即作一赋一赞，也不能形容得尽其妙；即不作赋赞，其豪华富丽，观者诸公亦可想而知矣。所以倒是省了这工夫纸墨，且说正经的为是。

且说贾妃在轿内看此园内外如此豪华，因默默叹息奢华过费。忽又见执拂太监跪请登舟，贾妃乃下舆。只见清流一带，势如游龙，两边石栏上，皆系水晶玻璃各色风灯，点的如银花雪浪；上面柳杏诸树虽无花叶，然皆用通草绸绫纸绢依势作成，粘于枝上的，每一株悬灯数盏；更兼池中荷荇凫鹭之属，亦皆系螺蚌羽毛之类作就的。诸灯上下争辉，真系玻璃世界，珠宝乾坤。船上亦系各种精致盆景诸灯，珠帘绣幙，桂楫兰桡，自不必说。已而入一石港，港上一面匾灯，明现着"蓼汀花溆"四字。

按此四字并"有凤来仪"等处，皆系上回贾政偶然一试宝玉之课艺才情耳，何今日认真用此匾联？况贾政世代诗书，来往诸客屏侍座陪者，悉皆才技之流，岂无一名手题撰，竟用小儿一戏之辞苟且搪塞？真似暴发新荣之家，滥使银钱，一味抹油涂朱，毕则大书"前门绿柳垂金锁，后户青山列锦屏"之类，则以为大雅可观，岂《石头记》中通部所表之宁荣贾府所为哉！据此论之，竟大相矛盾了。诸公不知，待蠢物将原委说明，大家方知。

当日这贾妃未入宫时，自幼亦系贾母教养。后来添了宝玉，贾妃乃长姊，宝玉为弱弟，贾妃之心上念母年将迈，始得此弟，是以怜爱宝玉，与诸弟待之不同。且同随祖母，刻未暂离。那宝玉未入学堂之先，三四岁时，已得贾妃手引口传，教授了几本书、数千字在腹内了。其名分虽系姊弟，其情状有如母子。自入宫后，时时带信出来与父母说："千万好生扶养，不严不能成器，过严恐生不虞，且致父母之忧。"眷念切爱之心，刻未能忘。前日贾政闻塾师背后赞宝玉偏才尽有，贾政未信，适巧遇园已落成，令其题撰，聊一试其情思之清浊。其所拟之匾联虽非妙句，在幼童为之，亦或可取。即另使名公大笔为之，固不费难，然想来倒不如这本家风味有趣。更使贾妃见之，知系其爱弟所为，亦或不负其素日切望之意。因有这段原委，故此竟用了宝玉所题之联额。那日虽未曾题完，后来亦曾补拟。

闲文少述，且说贾妃看了四字，笑道："'花溆'二字便妥，何必'蓼汀'？"侍座太监听了，忙下小舟登岸，飞传与贾政。贾政听了，即忙移换。

一时，舟临内岸，复弃舟上舆，便见琳宫绰约，桂殿巍峨。石牌坊上明显"天仙宝镜"四字，贾妃忙命换"省亲别墅"四字。于是进入行宫。但见庭燎烧空，香屑布地，火树琪花，金窗玉槛。说不尽帘卷虾须，毯铺鱼獭，鼎飘麝脑之香，屏列雉尾之扇。真是：

金门玉户神仙府，桂殿兰宫妃子家。

贾妃乃问："此殿何无匾额？"随侍太监跪启曰："此系正殿，外臣未敢擅拟。"贾妃点头不语。礼仪太监跪请升座受礼，两陛乐起。礼仪太监二人引贾赦、贾政等于月台下排班，殿上昭容传谕曰："免。"太监引贾赦等退出。又有太监引荣国太君及女眷等自东阶升月台上排班，昭容再谕

批注

曰："免。"于是引退。

茶已三献，贾妃降座，乐止。退入侧殿更衣，方备省亲车驾出园。至贾母正室，欲行家礼，贾母等俱跪止不迭。贾妃满眼垂泪，方彼此上前厮见，一手搀贾母，一手搀王夫人，三个人满心里皆有许多话，只是俱说不出，只管呜咽对泣。邢夫人、李纨、王熙凤、迎、探、惜三姊妹等，俱在旁围绕，垂泪无言。

半日，贾妃方忍悲强笑，安慰贾母、王夫人道："当日既送我到那不得见人的去处，好容易今日回家娘儿们一会，不说说笑笑，反倒哭起来。一会子我去了，又不知多早晚才来！"说到这句，不禁又哽咽起来。邢夫人等忙上来解劝。贾母等让贾妃归座，又逐次一一见过，又不免哭泣一番。然后东西两府掌家执事人丁在厅外行礼，及两府掌家执事媳妇领丫鬟等行礼毕。贾妃因问："薛姨妈、宝钗、黛玉因何不见？"王夫人启曰："外眷无职，未敢擅入。"贾妃听了，忙命快请。一时，薛姨妈等进来，欲行国礼，亦命免过，上前各叙阔别寒温。又有贾妃原带进宫去的丫鬟抱琴等上来叩见，贾母等连忙扶起，命人别室款待。执事太监及彩嫔，昭容各侍从人等，宁国府及贾赦那宅两处自有人款待，只留三四个小太监答应。母女姊妹深叙些离别情景，及家务私情。

又有贾政至帘外问安，贾妃垂帘行参等事。又隔帘含泪谓其父曰："田舍之家，虽齑盐布帛，终能聚天伦之乐；今虽富贵已极，骨肉各方，然终无意趣！"贾政亦含泪启道："臣，草莽寒门，鸠群鸦属之中，岂意得征凤鸾之瑞。今贵人上锡天恩，下昭祖德，此皆山川日月之精奇、祖宗之远德钟于一人，幸及政夫妇。且今上启天地生物之大德，垂古今未有之旷恩，虽肝脑涂地，臣子岂能得报于万一！惟朝乾夕惕，忠于厥职外，愿我君万寿千秋，乃天下苍生之同幸也。贵妃切勿以政夫妇残年为念，懑愤金怀，更祈自加珍爱。惟业业兢兢，勤慎恭肃以侍上，庶不负上体贴眷爱如此之隆恩也。"贾妃亦嘱"只以国事为重，暇时保养，切勿记念"等语。

贾政又启："园中所有亭台轩馆，皆系宝玉所题；如果有一二稍可寓目者，请别赐名为幸。"元妃听了宝玉能题，便含笑说："果进益了。"贾政退出。贾妃见宝、林二人亦发比别姊妹不同，真是姣花软玉一般。因问："宝玉为何不进见？"贾母乃启："无谕，外男不敢擅入。"元妃命快引进来。小太监出去引宝玉进来，先行国礼毕，元妃命他进前，携手搅于怀内，又抚其头颈笑道："比先竟长了好些……"一语未终，泪如雨下。

尤氏、凤姐等上来启道："筵宴齐备，请贵妃游幸。"元妃等起身，命宝玉导引，遂同诸人步至园门前，早见灯光火树之中，诸般罗列非常。进园来先从"有凤来仪"、"红香绿玉"、"杏帘在望"、"蘅芷清芬"等处，登楼步阁，涉水缘山，百般眺览徘徊。一处处铺陈不一，一桩桩点缀新奇。贾妃极加奖赞，又劝："以后不可太奢，此皆过分之极。"已而至正殿，谕免礼归座，大开筵宴。贾母等在下相陪，尤氏、李纨、凤姐等亲捧羹把盏。

元妃乃命传笔砚伺候，亲搦湘管，择其几处最喜者赐名。按其书云：

"顾恩思义"匾额

"天地启宏慈，赤子苍头同感戴；

古今垂旷典，九州万国被恩荣。"此一匾一联书于正殿

"大观园"园之名

"有凤来仪"赐名曰"潇湘馆"

"红香绿玉"改作"怡红快绿"即名曰"怡红院"

"蘅芷清芬"赐名曰"蘅芜苑"

"杏帘在望"赐名曰"浣葛山庄"

正楼曰"大观楼",东面飞楼曰"缀锦阁",西面斜楼曰"含芳阁";更有"蓼风轩"、"藕香榭"、"紫菱洲"、"荇叶渚"等名;又有四字的匾额十数个,诸如"梨花春雨"、"桐剪秋风"、"荻芦夜雪"等名,此时悉难全记。又命旧有匾联俱不必摘去。于是先题一绝云:

衔山抱水建来精,多少工夫筑始成。
天上人间诸景备,芳园应锡①大观名。

写毕,向诸姊妹笑道:"我素乏捷才,且不长于吟咏,妹辈素所深知。今夜聊以塞责,不负斯景而已。异日少暇,必补撰《大观园记》并《省亲颂》等文,以记今日之事。妹辈亦各题一匾一诗,随才之长短,亦暂吟成,不可因我微才所缚。且喜宝玉竟知题咏,是我意外之想。此中'潇湘馆'、'蘅芜苑'二处,我所极爱,次之'怡红院'、'浣葛山庄',此四大处,必得别有章句题咏方妙。前所题之联虽佳,如今再各赋五言律一首,使我当面试过,方不负我自幼教授之苦心。"宝玉只得答应了,下来自去构思。

迎、探、惜三人之中,要算探春又出于姊妹之上,然自忖亦难与薛林争衡,只得勉强随众塞责而已。李纨也勉强凑成一律。贾妃先挨次看姊妹们的,写道是:

---

① 锡(cì),同赐。《公羊传》庄公元年:"锡者何?赐也。"

旷性怡情匾额　迎　春

园成景备特精奇，奉命羞题额旷怡。
谁信世间有此境，游来宁不畅神思？

万象争辉匾额　探　春

名园筑出势巍巍，奉命何惭学浅微。
精妙一时言不出，果然万物生光辉。

文章造化匾额　惜　春

山水横拖千里外，楼台高起五云中。
园修日月光辉里，景夺文章造化功。

文采风流匾额　李　纨

秀水明山抱复回，风流文采胜蓬莱。
绿裁歌扇迷芳草，红衬湘裙舞落梅。
珠玉自应传盛世，神仙何幸下瑶台。
名园一自邀游赏，未许凡人到此来。

凝晖钟瑞匾额　薛宝钗

芳园筑向帝城西，华日祥云笼罩奇。
高柳喜迁莺出谷，修篁时待凤来仪。
文风已著宸游夕，孝化应隆归省时。
睿藻仙才盈彩笔，自惭何敢再为辞。

世外仙源匾额　林黛玉

名园筑何处，仙境别红尘。

借得山川秀，添来景物新。

香融金谷酒，花媚玉堂人。

何幸邀恩宠，宫车过往频。

贾妃看毕，称赏一番，又笑道："终是薛林二妹之作与众不同，非愚姊妹可同列者。"原来林黛玉安心今夜大展奇才，将众人压倒，不想贾妃只命一匾一咏，倒不好违谕多作，只胡乱作一首五言律应景罢了。

彼时宝玉尚未作完，只刚作了"潇湘馆"与"蘅芜苑"二首，正作"怡红院"一首，起草内有"绿玉春犹卷"一句。宝钗转眼瞥见，便趁众人不理论，急忙回身悄推他道："他因不喜'红香绿玉'四字，改了'怡红快绿'，你这会子偏用'绿玉'二字，岂不是有意和他争驰了？况且蕉叶之说也颇多，再想一个字改了罢。"宝玉见宝钗如此说，便拭汗道："我这会子总想不起什么典故出处来。"宝钗笑道："你只把'绿玉'的'玉'字改作'蜡'字就是了。"宝玉道："'绿蜡'可有出处？"宝钗见问，悄悄的咂嘴点头笑道："亏你今夜不过如此，将来金殿对策，你大约连'赵钱孙李'都忘了呢！唐钱珝咏芭蕉诗头一句：'冷烛无烟绿蜡乾'，你都忘了不成？"宝玉听了，不觉洞开心臆，笑道："该死，该死！现成眼前之物偏倒想不起来了，真可谓'一字师'了。从此后我只叫你师父，再不叫姐姐了。"宝钗亦悄悄的笑道："还不快作上去，只管姐姐妹妹的。谁是你姐姐？那上头穿黄袍的才是你姐姐，你又认我这姐姐来了。"一面说笑，因说笑又怕他耽延工夫，遂抽身走开了。宝玉只得续成，共有了三首。

此时林黛玉未得展其抱负，自是不快。因见宝玉独作四律，大费神思，何不代他作两首，也省他些精神不到之处。想着，便也走至宝玉案旁，悄问："可都有了？"宝玉道："才有了三首，只少'杏帘在望'一首了。"黛玉道："既如此，你只抄录前三首罢。赶你写完那三首，我也替你作出这首了。"说毕，低头一想，早已吟成一律，便写在纸条上，搓成个团子，掷在他跟前。宝玉打开一看，只觉此首比自己所作的三首高过十倍，真是喜出望外，遂忙恭楷呈上。贾妃看道：

有凤来仪　臣　宝玉谨题

秀玉初成实，堪宜待凤凰。
竿竿青欲滴，个个绿生凉。
迸砌妨阶水，穿帘碍鼎香。
莫摇清碎影，好梦昼初长。

蘅芷清芬

蘅芜满净苑，萝薜助芬芳。
软衬三春草，柔拖一缕香。
轻烟迷曲径，冷翠滴回廊。
谁谓池塘曲，谢家幽梦长。

怡红快绿

深庭长日静，两两出婵娟。
绿蜡春犹卷，红妆夜未眠。
凭栏垂绛袖，倚石护青烟。
对立东风里，主人应解怜。

杏帘在望

杏帘招客饮，在望有山庄。
菱荇鹅儿水，桑榆燕子梁。
一畦春韭绿，十里稻花香。
盛世无饥馁，何须耕织忙。

批注

贾妃看毕，喜之不尽，说："果然进益了！"又指"杏帘"一首为前三首之冠，遂将"浣葛山庄"改为"稻香村"。又命探春另以彩笺誊录出方才一共十数首诗，出令太监传与外厢。贾政等看了，都称颂不已。贾政又进《归省颂》。元春又命以琼酥金脍等物，赐与宝玉并贾兰。此时贾兰极幼，未达诸事，只不过随母依叔行礼，故无别传。贾环从年内染病未痊，自有闲处调养，故亦无传。

那时贾蔷带领十二个女戏，在楼下正等的不耐烦，只见一太监飞来说："作完了诗，快拿戏目来！"贾蔷急将锦册呈上，并十二个花名单子。少时，太监出来，只点了四出戏：

第一出，《豪宴》；第二出，《乞巧》；

第三出，《仙缘》；第四出，《离魂》。

贾蔷忙张罗扮演起来。一个个歌欺裂石之音，舞有天魔之态。虽是妆演的形容，却作尽悲欢情状。刚演完了，一太监执一金盘糕点之属进来，问："谁是龄官？"贾蔷便知是赐龄官之物，喜的忙接了，命龄官叩头。太监又道："贵妃有谕，说'龄官极好，再作两出戏，不拘那两出就是了'。"贾蔷忙答应了，因命龄官作《游园》《惊梦》二出。龄官自为此二出原非本角之戏，执意不作，定要作《相约》《相骂》二出。贾蔷扭他不过，只得依他作了。贾妃甚喜，命"不可难为了这女孩子，好生教习"，额外赏了两匹宫缎，两个荷包并金银锞子，食物之类。然后撤筵，将未到之处复又游顽。忽见山环佛寺，忙另盥手进去焚香拜佛，又题一匾云："苦海慈航"。又额外加恩与一般幽尼女道。

少时，太监跪启："赐物俱齐，请验等例。"乃呈上略节。贾妃从头看了，俱甚妥协，即命照此遵行。太监听了，下来一一发放。原来贾母的是金、玉如意各一柄，沉香拐拄一根，伽楠念珠一串，"富贵长春"宫缎四匹，"福寿绵长"宫绸四匹，紫金"笔锭如意①"锞十锭，"吉庆有鱼②"银锞十锭。邢夫人、王夫人二分，只减了如意、拐、珠四样。贾敬、贾赦、贾政等，每分御制新书二部，宝墨二匣，金、银爵各二只，表礼按前。宝钗、黛玉诸姊妹等，每人新书一部，宝砚一方，新样格式金银锞二对。宝玉亦同此。贾兰则是金银项圈二个，金银锞二对。尤氏、李纨、凤姐等，皆金银锞四锭，表礼四端。外表礼二十四端，清钱一百串，是赐与贾母、王夫人及诸姊妹房中奶娘众丫鬟的。贾珍、贾琏、贾环、贾蓉等，皆是表礼一分，金锞一双。其余彩缎百端，金银千两，御酒华筵，是赐东西两府凡园中管理工程、陈设、答应及司戏、掌灯诸人的。外有清钱五百串，是赐厨役、优伶、百戏、杂行人丁的。

众人谢恩已毕，执事太监启道："时已丑正三刻，请驾回銮。"贾妃听了，不由的满眼又滚下泪来。却又勉强堆笑，拉住贾母、王夫人的手，紧紧的不忍释放，再四叮

---

① 笔锭如意，谐音"必定如意"，祝福吉祥如意。
② 吉庆有鱼，谐音"吉庆有余"。

批注

咛:"不须挂念,好生自养。如今天恩浩荡,一月许进内省视一次,见面是尽有的,何必伤惨。倘明岁天恩仍许归省,万不可如此奢华靡费了!"贾母等已哭的哽噎难言了。贾妃虽不忍别,怎奈皇家规范,违错不得,只得忍心上舆去了。这里诸人好容易将贾母、王夫人安慰解劝,搀扶出园去了。正是——

红楼小讲台

从《红楼梦》第2回"冷子兴演说荣国府"我们得知,元春是贾政和王夫人的长女,生于大年初一,故名元春。她已经从荣国府长女成长为宫中女史。第18回,她已经从凤藻宫尚书成长为贤德妃。贾府长女—宫中女史—凤藻宫尚书—贤德妃,这是贾元春的晋升之路。

得选入宫,元春的美貌自不消说,但元春不同于历史上的玉环、飞燕等贵妃以色侍君,而是凭借着出众的才华进入皇宫并一路晋升。女史、凤藻宫尚书都是后宫中的文史职务。《周礼·天官·女史》:"女史掌王后之礼职,掌内治之贰,以诏后治内政。""凤藻宫"是皇后的寝宫,元春能在皇后的宫中顺利晋升,足以说明她的能力和才华,被加封为"贤德妃",又说明她是一个德才兼备的女性。

"元妃省亲"是《红楼梦》中的经典桥段,贾府为了迎接这个荣升贵妃的女儿回家,专门为她建造了省亲别墅(后元春赐名为"大观园")。在这场省亲中,读者得以窥见皇家威仪以及元妃表面的尊容与实际生活的状貌。

"元妃省亲"是一件"繁花着锦,烈火烹油"的大事,也是贾府政治荣耀的顶点。然而,这本质上仍是一次亲人团聚,却多的是皇家的规仪,烦琐的礼节,冠冕的套话;少的是畅所欲言,倾心交流。元春欲言又止的满腹哀怨,贾母王夫人的泪流满面,贾政的感戴皇恩,都让这表面荣耀的省亲，透露出浓重的无处言告的人伦伤感。

本回我评论：

名家鉴赏台

对于骑士或男爵，结婚是一种政治行为，是一种借新的联姻来扩大自己势力的机会；起决定作用的是家族的利益，而绝不是个人的意愿。在这种条件下，爱情怎能对婚姻问题有最后决定权呢？

——恩格斯[①]

恩格斯在《家庭、私有制和国家的起源》一书中如是说，这也可以用来解释作为贾府的贵公子，在贾宝玉的婚姻中起决定作用的是家族利益，做决定的是家中长辈，而不是个人。

《红楼梦》第28回元春端午赐礼，给宝玉与宝钗的礼物一样，这是明显的"指婚"之举。在本回中透露元春与宝玉虽是姐弟，却情同母子。元春代表着一种为家族振兴而努力的正统观念，对于宝玉婚事的态度不仅是自我的喜好，更是代表了贾府家长的意愿。林黛玉作为一个父母双亡、寄居贾府的孤儿，无权无势；而薛宝钗出身皇商世家，丰厚的物质与权势都有助于贾府。

红楼人物馆

仔细阅读本回元妃见亲片段，分析元妃的笑与泪，勾勒元妃的形象。

---

① 恩格斯. 家庭、私有制和国家的起源 [M]. 北京：人民出版社，1999.

1. 元妃之泪

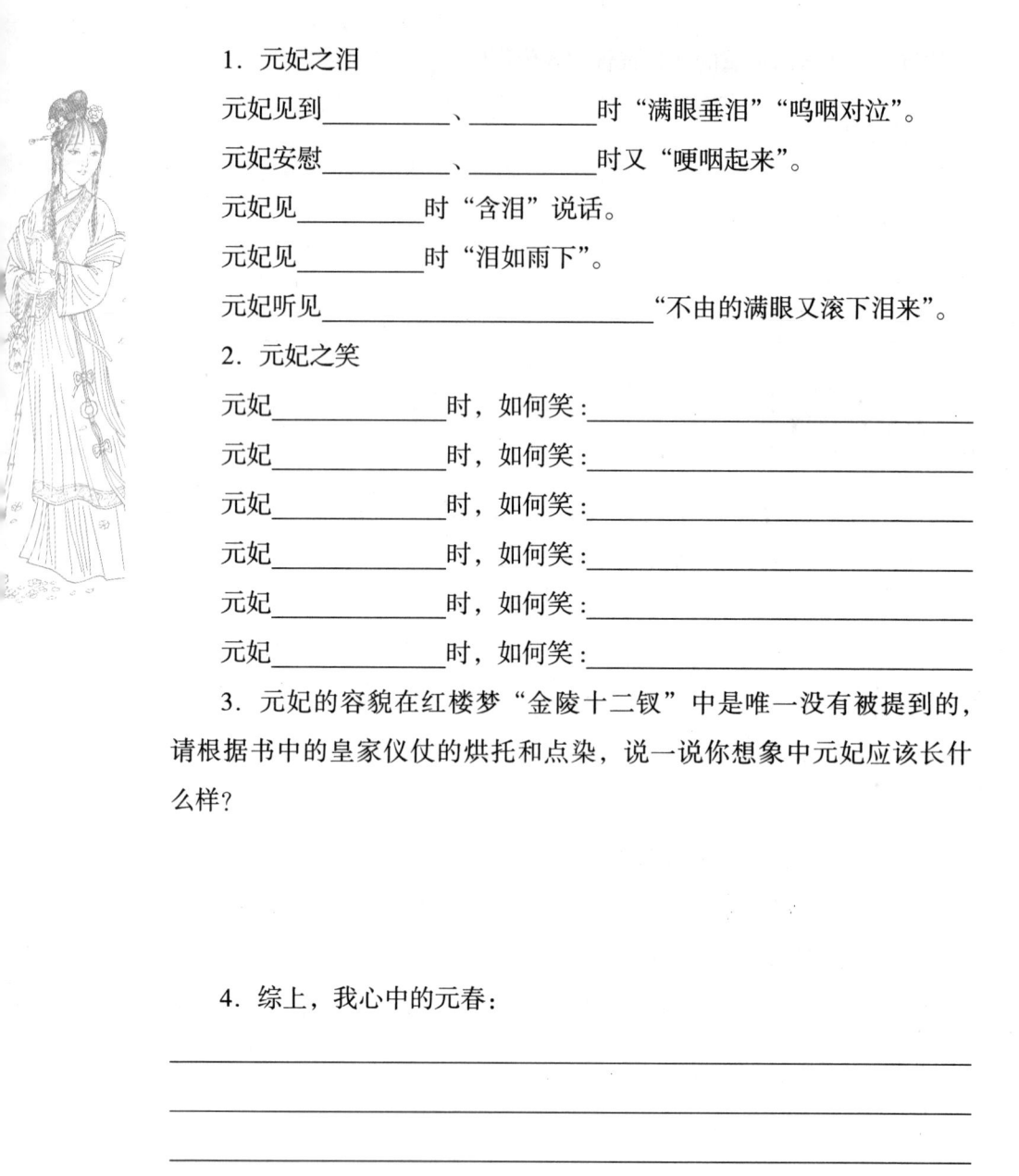

元妃见到_____、_____时"满眼垂泪""呜咽对泣"。

元妃安慰_____、_____时又"哽咽起来"。

元妃见_____时"含泪"说话。

元妃见_____时"泪如雨下"。

元妃听见_____"不由的满眼又滚下泪来"。

2. 元妃之笑

元妃_____时，如何笑：_____

元妃_____时，如何笑：_____

元妃_____时，如何笑：_____

元妃_____时，如何笑：_____

元妃_____时，如何笑：_____

元妃_____时，如何笑：_____

3. 元妃的容貌在红楼梦"金陵十二钗"中是唯一没有被提到的，请根据书中的皇家仪仗的烘托和点染，说一说你想象中元妃应该长什么样？

4. 综上，我心中的元春：

红楼细思量

元春在红楼梦中主要有四回主要的大事件，请细读相关章节，分析元春这个人物对于贾府兴衰的意义，和这个人物的艺术形象。

第18回"省亲"；

第28回"端午赐礼"；

第83回"省宫闱"；

第95回"薨逝"。

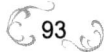

第二十三回

西厢记妙词通戏语　牡丹亭艳曲警芳心

批注

　　话说贾元春自那日幸大观园回宫去后，便命将那日所有的题咏，命探春依次抄录妥协，自己编次，叙其优劣，又命在大观园勒石，为千古风流雅事。因此，贾政命人各处选拔精工名匠，在大观园磨石镌字，贾珍率领蓉、萍等监工。因贾蔷又管理着文官等十二个女戏并行头等事，不大得便，因此贾珍又将贾菖，贾菱唤来监工。一日，汤蜡钉朱，动起手来。这也不在话下。

　　且说那个玉皇庙并达摩庵两处，一班的十二个小沙弥并十二个小道士，如今挪出大观园来，贾政正想发到各庙去分住。不想后街上住的贾芹之母周氏，正盘算着也要到贾政这边谋一个大小事务与儿子管管，也好弄些银钱使用，可巧听见这件事出来，便坐轿子来求凤姐。凤姐因见他素日不大拿班作势的，便依允了，想了几句话便回王夫人说："这些小和尚道士万不可打发到别处去，一时娘娘出来就要承应。倘或散了，若再用时，可是又费事。依我的主意，不如将他们竟送到咱们家庙里铁槛寺去，月间不过派一个人拿几两银子去买柴米就完了。说声用，走去叫来，一点儿不费事呢。"王夫人听了，便商之于贾政。贾政听了笑道:"倒是提醒了我,就是这样。"即时唤贾琏来。

当下贾琏正同凤姐吃饭,一闻呼唤,不知何事,放下饭便走。凤姐一把拉住,笑道:"你且站住,听我说话。若是别的事我不管,若是为小和尚们的事,好歹依我这么着。"如此这般教了一套话。贾琏笑道:"我不知道,你有本事你说去。"凤姐听了,把头一梗,把筷子一放,腮上似笑不笑的瞅着贾琏道:"你当真的,是玩话?"贾琏笑道:"西廊下五嫂子的儿子芸儿来求了我两三遭,要个事情管管。我依了,叫他等着。好容易出来这件事,你又夺了去。"凤姐儿笑道:"你放心。园子东北角子上,娘娘说了,还叫多多的种松柏树,楼底下还叫种些花草。等这件事出来,我管保叫芸儿管这件工程。"贾琏道:"果这样也罢了。只是昨儿晚上,我不过是要改个样儿,你就扭手扭脚的。"凤姐儿听了,嗤的一声笑了,向贾琏啐了一口,低下头便吃饭。

贾琏已经笑着去了,到了前面见了贾政,果然是小和尚一事。贾琏便依了凤姐主意,说道:"如今看来,芹儿倒大大的出息了,这件事竟交与他去管办。横竖照在里头的规例,每月叫芹儿支领就是了。"贾政原不大理论这些事,听贾琏如此说,便如此依了。贾琏回到房中告诉凤姐儿,凤姐即命人去告诉了周氏。贾芹便来见贾琏夫妻两个,感谢不尽。凤姐又作情央贾琏先支三个月的,叫他写了领字,贾琏批票画了押,登时发了对牌出去。银库上按数发出三个月的供给来,白花花二三百两。贾芹随手拈一块,撂与掌平的人,叫他们吃茶罢。于是命小厮拿回家,与母亲商议。登时雇了大脚驴,自己骑上;又雇了几辆车,至荣国府角门,唤出二十四个人来,坐上车,一径往城外铁槛寺去了。当下无话。

如今且说贾元春，因在宫中自编大观园题咏之后，忽想起那大观园中景致，自己幸过之后，贾政必定敬谨封锁，不敢使人进去骚扰，岂不寥落。况家中现有几个能诗会赋的姊妹，何不命他们进去居住，也不使佳人落魄，花柳无颜。却又想到宝玉自幼在姊妹丛中长大，不比别的兄弟，若不命他进去，只怕他冷清了，一时不大畅快，未免贾母王夫人愁虑，须得也命他进园居住方妙。想毕，遂命太监夏守忠到荣国府来下一道谕，命宝钗等只管在园中居住，不可禁约封锢，命宝玉仍随进去读书。

贾政，王夫人接了这谕，待夏守忠去后，便来回明贾母，遣人进去各处收拾打扫，安设帘幔床帐。别人听了还自犹可，惟宝玉听了这谕，喜的无可不可。正和贾母盘算，要这个，弄那个，忽见丫鬟来说："老爷叫宝玉。"宝玉听了，好似打了个焦雷，登时扫去兴头，脸上转了颜色，便拉着贾母扭的好似扭股儿糖，杀死不敢去。贾母只得安慰他道："好宝贝，你只管去，有我呢，他不敢委屈了你。况且你又作了那篇好文章。想是娘娘叫你进去住，他吩咐你几句，不过不教你在里头淘气。他说什么，你只好生答应着就是了。"一面安慰，一面唤了两个老嬷嬷来，吩咐"好生带了宝玉去，别叫他老子唬着他。"老嬷嬷答应了。

宝玉只得前去，一步挪不了三寸，蹭到这边来。可巧贾政在王夫人房中商议事情，金钏儿、彩云、彩霞、绣鸾、绣凤等众丫鬟都在廊檐底下站着呢，一见宝玉来，都抿着嘴笑。金钏一把拉住宝玉，悄悄的笑道："我这嘴上是才擦的香浸胭脂，你这会子可吃不吃了？"彩云一把推开金钏，笑道："人家正心里不自在，你还奚落他。趁这会子喜欢，快进去罢。"宝玉只得挨进门去。原来贾政和王夫人都在里间呢。赵姨娘打起帘子，宝玉躬身进去。只见贾政和王夫人对面坐在炕上说话，地下一溜椅子，迎春、探春、惜春、贾环四个人都坐在那里。一见他进来，惟有探春和惜春、贾环站了起来。

贾政一举目，见宝玉站在跟前，神彩飘逸，秀色夺人；看看贾环，人物委琐，举止荒疏；忽又想起贾珠来，再看看王夫人只有这一个亲生的儿子，素爱如珍，自己的胡须将已苍白：因这几件上，把素日嫌恶处分宝玉之心不觉减了八九。半晌说道："娘娘吩咐说，你日日外头嬉游，渐次疏懒，如今叫禁管，同你姊妹在园里读书写字。你可好生用心习学，再如不守分安常，你可仔细！"宝玉连连的答应了几个"是"。王夫人便拉他在身旁坐下。他姊弟三人依旧坐下。

王夫人摸挲着宝玉的脖项说道："前儿的丸药都吃完了？"宝玉答道："还有一丸。"王夫人道："明儿再取十丸来，天天临睡的时候，叫袭人伏侍你吃了再睡。"宝玉道："只从太太吩咐了，袭人天天晚上想着，打发我吃。"贾政问道："袭人是何人？"王夫人道："是个丫头。"贾政道："丫头不管叫个什么罢了，是谁这样刁钻，起这样的名字？"王夫人见贾政不自在了，便替宝玉掩饰道："是老太太起的。"贾政道："老太太如何知道这话，一定是宝玉。"宝玉见瞒不过，只得起身回道："因素日读诗，曾记古人有一句诗云：'花气袭人知昼暖'。因这个丫头姓花，便随口起了这个名字。"王夫人忙又道："宝玉，你回去改了罢。

批注

老爷也不用为这小事动气。"贾政道："究竟也无碍，又何用改。只是可见宝玉不务正，专在这些浓词艳赋上作工夫。"说毕，断喝一声："作业的畜生，还不出去！"王夫人也忙道："去罢，只怕老太太等你吃饭呢。"宝玉答应了，慢慢的退出去，向金钏儿笑着伸伸舌头，带着两个嬷嬷一溜烟去了。

刚至穿堂门前，只见袭人倚门立在那里，一见宝玉平安回来，堆下笑来问道："叫你作什么？"宝玉告诉他："没有什么，不过怕我进园去淘气，吩咐吩咐。"一面说，一面回至贾母跟前，回明原委。只见林黛玉正在那里，宝玉便问他："你住那一处好？"林黛玉正心里盘算这事，忽见宝玉问他，便笑道："我心里想着潇湘馆好，爱那几竿竹子隐着一道曲栏，比别处更觉幽静。"宝玉听了拍手笑道："正和我的主意一样，我也要叫你住这里呢。我就住怡红院，咱们两个又近，又都清幽。"

两人正计较，就有贾政遣人来回贾母说："二月二十二日子好，哥儿姐儿们好搬进去的。这几日内遣人进去分派收拾。"薛宝钗住了蘅芜苑，林黛玉住了潇湘馆，贾迎春住了缀锦楼，探春住了秋爽斋，惜春住了蓼风轩，李氏住了稻香村，宝玉住了怡红院。每一处添两个老嬷嬷，四个丫头，除各人奶娘亲随丫鬟不算外，另有专管收拾打扫的。至二十二日，一齐进去，登时园内花招绣带，柳拂香风，不似前番那等寂寞了。

闲言少叙。且说宝玉自进花园以来，心满意足，再无别项可生贪求之心。每日只和姊妹丫头们一处，或读书，或写字，或弹琴下棋，作画吟诗，以至描鸾刺凤，斗草簪花，低吟悄唱，拆字猜枚，无所不至，倒也十分快乐。他曾有几首即事诗，虽不算好，却倒是真情真景，略记几首云：

春夜即事

霞绡云幄任铺陈，隔巷蟆更听未真。
枕上轻寒窗外雨，眼前春色梦中人。
盈盈烛泪因谁泣，点点花愁为我嗔。
自是小鬟娇懒惯，拥衾不耐笑言频。

夏夜即事

倦绣佳人幽梦长，金笼鹦鹉唤茶汤。
窗明麝月开宫镜，室霭檀云品御香。
琥珀杯倾荷露滑，玻璃槛纳柳风凉。
水亭处处齐纨动，帘卷朱楼罢晚妆。

秋夜即事

绛芸轩里绝喧哗，桂魄流光浸茜纱。
苔锁石纹容睡鹤，井飘桐露湿栖鸦。
抱衾婢至舒金凤，倚槛人归落翠花。
静夜不眠因酒渴，沉烟重拨索烹茶。

冬夜即事

梅魂竹梦已三更，锦罽鹴衾睡未成。
松影一庭惟见鹤，梨花满地不闻莺。
女儿翠袖诗怀冷，公子金貂酒力轻。
却喜侍儿知试茗，扫将新雪及时烹。

批注

批注

因这几首诗，当时有一等势利人，见是荣国府十二三岁的公子作的，抄录出来各处称颂；再有一等轻浮子弟，爱上那风骚妖艳之句，也写在扇头壁上，不时吟哦赏赞。因此竟有人来寻诗觅字，倩画求题的。宝玉亦发得了意，镇日家作这些外务。

谁想静中生烦恼，忽一日不自在起来，这也不好，那也不好，出来进去只是闷闷的。园中那些人多半是女孩儿，正在混沌世界，天真烂漫之时，坐卧不避，嬉笑无心，那里知宝玉此时的心事。那宝玉心内不自在，便懒在园内，只在外头鬼混，却又痴痴的。茗烟见他这样，因想与他开心，左思右想，皆是宝玉顽烦了的，不能开心，惟有这件，宝玉不曾看见过。想毕，便走去到书坊内，把那古今小说并那飞燕、合德、武则天、杨贵妃的外传与那传奇角本买了许多来，引宝玉看。宝玉何曾见过这些书，一看见了便如得了珍宝。茗烟又嘱咐他不可拿进园去，"若叫人知道了，我就吃不了兜着走呢"。宝玉那里舍的不拿进园去，踟蹰再三，单把那文理细密的拣了几套进去，放在床顶上，无人时自己密看。那粗俗过露的，都藏在外面书房里。

那一日正当三月中浣①，早饭后，宝玉携了一套《会真记》，走到沁芳闸桥边桃花底下一块石上坐着，展开《会真记》，从头细玩。正看到"落红成阵"，只见一阵风过，把树头上桃花吹下一大半来，落的满身满书满地皆是。宝玉要抖将下来，恐怕脚步践踏了，只得兜了那花瓣，来至池边，抖在池内。那花瓣浮在水面，飘飘荡荡，竟流出沁

---

① 中浣，指每月的中旬。浣：洗涤。唐代规定官吏们一个月每十日休假一天，用来沐浴、洗涤。一个月分为上浣、中浣、下浣。

第二十三回　西厢记妙词通戏语　牡丹亭艳曲警芳心

芳闸去了。回来只见地下还有许多。

宝玉正踟蹰间，只听背后有人说道："你在这里作什么？"宝玉一回头，却是林黛玉来了，肩上担着花锄，锄上挂着花囊，手内拿着花帚。宝玉笑道："好，好，来把这个花扫起来，撂在那水里。我才撂了好些在那里呢。"林黛玉道："撂在水里不好。你看这里的水干净，只一流出去，有人家的地方脏的臭的混倒，仍旧把花遭塌了。那畸角上我有一个花冢，如今把他扫了，装在这绢袋里，拿土埋上，日久不过随土化了，岂不干净。"

宝玉听了喜不自禁，笑道："待我放下书，帮你来收拾。"黛玉道："什么书？"宝玉见问，慌的藏之不迭，便说道："不过是《中庸》《大学》。"黛玉笑道："你又在我跟前弄鬼。趁早儿给我瞧，好多着呢。"宝玉道："好妹妹，若论你，我是不怕的。你看了，好歹别告诉别人去。真真这是好书！你要看了，连饭也不想吃呢。"一面说，一面递了过去。林黛玉把花具且都放下，接书来瞧，从头看去，越看越爱看，不到一顿饭工夫，将十六出俱已看完，自觉词藻警人，余香满口。虽看完了书，却只管出神，心内还默默记诵。

宝玉笑道："妹妹，你说好不好？"林黛玉笑道："果然有趣。"宝玉笑道："我就是个'多愁多病身'，你就是那'倾国倾城貌'。"林黛玉听了，不觉带腮连耳通红，登时直竖起两道似蹙非蹙的眉，瞪了两只似睁非睁的眼，微腮带怒，薄面含嗔，指宝玉道："你这该死的胡说！好好的把这淫词艳曲弄了来，还学了这些混话来欺负我。我告诉舅舅舅母去。"说到"欺负"两个字上，早又把眼睛圈儿红了，转身就走。宝玉着了急，向前拦住说道："好妹妹，

批注

批注

　　千万饶我这一遭，原是我说错了。若有心欺负你，明儿我掉在池子里，教个癞头鼋吞了去，变个大忘八①，等你明儿做了'一品夫人'病老归西的时候，我往你坟上替你驮一辈子的碑去。"说的林黛玉嗤的一声笑了，揉着眼睛，一面笑道："一般也唬的这个调儿，还只管胡说。'呸，原来是苗而不秀，是个银样镴枪头。'"宝玉听了，笑道："你这个呢？我也告诉去。"林黛玉笑道："你说你会过目成诵，难道我就不能一目十行么？"

　　宝玉一面收书，一面笑道："正经快把花埋了罢，别提那个了。"二人便收拾落花，正才掩埋妥协，只见袭人走来，说道："那里没找到，摸在这里来。那边大老爷身上不好，姑娘们都过去请安，老太太叫打发你去呢。快回去换衣裳去罢。"宝玉听了，忙拿了书，别了黛玉，同袭人回房换衣不提。

　　这里林黛玉见宝玉去了，又听见众姊妹也不在房，自己闷闷的。正欲回房，刚走到梨香院墙角上，只听墙内笛韵悠扬，歌声婉转。林黛玉便知是那十二个女孩子演习戏文呢。只是林黛玉素习不大喜看戏文，便不留心，只管往前走。偶然两句吹到耳内，明明白白，一字不落，唱道是："原来姹紫嫣红开遍，似这般都付与断井颓垣。"林黛玉听了，倒也十分感慨缠绵，便止住步侧耳细听，又听唱道是："良辰美景奈何天，赏心乐事谁家院。"听了这两句，不觉点头自叹，心下自思道："原来戏上也有好文章。可惜世人只知看戏，未必能领略这其中的趣味。"想毕，又后悔不该胡想，耽误了听曲子。又侧耳时，只听唱道："则为

① 鼋：大鳖。大忘八：大乌龟。

第二十三回　西厢记妙词通戏语　牡丹亭艳曲警芳心

你如花美眷，似水流年……"林黛玉听了这两句，不觉心动神摇。又听道："你在幽闺自怜"等句，亦发如醉如痴，站立不住，便一蹲身坐在一块山子石上，细嚼"如花美眷，似水流年"八个字的滋味。忽又想起前日见古人诗中有"水流花谢两无情"之句，再又有词中有"流水落花春去也，天上人间"之句，又兼方才所见《西厢记》中"花落水流红，闲愁万种"之句，都一时想起来，凑聚在一处。仔细忖度，不觉心痛神痴，眼中落泪。正没个开交，忽觉背上击了一下，及回头看时，原来是……且听下回分解。正是：

　　妆晨绣夜心无矣，对月临风恨有之。

红楼小讲台

　　元春下谕，入园居住。这是贾元春的锦绣心思：一则她了解父亲，贾政谨守皇家威仪，作为省亲别墅，只有贵妃省亲时才可使用，平日必定会严加封锁，而这美好的院落景致必致荒凉寥落，对贾家来说也是资源的浪费；二则佳人配雅舍，家中正好有几个颇有才情的姐妹，在省亲那天刚刚见过，家中人才辈出总是令人欣喜，佳人与雅舍相映生辉，是大观园的绝佳主人；三则按照贾政固守的价值观必定谨守男女隔离的原则，将宝玉隔绝于姐妹群居之处，而这个弟弟偏偏喜与姐妹相伴，将他隔离又会使母亲担忧，所以在下谕命姐妹迁入居住的同时，特别提出宝玉也入园同住。这道谕旨背后的良苦用心，表现了元春作为贾府大小姐对双亲的体谅和对兄弟姊妹的关爱，也突出了宫中得宠贵妃的得体、大度、思虑周全。这道谕旨开始了贾府姊妹与宝玉在大观园的悠然岁月。

　　即将搬进大观园，父亲对宝玉一番告诫。宝玉站在贾环身边，在他

的衬托下更显神采风流，贾政心生喜爱，明明想表达疼爱与亲近，一出口便成了训斥。鲁迅先生写过一篇文章《我们现在怎样做父亲》，指出中国家庭父权很重，父亲常常是一副神圣不可侵犯的样子。贾政就是这样的一个父亲，他似乎更愿意成为一个被敬畏的父亲，而学不会甚至不屑于亲密的父子关系。

比起贾政的板起面孔训人，王夫人则"摸挲着宝玉的脖项"，俨然一对严父慈母。然而他们似乎只学到了严厉和慈爱的外壳，而没有理解爱的真谛。父亲只坚守着催逼"经济学问"的功利价值观，母亲只一味袒护、关心着儿子的健康、安全，使他免受一丝委屈。

进入大观园之后，宝玉心满意足，似乎"功德圆满""终身无憾"。这种生活可以说，和喜欢的人（姐妹们、丫头们）做喜欢做的事（读书、写字、琴棋书画）。然而，人生欲望是不可能被完全满足的，当你满足了一种欲望，很快又会生出另一种欲望来，人总是处在想得到且得到的喜悦，想得到却得不到的苦闷之中。很快，这种满足就被另一种不满足所替代，"静中生烦恼"所表现的正是这种由旧欲望的满足到新欲望的不满足的状态。这个新欲望就是"情窦初开"，为了满足这"情窦初开"的欲望，首先采取的办法是读禁书，也就是我们今天所说的言情小说。读这种书要背着大人，该回家了也割舍不下，只好拣些"品相上乘"的偷偷带回大观园，私下密看。

有一天宝玉正在密看之时，遇到正在葬花的林黛玉，于是分享共读。这就是《红楼梦》中的经典场景——宝黛共读《西厢记》。宝玉明明正在做着一件秘密的"错事"，却敢告诉林黛玉，这种可以分享的秘密，这种可以共同承担的"错误"，这种能确认彼此情趣品味一致的分享，表明了也验证了宝黛二人亲密无间的关系。

《西厢记》比较大胆地鼓励男女自由恋爱、勇敢追求爱情，这违反了当时的主流价值观，因而成为禁书。这种秘密共读让宝黛二人在同一时刻受到了同一本书的爱情启蒙。林黛玉读后，犹如开天辟地，得见一种

第二十三回　西厢记妙词通戏语　牡丹亭艳曲警芳心

新鲜世界，语词鲜艳，浓情蜜意，直入心扉。秘密读书，读完撤退。宝玉走后，黛玉一个人路过梨香院，正听到两句《牡丹亭》的戏文。中国古代最重要的两部大胆宣扬爱情的书，在短时间内无意中冲入林黛玉的内心，妙词戏语，惊醒芳心。

本回我评论：

红楼细思量

1. 请你帮助贾政重新说一段合适的话，能够恰当地表达他此刻的心情。

贾政一举目，见宝玉站在跟前，神彩飘逸，秀色夺人，看看贾环，人物委琐，举止荒疏，忽又想起贾珠来，再看看王夫人只有这一个亲生的儿子，素爱如珍，自己的胡须将已苍白：因这几件上，把素日嫌恶处分宝玉之心不觉减了八九。半晌说道："娘娘吩咐说，你日日外头嬉游，渐次疏懒，如今叫禁管，同你姊妹在园里读书写字。你可好生用心习学，再如不守分安常，你可仔细！"宝玉连连的答应了几个"是"。王夫人便拉他在身旁坐下。他姊弟三人依旧坐下。

2. 角色扮演

找三位同学排演，体会父亲贾政、母亲王夫人、宝玉一家三口之间的关系。

葛老师的红楼课

——王夫人摸挲着宝玉的脖项说道:"前儿的丸药都吃完了?"

——宝玉答道:"还有一丸。"

——王夫人道:"明儿再取十丸来,天天临睡的时候,叫袭人伏侍你吃了再睡。"

——宝玉道:"只从太太吩咐了,袭人天天晚上想着,打发我吃。"

——贾政问道:"袭人是何人?"王夫人道:"是个丫头。"

——贾政道:"丫头不管叫个什么罢了,是谁这样刁钻,起这样的名字?"

——王夫人见贾政不自在了,便替宝玉掩饰道:"是老太太起的。"贾政道:"老太太如何知道这话,一定是宝玉。"

——宝玉见瞒不过,只得起身回道:"因素日读诗,曾记古人有一句诗云:'花气袭人知昼暖'。因这个丫头姓花,便随口起了这个名字。"

——王夫人忙又道:"宝玉,你回去改了罢。老爷也不用为这小事动气。"贾政道:"究竟也无碍,又何用改。只是可见宝玉不务正,专在这些浓词艳赋上作工夫。"说毕,断喝一声:"作业的畜生,还不出去!"

——王夫人也忙道:"去罢,只怕老太太等你吃饭呢。"宝玉答应了,慢慢的退出去,向金钏儿笑着伸伸舌头,带着两个嬷嬷一溜烟去了。

红楼活动场

创意写作:

1. 贾宝玉日记:假如你是贾宝玉,从《春夜即事》《夏夜即事》《秋夜即事》《冬夜即事》中挑选一首诗,写成一篇日记,描绘初入大观园那一段心满意足的幸福生活。

（注意日记格式，日期可以写"今天"。）

2. 林黛玉日记：假如你是林黛玉，今天你先是偷偷和宝玉读了禁书《西厢记》，后又听见《牡丹亭》的戏文，作为一个贵族淑女，这些是你从来没有接触过的书籍，在你心里产生了极大的震动，于是你把它写在了日记里。

（注意日记格式，日期可以写"今天"。）

写完之后，可以比较两篇日记，分析初入大观园的宝玉、黛玉真实心理。

第二十七回

滴翠亭杨妃戏彩蝶　埋香冢飞燕泣残红

批注

话说林黛玉正自悲泣，忽听院门响处，只见宝钗出来了，宝玉袭人一群人送了出来。待要上去问着宝玉，又恐当着众人问羞了宝玉不便，因而闪过一旁，让宝钗去了，宝玉等进去关了门，方转过来，犹望着门洒了几点泪。自觉无味，方转身回来，无精打彩的卸了残妆。

紫鹃雪雁素日知道林黛玉的情性：无事闷坐，不是愁眉，便是长叹，且好端端的不知为了什么，常常的便自泪道不干的。先时还有人解劝，怕他思父母，想家乡，受了委曲，只得用话宽慰解劝。谁知后来一年一月的竟常常的如此，把这个样儿看惯，也都不理论了。所以也没人理，由他去闷坐，只管睡觉去了。那林黛玉倚着床栏杆，两手抱着膝，眼睛含着泪，好似木雕泥塑的一般，直坐到二更多天方才睡了。一宿无话。

至次日乃是四月二十六日，原来这日未时交芒种节。尚古风俗：凡交芒种节的这日，都要设摆各色礼物，祭饯花神，言芒种一过，便是夏日了，众花皆卸，花神退位，须要饯行。然闺中更兴这件风俗，所以大观园中之人都早

第二十七回　滴翠亭杨妃戏彩蝶　埋香冢飞燕泣残红

起来了。那些女孩子们，或用花瓣柳枝编成轿马的，或用绫锦纱罗叠成干旄旌幢的，都用彩线系了。每一颗树上，每一枝花上，都系了这些物事。满园里绣带飘飘，花枝招展，更兼这些人打扮得桃羞杏让，燕妒莺惭，一时也道不尽。

且说宝钗、迎春、探春、惜春、李纨、凤姐等并巧姐、大姐、香菱与众丫鬟们在园内玩耍，独不见林黛玉。迎春因说道："林妹妹怎么不见？好个懒丫头！这会子还睡觉不成？"宝钗道："你们等着，我去闹了他来。"说着便丢下了众人，一直往潇湘馆来。正走着，只见文官等十二个女孩子也来了，上来问了好，说了一回闲话。宝钗回身指道："他们都在那里呢，你们找他们去罢。我叫林姑娘去就来。"说着便逶迤往潇湘馆来。

忽然抬头见宝玉进去了，宝钗便站住低头想了想：宝玉和林黛玉是从小儿一处长大，他兄妹间多有不避嫌疑之处，嘲笑喜怒无常；况且林黛玉素习猜忌，好弄小性儿的。此刻自己也跟了进去，一则宝玉不便，二则黛玉嫌疑。罢了，倒是回来的妙。想毕抽身回来。

刚要寻别的姊妹去，忽见前面一双玉色蝴蝶，大如团扇，一上一下迎风翩跹，十分有趣。宝钗意欲扑了来玩耍，遂向袖中取出扇子来，向草地下来扑。只见那一双蝴蝶忽起忽落，来来往往，穿花度柳，将欲过河去了。倒引的宝钗蹑手蹑脚的，一直跟到池中滴翠亭上，香汗淋漓，娇喘细细。宝钗也无心扑了，刚欲回来，只听滴翠亭里边喊喊喳喳有人说话。原来这亭子四面俱是游廊曲桥，盖造在池中水上，四面雕镂槅子糊着纸。

宝钗在亭外听见说话，便煞住脚往里细听，只听说

批注

批注

道:"你瞧瞧这手帕子,果然是你丢的那块,你就拿着;要不是,就还芸二爷去。"又有一人说话:"可不是我那块!拿来给我罢。"又听道:"你拿什么谢我呢?难道白寻了来不成。"又答道:"我既许了谢你,自然不哄你。"又听说道:"我寻了来给你,自然谢我;但只是拣的人,你就不拿什么谢他?"又回道:"你别胡说。他是个爷们家,拣了我的东西,自然该还的。我拿什么谢他呢?"又听说道:"你不谢他,我怎么回他呢?况且他再三再四的和我说了,若没谢的,不许我给你呢。"半晌,又听答道:"也罢,拿我这个给他,算谢他的罢。——你要告诉别人呢?须说个誓来。"又听说道:"我要告诉一个人,就长一个疔,日后不得好死!"又听说道:"嗳呀!咱们只顾说话,看有人来悄悄在外头听见。不如把这槅子都推开了,便是有人见咱们在这里,他们只当我们说顽话呢。若走到跟前,咱们也看的见,就别说了。"

　　宝钗在外面听见这话,心中吃惊,想道:"怪道从古至今那些奸淫狗盗的人,心机都不错。这一开了,见我在这里,他们岂不臊了。况才说话的语音,大似宝玉房里的红儿的言语。他素昔眼空心大,是个头等刁钻古怪东西。今儿我听了他的短儿,一时人急造反,狗急跳墙,不但生事,而且我还没趣。如今便赶着躲了,料也躲不及,少不得要使个'金蝉脱壳'的法子。"犹未想完,只听"咯吱"一声,宝钗便故意放重了脚步,笑着叫道:"颦儿,我看你往那里藏!"一面说,一面故意往前赶。

　　那亭内的红玉坠儿刚一推窗,只听宝钗如此说着往前赶,两个人都唬怔了。宝钗反向他二人笑道:"你们把林姑娘藏在那里了?"坠儿道:"何曾见林姑娘了。"宝钗道:

第二十七回　滴翠亭杨妃戏彩蝶　埋香冢飞燕泣残红

"我才在河那边看着林姑娘在这里蹲着弄水儿的。我要悄悄的唬他一跳，还没有走到跟前，他倒看见我了，朝东一绕就不见了。别是藏在这里头了。"一面说，一面故意进去寻了一寻，抽身就走，口内说道："一定是又钻在山子洞里去了。遇见蛇，咬一口也罢了。"一面说一面走，心中又好笑：这件事算遮过去了，不知他二人是怎样。

谁知红玉听了宝钗的话，便信以为真，让宝钗去远，便拉坠儿道："了不得了！林姑娘蹲在这里，一定听了话去了！"坠儿听说，也半日不言语。红玉又道："这可怎么样呢？"坠儿道："便是听了，管谁筋疼，各人干各人的就完了。"红玉道："若是宝姑娘听见，还倒罢了。林姑娘嘴里又爱刻薄人，心里又细，他一听见了，倘或走露了风声，怎么样呢？"二人正说着，只见文官、香菱、司棋、侍书等上亭子来了。二人只得掩住这话，且和他们顽笑。

只见凤姐儿站在山坡上招手叫，红玉连忙弃了众人，跑至凤姐跟前，堆着笑问："奶奶使唤作什么事？"凤姐打谅了一打谅，见他生的干净俏丽，说话知趣，因笑道："我的丫头今儿没跟进我来。我这会子想起一件事来，要使唤个人出去，不知你能干不能干，说的齐全不齐全？"红玉笑道："奶奶有什么话，只管吩咐我说去。若说的不齐全，误了奶奶的事，凭奶奶责罚就是了。"凤姐笑道："你是那位小姐房里的？我使你出去，他回来找你，我好替你说的。"红玉道："我是宝二爷房里的。"凤姐听了笑道："嗳哟！你原来是宝玉房里的，怪道呢。也罢了，等他问，我替你说。你到我们家，告诉你平姐姐：外头屋里桌子上汝窑盘子架儿底下放着一卷银子，那是一百六十两，给绣匠的工价，等张材家的来要，当面称给他瞧了，再给他拿

批注

> 批注

去。再里头床头间有一个小荷包拿了来。"

　　红玉听说撒身去了,回来只见凤姐不在这山坡子上了。因见司棋从山洞里出来,站着系裙子,便赶上来问道:"姐姐,不知道二奶奶往那里去了?"司棋道:"没理论。"红玉听了,抽身又往四下里一看,只见那边探春宝钗在池边看鱼。红玉上来陪笑问道:"姑娘们可知道二奶奶那去了?"探春道:"往你大奶奶院里找去。"红玉听了,才往稻香村来,顶头只见晴雯、绮霰、碧痕、紫绡、麝月、侍书、入画、莺儿等一群人来了。

　　晴雯一见了红玉,便说道:"你只是疯罢!院子里花儿也不浇,雀儿也不喂,茶炉子也不烚,就在外头逛。"红玉道:"昨儿二爷说了,今儿不用浇花,过一日浇一回罢。我喂雀儿的时候,姐姐还睡觉呢。"碧痕道:"茶炉子呢?"红玉道:"今儿不该我烚的班儿,有茶没茶别问我。"绮霰道:"你听听他的嘴!你们别说了,让他逛去罢。"红玉道:"你们再问问我逛了没有。二奶奶使唤我说话取东西的。"说着将荷包举给他们看,方没言语了。

　　大家分路走开。晴雯冷笑道:"怪道呢!原来爬上高枝儿去了,把我们不放在眼里。不知说了一句话半句话,名儿姓儿知道了不曾呢,就把他兴的这样!这一遭半遭儿的算不得什么,过了后儿还得听呵!有本事从今儿出了这园子,长长远远的在高枝儿上才算得。"一面说着去了。

　　这里红玉听说,不便分证,只得忍着气来找凤姐儿。到了李氏房中,果见凤姐儿在这里和李氏说话儿呢。红玉上来回道:"平姐姐说,奶奶刚出来了,他就把银子收了起来,才张材家的来讨,当面称了给他拿去了。"说着将荷包递了上去,又道:"平姐姐教我回奶奶:才旺儿进来讨奶奶的示下，好往那家子去。平姐姐就把那话按着奶奶的主意打发他去了。"凤姐笑道："他怎么按我的主意打发去了？"红玉道："平姐姐说：我们奶奶问这里奶奶好。原是我们二爷不在家，虽然迟了两天，只管请奶奶放心。等五奶奶好些，我们奶奶还会了五奶奶来瞧奶奶呢。五奶奶前儿打发了人来说，舅奶奶带了信来了，问奶奶好，还要和这里的姑奶奶寻两丸延年神验万全丹。若有了，奶奶打发人来，只管送在我们奶奶这里。明儿有人去，就顺路给那边舅奶奶带去的。"

话未说完，李氏道："嗳哟哟！这些话我就不懂了。什么'奶奶''爷爷'的一大堆。"凤姐笑道："怨不得你不懂，这是四五门子的话呢。"说着又向红玉笑道："好孩子，难为你说的齐全。别象他们扭扭捏捏的蚊子似的。嫂子你不知道，如今除了我随手使的几个丫头老婆之外，我就怕和他们说话。他们必定把一句话拉长了作两三截儿，咬文咬字，拿着腔儿，哼哼唧唧的，急的我冒火，他们那里知道！先时我们平儿也是这么着，我就问着他：难道必定装蚊子哼哼就是美人了？说了几遭才好些儿了。"李宫裁笑道："都象你泼皮破落户才好。"凤姐又道："这一个丫头就好。方才两遭，说话虽不多，听那口声就简断。"说着又向红玉笑道："你明儿伏侍我去罢。我认你作女儿，我一调理你就出息了。"

红玉听了，扑哧一笑。凤姐道："你怎么笑？你说我年轻，比你能大几岁，就作你的妈了？你还作春梦呢！你打听打听，这些人头比你大的大的，赶着我叫妈，我还不理。今儿抬举了你呢！"红玉笑道："我不是笑这个，我笑奶奶认错了辈数了。我妈是奶奶的女儿，这会子又认

批注

我作女儿。"凤姐道:"谁是你妈?"李宫裁笑道:"你原来不认得他?他是林之孝之女。"凤姐听了十分诧异,说道:"哦!原来是他的丫头。"又笑道:"林之孝两口子都是锥子扎不出一声儿来的。我成日家说,他们倒是配就了的一对夫妻,一个天聋,一个地哑。那里承望养出这么个伶俐丫头来!你十几岁了?"红玉道:"十七岁了。"又问名字,红玉道:"原叫红玉的,因为重了宝二爷,如今只叫红儿了。"

凤姐听说将眉一皱,把头一回,说道:"讨人嫌的很!得了玉的益似的,你也玉,我也玉。"因说道:"既这么着肯跟,我还和他妈说,'赖大家的如今事多,也不知这府里谁是谁,你替我好好的挑两个丫头我使',他一般答应着。他饶不挑,倒把这女孩子送了别处去。难道跟我必定不好?"李氏笑道:"你可是又多心了。他进来在先,你说话在后,怎么怨的他妈!"凤姐道:"既这么着,明儿我和宝玉说,叫他再要人去,叫这丫头跟我去。可不知本人愿意不愿意?"红玉笑道:"愿意不愿意,我们也不敢说。只是跟着奶奶,我们也学些眉眼高低,出入上下,大小的事也得见识见识。"刚说着,只见王夫人的丫头来请,凤姐便辞了李宫裁去了。红玉回怡红院去,不在话下。

如今且说林黛玉因夜间失寐,次日起来迟了,闻得众姊妹都在园中作饯花会,恐人笑他痴懒,连忙梳洗了出来。刚到了院中,只见宝玉进门来了,笑道:"好妹妹,你昨儿可告我了不曾?教我悬了一夜心。"林黛玉便回头叫紫鹃道:"把屋子收拾了,撂下一扇纱屉;看那大燕子回来,把帘子放下来,拿狮子倚住;烧了香就把炉罩上。"

第二十七回　滴翠亭杨妃戏彩蝶　埋香冢飞燕泣残红

一面说一面又往外走。宝玉见他这样，还认作是昨日中晌的事，那知晚间的这段公案，还打恭作揖的。林黛玉正眼也不看，各自出了院门，一直找别的姊妹去了。宝玉心中纳闷，自己猜疑：看起这个光景来，不象是为昨日的事；但只昨日我回来的晚了，又没有见他，再没有冲撞了他的去处了。一面想，一面由不得随后追了来。

只见宝钗探春正在那边看鹤舞，见黛玉去了，三个一同站着说话儿。又见宝玉来了，探春便笑道："宝哥哥，身上好？我整整的三天没见你了。"宝玉笑道："妹妹身上好？我前儿还在大嫂子跟前问你呢。"探春道："宝哥哥，你往这里来，我和你说话。"宝玉听说，便跟了他，离了钗、玉两个，到了一棵石榴树下。

探春因说道："这几天老爷可曾叫你？"宝玉笑道："没有叫。"探春说："昨儿我恍惚听见说老爷叫你出去的。"宝玉笑道："那想是别人听错了，并没叫的。"探春又笑道："这几个月，我又攒下有十来吊钱了，你还拿了去，明儿出门逛去的时候，或是好字画，好轻巧顽意儿，替我带些来。"宝玉道："我这么城里城外，大廊小庙的逛，也没见个新奇精致东西，左不过是那些金玉铜磁没处摺的古董，再就是绸缎吃食衣服了。"探春道："谁要这些。怎么象你上回买的那柳枝儿编的小篮子，整竹子根抠的香盒儿，胶泥垛的风炉儿，这就好了。我喜欢的什么似的，谁知他们都爱上了，都当宝贝似的抢了去了。"宝玉笑道："原来要这个。这不值什么，拿五百钱出去给小子们，管拉一车来。"探春道："小厮们知道什么。你拣那朴而不俗、直而不拙者，这些东西，你多多的替我带了来。我还象上回的鞋作一双你穿，比那一双还加工夫，如何呢？"

> 批注

批注

宝玉笑道:"你提起鞋来,我想起个故事:那一回我穿着,可巧遇见了老爷,老爷就不受用,问是谁作的。我那里敢提'三妹妹'三个字,我就回说是前儿我生日,是舅母给的。老爷听了是舅母给的,才不好说什么,半日还说:'何苦来!虚耗人力,作践绫罗,作这样的东西。'我回来告诉了袭人,袭人说这还罢了,赵姨娘气的抱怨的了不得:'正经兄弟,鞋搭拉袜搭拉的没人看的见,且作这些东西!'"探春听说,登时沉下脸来,道:"这话糊涂到什么田地!怎么我是该作鞋的人么?环儿难道没有分例的,没有人的?一般的衣裳是衣裳,鞋袜是鞋袜,丫头老婆一屋子,怎么抱怨这些话!给谁听呢!我不过是闲着没事儿,作一双半双,爱给那个哥哥兄弟,随我的心。谁敢管我不成!这也是白气。"宝玉听了,点头笑道:"你不知道,他心里自然又有个想头了。"探春听说,益发动了气,将头一扭,说道"连你也糊涂了!他那想头自然是有的,不过是那阴微鄙贱的见识。他只管这么想,我只管认得老爷、太太两个人,别人我一概不管。就是姊妹弟兄跟前,谁和我好,我就和谁好,什么偏的庶的,我也不知道。论理我不该说他,但忒昏愦的不象!还有笑话呢:就是上回我给你那钱,替我带那顽的东西。过了两天,他见了我,也是说没钱使,怎么难,我也不理论。谁知后来丫头们出去了,他就抱怨起来,说我攒的钱为什么给你使,倒不给环儿使呢。我听见这话,又好笑又好气,我就出来往太太跟前去了。"正说着,只见宝钗那边笑道:"说完了,来罢。显见的是哥哥妹妹了,丢下别人,且说梯己去。我们听一句儿就使不得了!"说着,探春宝玉二人方笑着来了。

宝玉因不见了林黛玉,便知他躲了别处去了,想了

第二十七回 滴翠亭杨妃戏彩蝶 埋香冢飞燕泣残红

一想,索性迟两日,等他的气消一消再去也罢了。因低头看见许多凤仙石榴等各色落花,锦重重的落了一地,因叹道:"这是他心里生了气,也不收拾这花儿来了。待我送了去,明儿再问着他。"说着,只见宝钗约着他们往外头去。宝玉道:"我就来。"说毕,等他二人去远了,便把那花兜了起来,登山渡水,过树穿花,一直奔了那日同林黛玉葬桃花的去处来。

将已到了花冢,犹未转过山坡,只听山坡那边有呜咽之声,一行数落着,哭的好不伤感。宝玉心下想道:"这不知是那房里的丫头,受了委曲,跑到这个地方来哭。"一面想,一面煞住脚步,听他哭道是:

花谢花飞花满天,红消香断有谁怜?
游丝软系飘春榭,落絮轻沾扑绣帘。
闺中女儿惜春暮,愁绪满怀无释处,
手把花锄出绣闺,忍踏落花来复去。
柳丝榆荚自芳菲,不管桃飘与李飞。
桃李明年能再发,明年闺中知有谁?
三月香巢已垒成,梁间燕子太无情!
明年花发虽可啄,却不道人去梁空巢也倾。
一年三百六十日,风刀霜剑严相逼,
明媚鲜妍能几时,一朝飘泊难寻觅。
花开易见落难寻,阶前闷杀葬花人,
独倚花锄泪暗洒,洒上空枝见血痕。
杜鹃无语正黄昏,荷锄归去掩重门。
青灯照壁人初睡,冷雨敲窗被未温。
怪奴底事倍伤神,半为怜春半恼春:

批注

怜春忽至恼忽去，至又无言去不闻。
昨宵庭外悲歌发，知是花魂与鸟魂？
花魂鸟魂总难留，鸟自无言花自羞。
愿奴胁下生双翼，随花飞到天尽头。
天尽头，何处有香丘？
未若锦囊收艳骨，一抔净土掩风流。
质本洁来还洁去，强于污淖陷渠沟。
尔今死去侬收葬，未卜侬身何日丧？
侬今葬花人笑痴，他年葬侬知是谁？
试看春残花渐落，便是红颜老死时。
一朝春尽红颜老，花落人亡两不知！

宝玉听了不觉痴倒。要知端详，且听下回分解。

红楼小讲台

上一讲主要通过第23回宝黛"共读西厢"写出了宝玉和黛玉心灵上非比寻常的亲密关系，这一回通过小说中两个重点场景——"宝钗扑蝶"和"黛玉葬花"写出了钗黛二人同样优秀但非常不同的性格特质，以及相互竞争、猜忌的同性同龄人关系。

"宝钗扑蝶"和"黛玉葬花"都是发生在芒种节——花神退位，人们为之饯行的节日。这是一个借着祭花神而全体春游的日子。宝钗扑蝶，在暮春初夏之交，欣赏着满园美景，展现了与她平日端庄自持不同的另一面，愉快地享受美好自然，持扇扑蝶，天真憨顽，直到出了一身薄汗。

可以说"宝钗扑蝶"是真性的回归，不过很快就被意外打断了。扑蝶至滴翠亭，意外听见说话声，宝钗便停止了扑蝶，留神细听槅子内说话的内容。这个情节反映了宝钗对人事的关心大于对自然的兴趣。听到

第二十七回　滴翠亭杨妃戏彩蝶　埋香冢飞燕泣残红

小红的私情秘事，宝钗的一段心理描写也十分有趣：

"怪道从古至今那些奸淫狗盗的人，心机都不错。这一开了，见我在这里，他们岂不臊了。况才说话的语音，大似宝玉房里的红儿的言语。他素昔眼空心大，是个头等刁钻古怪东西。今儿我听了他的短儿，一时人急造反，狗急跳墙，不但生事，而且我还没趣。如今便赶着躲了，料也躲不及，少不得要使个'金蝉脱壳'的法子。"

宝钗一方面评论红玉做的事是"奸淫狗盗"，红玉这个人是个"头等刁钻古怪东西"，另一方面快速分析目前情形对自己的不利，以及脱身之法。这一段心理活动一则写出了薛宝钗恪守"女子须贞静"的价值观，二则写出了薛宝钗的急智。如何"金蝉脱壳"还没来得及想，槅子打开了，情急之下宝钗脱口而出"颦儿，我看你往那里藏！"笔者认为薛宝钗此举并非是对林黛玉的故意陷害，但这种来不及细致思考的自救办法，反映了薛宝钗潜意识里对林黛玉的真实态度——并不友好，甚至颇有敌意。

第23回是小说中第一次写林黛玉葬花时遇到了贾宝玉，发生了共读西厢的故事。本回是第二次写黛玉葬花，并写下了著名的《葬花词》。这次葬花发生在"芒种节"，这一天大观园集体活动，类似春游，是一个全体欢乐的日子，林黛玉原本也应该与众同乐，却独自忧伤地葬花，原因是什么呢？本回刚开始的第一部分与上一回勾连，交代了林黛玉前一天晚上去怡红院（宝玉住所）敲门，因为晴雯不开门而误会宝玉，心生伤感正在悲伤地哭泣，又看见宝钗从怡红院出来。自己黛玉的心思可能是：刚刚表露过心思的宝玉，竟然如此不可信，自己寄人篱下无依无靠，心里唯一的依靠却见了姐姐忘了妹妹。在爱情的初期阶段，不稳定、不明朗的关系令林黛玉对宝玉充满猜疑，又面临一个优秀的竞争者，出现了一次重大的误会，林黛玉越是伤心就越是表明她对宝玉的在乎，对这段关系倾注的感情之深。

《葬花词》是小说中林黛玉所作诗词中的一首有代表性的作品，以花

喻人，人花互映。"一年三百六十日，风刀霜剑严相逼"，写出了林黛玉寄居贾府的心灵感受，表面上看，她得到了优越的物质生活和贾母、宝玉的疼爱，但实际上她也面对贾府许多难测的人心和不安稳的现状，每一天都处在"步步惊心"中。历来常有人诟病这两句诗是林黛玉的无病呻吟，即使有些不如意，她在贾府的生活远称不上是"风刀霜剑严相逼"，但是感觉没有对错，它是心灵层面的事实。"天尽头，何处有香丘？"写出了她渴望自由，又悲观地清醒着，哪里有一个纯洁无瑕、自由理想的天地呢？词中这一问，笔者认为是林黛玉诗人之天问，人生永远在追问的问题，在寻找的香丘。"质本洁来还洁去，强于污淖陷渠沟"，写出了她高洁的品性，绝不流俗的人生信念。"一朝春尽红颜老，花落人亡两不知！"这似乎是一句谶语，悲观地预知了自己的命运。美好的人生时节过完了，红颜逝去，生命的失落像落花一样，却互相都无法知晓了。"黛玉葬花"历来成为小说中被人不断提起的经典桥段，它的审美意义丰富而广阔。笔者不再过多阐述，各位发动智能与性灵感悟体会吧！

本回我评论：

绝妙好词笺

葬花词

林黛玉

花谢花飞花满天，红消香断有谁怜？
游丝软系飘春榭，落絮轻沾扑绣帘。
闺中女儿惜春暮，愁绪满怀无释处，

手把花锄出绣闺，忍踏落花来复去。
柳丝榆荚自芳菲，不管桃飘与李飞。
桃李明年能再发，明年闺中知有谁？
三月香巢已垒成，梁间燕子太无情！
明年花发虽可啄，却不道人去梁空巢也倾。
一年三百六十日，风刀霜剑严相逼，
明媚鲜妍能几时，一朝飘泊难寻觅。
花开易见落难寻，阶前闷杀葬花人，
独倚花锄泪暗洒，洒上空枝见血痕。
杜鹃无语正黄昏，荷锄归去掩重门。
青灯照壁人初睡，冷雨敲窗被未温。
怪奴底事倍伤神，半为怜春半恼春：
怜春忽至恼忽去，至又无言去不闻。
昨宵庭外悲歌发，知是花魂与鸟魂？
花魂鸟魂总难留，鸟自无言花自羞。
愿奴胁下生双翼，随花飞到天尽头。
天尽头，何处有香丘？
未若锦囊收艳骨，一抔净土掩风流。
质本洁来还洁去，强于污淖陷渠沟。
尔今死去侬收葬，未卜侬身何日丧？
侬今葬花人笑痴，他年葬侬知是谁？
试看春残花渐落，便是红颜老死时。
一朝春尽红颜老，花落人亡两不知！

名家鉴赏台

对许多人来说，诗歌无关紧要……我不能离开诗歌而生活。它帮助

我生活得更具体、更深刻。它塑造了我的思想，活跃了我的精神，为我提供了忍受生活的新方式，甚至让我能够享受生活。

——杰恩·帕里尼（Jay Parini）《诗歌为什么重要》[1]

《红楼梦》中林黛玉经常阅读诗歌，也经常在生活中创作诗歌来表达自我，似乎诗歌成为她的一种生活方式。可以阅读杰恩·帕里尼（Jay Parini）的作品《诗歌为什么重要》，理解诗歌对人生的意义。

红楼细思量

1. 宝钗扑蝶与黛玉葬花，一面天真欢快，一面悲伤哀怨，请赏析这种写作手法。（如果可以，请为宝钗扑蝶和黛玉葬花配图，图文并茂地鉴赏。）

2. 小说中黛玉葬花被宝玉看见，他是同情、哀伤；宝钗扑蝶没有被宝玉知晓，如果宝玉看见了宝钗扑蝶，他会有何反应？

3. 细读本回，在芒种节快乐的一天，还有一个人因为"做鞋"这件小事不快乐——探春。你能理解她的烦恼吗？

---

[1] Jay Parini Ph.D. Why poetry matters[M]. New haven: Yale University Press, 2009.

红楼活动场

创意写作：

你有没有过这种体验——在一个人人都快乐的时候，只有你感到孤独、悲伤。你还记得那个时刻吗？因为什么而感到不快乐？请记录下你那时刻的心灵世界。

第三十三回

手足眈眈小动唇舌　不肖种种大承笞挞

批注

　　却说王夫人唤他母亲上来，拿几件簪环当面赏与，又吩咐请几众僧人念经超度。他母亲磕头谢了出去。

　　原来宝玉会过雨村回来听见了，便知金钏儿含羞赌气自尽，心中早又五内摧伤，进来被王夫人数落教训，也无可回说。见宝钗进来，方得便出来，茫然不知何往，背着手，低头一面感叹，一面慢慢的走着，信步来至厅上。

　　刚转过屏门，不想对面来了一人正往里走，可巧儿撞了个满怀。只听那人喝了一声"站住！"宝玉唬了一跳，抬头一看，不是别人，却是他父亲，不觉的倒抽了一口气，只得垂手一旁站了。贾政道："好端端的，你垂头丧气嗐些什么？方才雨村来了要见你，叫你那半天你才出来；既出来了，全无一点慷慨挥洒谈吐，仍是葳葳蕤蕤。我看你脸上一团思欲愁闷气色，这会子又咳声叹气。你那些还不足，还不自在？无故这样，却是为何？"宝玉素日虽是口角伶俐，只是此时一心总为金钏儿感伤，恨不得此时也身亡命殒，跟了金钏儿去。如今见了他父亲说这些话，究竟不曾听见，只是怔呵呵的站着。

　　贾政见他惶悚，应对不似往日，原本无气的，这一来倒生了三分气。方欲说话，忽有回事人来回："忠顺亲王府里有人来，要见老爷。"贾政听了，心下疑惑，暗暗思忖道："素日并不和忠顺府来往，为什么今日打发人来？"一面想，一面令"快请"，急走出来看时，却是忠顺府长史官，忙接进厅上坐了献茶。

未及叙谈，那长史官先就说道："下官此来，并非擅造潭府，皆因奉王命而来，有一件事相求。看王爷面上，敢烦老大人作主，不但王爷知情，且连下官辈亦感谢不尽。"贾政听了这话，抓不住头脑，忙陪笑起身问道："大人既奉王命而来，不知有何见谕，望大人宣明，学生好遵谕承办。"那长史官便冷笑道："也不必承办，只用大人一句话就完了。我们府里有一个做小旦的琪官，一向好好在府里，如今竟三五日不见回去，各处去找，又摸不着他的道路，而此各处访察。这一城内，十停人倒有八停人都说，他近日和衔玉的那位令郎相与甚厚。下官辈等听了，尊府不比别家，可以擅入索取，因此启明王爷。王爷亦云：'若是别的戏子呢，一百个也罢了；只是这琪官随机应答，谨慎老诚，甚合我老人家的心，竟断断少不得此人。'故此求老大人转谕令郎，请将琪官放回，一则可慰王爷谆谆奉恩，二则下官辈也可免操劳求觅之苦。"说毕，忙打一躬。

贾政听了这话，又惊又气，即命唤宝玉来。宝玉也不知是何原故，忙赶来时，贾政便问："该死的奴才！你在家不读书也罢了，怎么又做出这些无法无天的事来！那琪官现是忠顺王爷驾前承奉的人，你是何等草芥，无故引逗他出来，如今祸及于我。"宝玉听了唬了一跳，忙回道："实在不知此事。究竟连'琪官'两个字不知为何物，岂更又加'引逗'二字！"说着便哭了。

批注

批注

  贾政未及开言，只见那长史官冷笑道："公子也不必掩饰。或隐藏在家，或知其下落，早说了出来，我们也少受些辛苦，岂不念公子之德？"宝玉连说不知，"恐是讹传，也未见得。"那长史官冷笑道："现有据证，何必还赖？必定当着老大人说了出来，公子岂不吃亏？既云不知此人，那红汗巾子怎么到了公子腰里？"宝玉听了这话，不觉轰去魂魄，目瞪口呆，心下自思："这话他如何得知！他既连这样机密事都知道了，大约别的瞒他不过，不如打发他去了，免的再说出别的事来。"因说道："大人既知他的底细，如何连他置买房舍这样大事倒不晓得了？听得说他如今在东郊离城二十里有个什么紫檀堡，他在那里置了几亩田地几间房舍。想是在那里也未可知。"那长史官听了，笑道："这样说，一定是在那里。我且去找一回，若有了便罢，若没有，还要来请教。"说着，便忙忙的走了。

  贾政此时气的目瞪口歪，一面送那长史官，一面回头命宝玉"不许动！回来有话问你！"一直送那官员去了。才回身，忽见贾环带着几个小厮一阵乱跑。贾政喝令小厮"快打，快打！"贾环见了他父亲，唬的骨软筋酥，忙低头站住。贾政便问："你跑什么？带着你的那些人都不管你，不知往那里逛去，由你野马一般！"喝令叫跟上学的人来。贾环见他父亲盛怒，便乘机说道："方才原不曾跑，只因从那井边一过，那井里淹死了一个丫头，我看见人头这样大，身子这样粗，泡的实在可怕，所以才赶着跑了过来。"贾政听了惊疑，问道："好端端的，谁去跳井？我家从无这样事情，自祖宗以来，皆是宽柔以待下人。——大约我近年于家务疏懒，自然执事人操克夺之权，致使生出这暴殄轻生的祸患。若外人知道，祖宗颜面何在！"喝令快叫贾琏、赖大、来兴。小厮们答应了一声，方欲叫去，贾环忙上前拉住贾政的袍襟，贴膝跪下道："父亲不用生气。此事除太太房里的人，别人一点也不知道。我听见我母亲说……"说到这里，便回头四顾一看。贾政知意，将眼一看众小厮，小厮们明白，都往两边后面退去。贾环便悄悄说道："我母亲告诉我说，宝玉哥哥前日在太太屋里，拉着太太的丫头金钏儿强奸不遂，打了一顿。那金钏儿便赌气投井死了。"

话未说完，把个贾政气的面如金纸，大喝"快拿宝玉来！"一面说，一面便往里边书房里去，喝令"今日再有人劝我，我把这冠带家私一应交与他与宝玉过去！我免不得做个罪人，把这几根烦恼鬓毛剃去，寻个干净去处自了，也免得上辱先人下生逆子之罪。"众门客仆从见贾政这个形景，便知又是为宝玉了，一个个都是咂指咬舌，连忙退出。那贾政喘吁吁直挺挺坐在椅子上，满面泪痕，一叠声"拿宝玉！拿大棍！拿索子捆上！把各门都关上！有人传信往里头去，立刻打死！"众小厮们只得齐声答应，有几个来找宝玉。

那宝玉听见贾政吩咐他"不许动"，早知多凶少吉，那里承望贾环又添了许多的话。正在厅上干转，怎得个人来往里头去捎信，偏生没个人，连焙茗也不知在那里。正盼望时，只见一个老姆姆出来。宝玉如得了珍宝，便赶上来拉他，说道："快进去告诉：老爷要打我呢！快去，快去！要紧，要紧！"宝玉一则急了，说话不明白；二则老婆子偏生又聋，竟不曾听见是什么话，把"要紧"二字只听作"跳井"二字，便笑道："跳井让他跳去，二爷怕什么？"宝玉见是个聋子，便着急道："你出去叫我的小厮来

批注

罢。"那婆子道："有什么不了的事？老早的完了。太太又赏了衣服，又赏了银子，怎么不了事的！"

宝玉急的跺脚，正没抓寻处，只见贾政的小厮走来，逼着他出去了。贾政一见，眼都红紫了，也不暇问他在外流荡优伶，表赠私物，在家荒疏学业，淫辱母婢等语，只喝令"堵起嘴来，着实打死！"小厮们不敢违拗，只得将宝玉按在凳上，举起大板打了十来下。贾政犹嫌打轻了，一脚踢开掌板的，自己夺过来，咬着牙狠命盖了三四十下。众门客见打的不祥了，忙上前夺劝。贾政那里肯听，说道："你们问问他干的勾当可饶不可饶！素日皆是你们这些人把他酿坏了，到这步田地还来解劝。明日酿到他弑君杀父，你们才不劝不成！"

众人听这话不好听，知道气急了，忙又退出，只得觅人进去给信。王夫人不敢先回贾母，只得忙穿衣出来，也不顾有人没人，忙忙赶往书房中来，慌的众门客小厮等避之不及。王夫人一进房来，贾政更如火上浇油一般，那板子越发下去的又狠又快。按宝玉的两个小厮忙松了手走开，宝玉早已动弹不得了。

贾政还欲打时，早被王夫人抱住板子。贾政道："罢了，罢了！今日必定要气死我才罢！"王夫人哭道："宝玉虽然该打，老爷也要自重。况且炎天暑日的，老太太身上也不大好，打死宝玉事小，倘或老太太一时不自在了，岂不事大！"贾政冷笑道："倒休提这话。我养了这不肖的孽障，已不孝；教训他一番，又有众人护持；不如趁今日一发勒死了，以绝将来之患！"说着，便要绳索来勒死。

王夫人连忙抱住哭道："老爷虽然应当管教儿子，也要看夫妻分上。我如今已将五十岁的人，只有这个孽障，必定苦苦的以他为法,我也不敢深劝。今日越发要他死,岂不是有意绝我。既要勒死他,快拿绳子来先勒死我,再勒死他。我们娘儿们不敢含怨,到底在阴司里得个依靠。"说毕,爬在宝玉身上大哭起来。

贾政听了此话,不觉长叹一声,向椅上坐了,泪如雨下。王夫人抱着宝玉,只见他面白气弱,底下穿着一条绿纱小衣皆是血渍,禁不住解下汗巾看,由臀至胫,或青或紫,或整或破,竟无一点好处,不觉失声大哭起来,"苦命的儿吓!"因哭出"苦命儿"来,忽又想起贾珠来,便叫着贾珠哭道:"若有你活着,便死一百个我也不管了。"此时里面的人闻得王夫人出来,那李宫裁王熙凤与迎春姊妹早已出来了。王夫人哭着贾珠的名字,别人还可,惟有宫裁禁不住也放声哭了。贾政听了,那泪珠更似滚瓜一般滚了下来。

正没开交处,忽听丫鬟来说:"老太太来了。"一句话未了,只听窗外颤巍巍的声气说道:"先打死我,再打死他,岂不干净了!"贾政见他母亲来了,又急又痛,连忙迎接出来,只见贾母扶着丫头,喘吁吁的走来。

贾政上前躬身陪笑道:"大暑热天,母亲有何生气亲自走来?有话只该叫了儿子进去吩咐。"贾母听说,便止住步喘息一回,厉声说道:"你原来是和我说话!我倒有话吩咐,只是可怜我一生没养个好儿子,却教我和谁说去!"贾政听这话不象,忙跪下含泪说道:"为儿的教训儿子,也为的是光宗耀祖。母亲这话,我做儿的如何禁得起?"贾母听说,便啐了一口,说道:"我说一句话,你就禁不起,你那样下死手的板子,难道宝玉就禁得起了?你说教训儿子是光宗耀祖,当初你父亲怎么教训你来!"说着,不觉

批注

就滚下泪来。

贾政又陪笑道："母亲也不必伤感，皆是作儿的一时性起，从此以后再不打他了。"贾母便冷笑道："你也不必和我使性子赌气的。你的儿子，我也不该管你打不打。我猜着你也厌烦我们娘儿们。不如我们赶早儿离了你，大家干净！"说着便令人去看轿马，"我和你太太宝玉立刻回南京去！"家下人只得干答应着。

贾母又叫王夫人道："你也不必哭了。如今宝玉年纪小，你疼他，他将来长大成人，为官作宰的，也未必想着你是他母亲了。你如今倒不要疼他，只怕将来还少生一口气呢。"贾政听说，忙叩头哭道："母亲如此说，贾政无立足之地。"贾母冷笑道："你分明使我无立足之地，你反说起你来！只是我们回去了，你心里干净，看有谁来许你打。"一面说，一面只令快打点行李车轿回去。贾政苦苦叩求认罪。

贾母一面说话，一面又记挂宝玉，忙进来看时，只见今日这顿打不比往日，又是心疼，又是生气，也抱着哭个不了。王夫人与凤姐等解劝了一会，方渐渐的止住。早有丫鬟媳妇等上来，要搀宝玉，凤姐便骂道："糊涂东西，也不睁开眼瞧瞧！打的这么个样儿，还要搀着走！还不快进去把那藤屉子春凳抬出来呢。"众人听说连忙进去，果然抬出春凳来，将宝玉抬放凳上，随着贾母王夫人等进去，送至贾母房中。

彼时贾政见贾母气未全消，不敢自便，也跟了进去。看看宝玉，果然打重了。再看看王夫人，"儿"一声，"肉"一声，"你替珠儿早死了，留着珠儿，免你父亲生气，我也不白操这半世的心了。这会子你倘或有个好歹，丢下我,叫我靠那一个!"数落一场,又哭"不争气的儿"。贾政听了,也就灰心,自悔不该下毒手打到如此地步。先劝贾母,贾母含泪说道:"你不出去,还在这里做什么!难道于心不足,还要眼看着他死了才去不成!"贾政听说,方退了出来。

批注

此时薛姨妈同宝钗、香菱、袭人、史湘云也都在这里。袭人满心委屈,只不好十分使出来,见众人围着,灌水的灌水,打扇的打扇,自己插不下手去,便越性走出来到二门前,令小厮们找了焙茗来细问:"方才好端端的,为什么打起来?你也不早来透个信儿!"焙茗急的说:"偏生我没在跟前,打到半中间我才听见了。忙打听原故,却是为琪官金钏姐姐的事。"袭人道:"老爷怎么得知道的?"焙茗道:"那琪官的事,多半是薛大爷素日吃醋,没法儿出气,不知在外头唆挑了谁来,在老爷跟前下的火。那金钏儿的事是三爷说的,我也是听见老爷的人说的。"袭人听了这两件事都对景,心中也就信了八九分。然后回来,只见众人都替宝玉疗治。调停完备,贾母令"好生抬到他房内去"。众人答应,七手八脚,忙把宝玉送入怡红院内自己床上卧好。又乱了半日,众人渐渐散去,袭人方进前来经心服侍,问他端的。且听下回分解。

红楼小讲台

第33回是《红楼梦》经典场景——宝玉挨打。挨打的原因有三。

贾政一见,眼都红紫了,也不暇问他①在外流荡优伶,表赠私物,②在家荒疏学业,③淫辱母婢等语,只喝令"堵起嘴来,着实打死!"

其中一个原因"淫辱母婢"是贾环的捕风捉影,对应了回目中的

"手足眈眈小动唇舌"。这源于贾环对宝玉一贯的嫉妒和恶意。宝玉的种种不肖行径，加之贾环的谗言，令贾政怒火中烧，开始了一场"狂风暴雨"般的家暴。

父母责打儿子，这个司空见惯的场景却有其独特之处：一、贾政之责打，不是一般的惩戒，而是大加答挞，几乎要将宝玉灭绝；二、打的原因很多，既有长期矛盾的积累，又有特殊问题的爆发，还有谗言作为导火索；三、被打的人没哭，旁观的人却哭了，而且每个人哭的原因都不同。

宝玉挨打按照事情发展的顺序来叙述，打之前是叙述打的原因，一层一层矛盾在累积，贾政的怒气也一点一点在升腾。打的过程很短，动作却很激烈，贾政"咬着牙狠命盖了三四十下"。打之后，是更加精彩的部分，围绕着挨打的宝玉，贾母的怒斥、王夫人的哭劝、李纨的眼泪、凤姐的骂、袭人的满心委屈，都是值得品味的。

宝玉被抬回怡红院之后，紧接着的第44回描述了众人的探视，这也是一处精彩的人物塑造。探视的细节集中反映了各人的心理、性格，与宝玉的关系，对宝玉的感情。也正是在宝玉挨打之后，宝玉向黛玉递送了定情信物——两块自己用过的手帕。从宝黛爱情的叙事主线来看，宝玉挨打是他们感情发展的一个重要纪念日，是宝玉向黛玉表白的日子。

从宝黛爱情主线的角度，本回可以结合第36回一起来读。第36回的回目叫"绣鸳鸯梦兆绛云轩，识分定情悟梨香院"。"绣鸳鸯梦兆绛云轩"说的是贾宝玉正在睡觉，袭人坐在床边为他针织，后来宝钗来了，代替袭人坐在床边，接着绣花，这里像是宝钗提前感受了一下与宝玉的夫妻情状，应该说宝钗也是十分享受甚至憧憬的。突然睡梦中的宝玉说了一句梦话，这话惊醒了正在温情脉脉中的宝钗，也征兆了宝玉与宝钗后来没有爱情的空心婚姻——"和尚道士的话如何信得？什么是金玉良缘，我偏说是木石姻缘！"这里宝玉睡着，却是清醒的，他清醒着情归何处；薛宝钗醒着却在做梦，梦想着与宝玉的夫妻前景。

"识分定情悟梨香院"是说贾宝玉认识到人和人的关系是有一定缘分的，他不可能得到所有女子的爱，**这是宝玉从泛爱主义、自我中心主义转变成对感情的专一态度。**这个领悟发生在梨香院，宝玉从龄官——12个小戏子中最美、唱戏最好、长相最像林黛玉的一个女孩子——身上得到了启示。

可以说，第33回、36回是宝玉成长路上的关键情节。从泛爱主义到表露心意、专心一意，这个专一的对象就是林黛玉。

同学们可以将第33回、34回与36回联系起来读，勾勒出宝黛钗三人关系的进展与变化。

本回我评论：

红楼人物馆

请细致阅读本回，关注贾政的心理变化：

（1）宝玉撞见贾政，贾政喝问，并未生气；

（2）贾政见宝玉惶悚，倒生了三分气；

（3）贾政听闻宝玉招惹琪官，_____

（4）宝玉说出琪官下落，坐实宝玉与琪官关系亲密，贾政_____

（5）贾政送走来使，撞见贾环，听闻宝玉强奸未遂致金钏跳井，贾政_____

（6）一见到宝玉，贾政_____

（7）小厮打了十来下，贾政嫌太轻了，_____

（8）面对王夫人的哭劝，贾政_____

（9）面对贾母的怒斥，贾政_____

（10）冷静后看看宝玉，果然打重了，贾政_____

1. 通过上述心理变化，你认为贾政是一个怎样的父亲？如果你是贾政，你会怎么处理？

2. 参考阅读鲁迅《我们现在怎样做父亲》文章，谈一谈《红楼梦》中的父亲形象。

红楼细思量

1. 宝玉挨打的三个原因是：

A.在外流荡优伶，表赠私物；

B.在家荒疏学业；

C.淫辱母婢。

宝玉也不知是何原故，忙赶来时，贾政便问："该死的奴才！你在家不读书也罢了，怎么又做出这些无法无天的事来！那琪官现是忠顺王爷驾前承奉的人，你是何等草芥，无故引逗他出来，如今祸及于我。"

阅读上文，填写选项并思考：

（1）宝玉可能给贾府闯下大祸的原因是_____，为什么？

（2）哪个原因_____是宝玉一直以来都令贾政生气的？但全书中贾政没有单单因为这个原因而打过宝玉，为什么？

（3）哪个原因_____是贾环进的谗言？贾政为什么会不分青红皂白就相信了呢？

2. 请阅读第34回袭人、宝钗、黛玉对挨打后的宝玉的关心探视，分析三人的性格、与宝玉的关系、对宝玉的感情。

红楼活动场

1. 宝黛钗三人关系是小说中的一条情感主线，把握住这条主线可以更好地理解小说内容。请你梳理开篇到第36回，贾宝玉与林黛玉、薛宝钗关系的变化、进展。（最好以图示方式完成）

2. 创意写作

宝玉日记：假设你就是宝玉，今天是你挨打的日子（很可能是你一生中唯一一次挨打），也是你向黛玉表白心意的日子。写一篇日记来记录下这个重要的纪念日吧！

第三篇
大观园里的小岁月

第三十七回

秋爽斋偶结海棠社　蘅芜苑夜拟菊花题

这年贾政又点了学差，择于八月二十日起身。是日拜过宗祠及贾母起身，宝玉诸子弟等送至洒泪亭。

却说贾政出门去后，外面诸事不能多记。单表宝玉每日在园中任意纵性的逛荡，真把光阴虚度，岁月空添。这日正无聊之际，只见翠墨进来，手里拿着一副花笺送与他。宝玉因道："可是我忘了，才说要瞧瞧三妹妹去的，可好些了，你偏走来。"翠墨道："姑娘好了，今儿也不吃药了，不过是凉着一点儿。"宝玉听说，便展开花笺看时，上面写道：

　　娣探谨奉
二兄文几：前夕新霁，月色如洗，因惜清景难逢，讵忍就卧，时漏已三转，犹徘徊于桐槛之下，未防风露所欺，致获采薪之患。昨蒙亲劳抚嘱，复又数遣侍儿问切，兼以鲜荔并真卿墨迹见赐，何痌瘝惠爱之深哉！今因伏几凭床处默之时，因思及历来古人中处名攻利敌之场，犹置一些山滴水之区，远招近揖，投辖攀辕，务结二三同志盘桓于其中，或竖词坛，或开吟社，虽一时之偶兴，遂成千古之佳谈。娣虽不才，窃

批注

> 批注

同叨栖处于泉石之间，而兼慕薛林之技。风庭月榭，惜未宴集诗人；帘杏溪桃，或可醉飞吟盏。孰谓莲社之雄才，独许须眉；直以东山之雅会，让余脂粉。若蒙棹雪而来，娣则扫花以待。此谨奉。

宝玉看了，不觉喜的拍手笑道："倒是三妹妹的高雅，我如今就去商议。"一面说，一面就走，翠墨跟在后面。

刚到了沁芳亭，只见园中后门上值日的婆子手里拿着一个字帖走来，见了宝玉，便迎上去，口内说道："芸哥儿请安，在后门只等着，叫我送来的。"宝玉打开看时，写道是：

不肖男芸恭请

父亲大人万福金安。男思自蒙天恩，认于膝下，日夜思一孝顺，竟无可孝顺之处。前因买办花草，上托大人金福，竟认得许多花儿匠，并认得许多名园。因忽见有白海棠一种，不可多得。故变尽方法，只弄得两盆。大人若视男是亲男一般，便留下赏玩。因天气暑热，恐园中姑娘们不便，故不敢面见。奉书恭启，并叩

台安。

男芸跪书。

宝玉看了，笑道："独他来了，还有什么人？"婆子道："还有两盆花儿。"宝玉道："你出去说，我知道了，难为他想着。你便把花儿送到我屋里去就是了。"一面说，一面同翠墨往秋爽斋来，只见宝钗、黛玉、迎春、惜春已都在那里了。

众人见他进来，都笑说："又来了一个。"探春笑道："我不算俗，偶然起个念头，写了几个帖儿试一试，谁知

第三十七回　秋爽斋偶结海棠社　蘅芜苑夜拟菊花题

一招皆到。"宝玉笑道:"可惜迟了,早该起个社的。"黛玉道:"你们只管起社,可别算上我,我是不敢的。"迎春笑道:"你不敢谁还敢呢。"宝玉道:"这是一件正经大事,大家鼓舞起来,不要你谦我让的。各有主意自管说出来大家平章。宝姐姐也出个主意,林妹妹也说个话儿。"宝钗道:"你忙什么,人还不全呢。"

一语未了,李纨也来了,进门笑道:"雅的紧!要起诗社,我自荐我掌坛。前儿春天我原有这个意思的。我想了一想,我又不会作诗,瞎乱些什么,因而也忘了,就没有说得。既是三妹妹高兴,我就帮你作兴起来。"

黛玉道:"既然定要起诗社,咱们都是诗翁了,先把这些姐妹叔嫂的字样改了才不俗。"李纨道:"极是,何不大家起个别号,彼此称呼则雅。我是定了'稻香老农',再无人占的。"

探春笑道:"我就是'秋爽居士'罢。"宝玉道:"居士、主人到底不恰,且又瘰赘。这里梧桐芭蕉尽有,或指梧桐芭蕉起个倒好。"探春笑道:"有了,我最喜芭蕉,就称'蕉下客'罢。"众人都道别致有趣。黛玉笑道:"你们快牵了他去,炖了脯子吃酒。"众人不解。黛玉笑道:"古人曾云'蕉叶覆鹿'。他自称'蕉下客',可不是一只鹿了?快做了鹿脯来。"众人听了都笑起来。

探春因笑道:"你别忙中使巧话来骂人,我已替你想了个极当的美号了。"又向众人道:"当日娥皇女英洒泪在竹上成斑,故今斑竹又名湘妃竹。如今他住的是潇湘馆,他又爱哭,将来他想林姐夫,那些竹子也是要变成斑竹的。以后都叫他作'潇湘妃子'就完了。"大家听说,都拍手叫妙。林黛玉低了头方不言语。李纨笑道:"我替薛大妹妹

> 批注

也早已想了个好的,也只三个字。"惜春迎春都问是什么。李纨道:"我是封他'蘅芜君'了,不知你们如何。"探春笑道:"这个封号极好。"宝玉道:"我呢?你们也替我想一个。"宝钗笑道:"你的号早有了,'无事忙'三字恰当的很。"李纨道:"你还是你的旧号'绛洞花主'就好。"宝玉笑道:"小时候干的营生,还提他作什么。"探春道:"你的号多的很,又起什么。我们爱叫你什么,你就答应着就是了。"宝钗道:"还得我送你个号罢。有最俗的一个号,却于你最当。天下难得的是富贵,又难得的是闲散,这两样再不能兼有,不想你兼有了,就叫你'富贵闲人'也罢了。"宝玉笑道:"当不起,当不起,倒是随你们混叫去罢。"李纨道:"二姑娘四姑娘起个什么号?"迎春道:"我们又不大会诗,白起个号作什么?"探春道:"虽如此,也起个才是。"宝钗道:"他住的是紫菱洲,就叫他'菱洲';四丫头在藕香榭,就叫他'藕榭'就完了。"

李纨道:"就是这样好。但序齿我大,你们都要依我的主意,管情说了大家合意。我们七个人起社,我和二姑娘四姑娘都不会作诗,须得让出我们三个人去。我们三个各分一件事。"探春笑道:"已有了号,还只管这样称呼,不如不有了。以后错了,也要立个罚约才好。"李纨道:"立定了社,再定罚约。我那里地方大,竟在我那里作社。我虽不能作诗,这些诗人竟不厌俗客,我作个东道主人,我自然也清雅起来了。若是要推我作社长,我一个社长自然不够,必要再请两位副社长,就请菱洲藕榭二位学究来,一位出题限韵,一位誊录监场。亦不可拘定了我们三个人不作,若遇见容易些的题目韵脚,我们也随便作一首。你们四个却是要限定的。若如此便起,若不依我,我也不敢附骥了。"迎春惜春本性懒于诗词，又有薛林在前，听了这话便深合己意，二人皆说："极是"。

探春等也知此意，见他二人悦服，也不好强，只得依了。因笑道："这话也罢了，只是自想好笑，好好的我起了个主意，反叫你们三个来管起我来了。"宝玉道："既这样，咱们就往稻香村去。"李纨道："都是你忙，今日不过商议了，等我再请。"宝钗道："也要议定几日一会才好。"探春道："若只管会的多，又没趣了。一月之中，只可两三次才好。"宝钗点头道："一月只要两次就够了。拟定日期，风雨无阻。除这两日外，倘有高兴的，他情愿加一社的，或情愿到他那里去，或附就了来，亦可使得，岂不活泼有趣。"众人都道："这个主意更好。"

探春道："只是原系我起的意，我须得先作个东道主人，方不负我这兴。"李纨道："既这样说，明日你就先开一社如何？"探春道："明日不如今日，此刻就很好。你就出题，菱洲限韵，藕榭监场。"迎春道："依我说，也不必随一人出题限韵，竟是拈阄公道。"李纨道："方才我来时，看见他们抬进两盆白海棠来，倒是好花。你们何不就咏起他来？"迎春道："都还未赏，先倒作诗。"宝钗道："不过是白海棠，又何必定要见了才作。古人的诗赋，也不过都是寄兴写情耳。若都是等见了作，如今也没这些诗了。"

迎春道："既如此，待我限韵。"说着，走到书架前抽出一本诗来，随手一揭，这首竟是一首七言律，递与众人看了，都该作七言律。迎春掩了诗，又向一个小丫头道："你随口说一个字来。"那丫头正倚门立着，便说了个"门"字。迎春笑道："就是门字韵，'十三元'了。头一个韵定要这'门'字。"说着，又要了韵牌匣子过来，抽出"十三元"一屉，又命那小丫头随手拿四块。那丫头便拿了"盆""魂""痕""昏"四块来。宝玉道："这'盆''门'两个字不大好作呢！"

侍书一样预备下四份纸笔，便都悄然各自思索起来。独黛玉或抚梧桐，或看秋色，或又和丫鬟们嘲笑。迎春又令丫鬟炷了一支"梦甜香"。原来这"梦甜香"只有三寸来长，有灯草粗细，以其易烬，故以此烬为限，如香烬未成便要罚。

一时探春便先有了，自提笔写出，又改抹了一回，递与迎春。因问宝钗："蘅芜君，你可有了？"宝钗道："有却有了，只是不好。"宝玉背着手，在回廊上踱来踱去，因向黛玉说道："你听，他们都有了。"黛玉道："你别管我。"宝玉又见宝钗已誊写出来，因说道："了不得！香只剩了一寸了，我才有了四句。"又向黛玉道："香就完了，只管蹲在那潮地下作什么？"黛玉也不理。宝玉道："可顾不得你了，好歹也写出来罢。"说着也走在案前写了。

李纨道："我们要看诗了，若看完了还不交卷是必罚的。"宝玉道："稻香老农虽不善作却善看，又最公道，你就评阅优劣，我们都服的。"众人都道："自然。"于是先看探春的稿上写道是：

咏白海棠限门盆魂痕昏
斜阳寒草带重门，苔翠盈铺雨后盆。
玉是精神难比洁，雪为肌骨易销魂。
芳心一点娇无力，倩影三更月有痕。
莫谓缟仙能羽化，多情伴我咏黄昏。

大家看了称赞一回,又看宝钗的道:

珍重芳姿昼掩门,自携手瓮灌苔盆。
胭脂洗出秋阶影,冰雪招来露砌魂。
淡极始知花更艳,愁多焉得玉无痕。
欲偿白帝凭清洁,不语婷婷日又昏。

李纨笑道:"到底是蘅芜君。"说着又看宝玉的,道是:

秋容浅淡映重门,七节攒成雪满盆。
出浴太真冰作影,捧心西子玉为魂。
晓风不散愁千点,宿雨还添泪一痕。
独倚画栏如有意,清砧怨笛送黄昏。

大家看了,宝玉说探春的好,李纨才要推宝钗这诗有身分,因又催黛玉。黛玉道:"你们都有了。"说着提笔一挥而就,掷与众人。李纨等看他写道是:

半卷湘帘半掩门,碾冰为土玉为盆。

看了这句,宝玉先喝起彩来,只说"从何处想来!"又看下面道:

偷来梨蕊三分白,借得梅花一缕魂。

众人看了也都不禁叫好,说"果然比别人又是一样心肠。"又看下面道是:

批注

月窟仙人缝缟袂，秋闺怨女拭啼痕。

娇羞默默同谁诉，倦倚西风夜已昏。

众人看了，都道是这首为上。李纨道："若论风流别致，自是这首；若论含蓄浑厚，终让蘅稿。"探春道："这评的有理，潇湘妃子当居第二。"李纨道："怡红公子是压尾，你服不服？"宝玉道："我的那首原不好了，这评的最公。"又笑道："只是蘅潇二首还要斟酌。"李纨道："原是依我评论，不与你们相干，再有多说者必罚。"宝玉听说，只得罢了。

李纨道："从此后我定于每月初二、十六这两日开社，出题限韵都要依我。这其间你们有高兴的，你们只管另择日子补开，那怕一个月每天都开社，我只不管。只是到了初二、十六这两日，是必往我那里去。"宝玉道："到底要起个社名才是。"探春道："俗了又不好，特新了，刁钻古怪也不好。可巧才是海棠诗开端，就叫个海棠社罢。虽然俗些，因真有此事，也就不碍了。"说毕大家又商议了一回，略用些酒果，方各自散去。也有回家的，也有往贾母王夫人处去的。当下别人无话。

且说袭人因见宝玉看了字贴儿便慌慌张张的同翠墨去了，也不知是何事。后来又见后门上婆子送了两盆海棠花来。袭人问是那里来的，婆子便将宝玉前一番缘故说了。袭人听说便命他们摆好，让他们在下房里坐了，自己走到自己房内秤了六钱银子封好，又拿了三百钱走来，都递与那两个婆子道："这银子赏那抬花来的小子们，这钱你们打酒吃罢。"那婆子们站起来，眉开眼笑，千恩万谢的不肯受，见袭人执意不收，方领了。

　　袭人又道："后门上外头可有该班的小子们？"婆子忙应道："天天有四个，原预备里面差使的。姑娘有什么差使，我们吩咐去。"袭人笑道："有什么差使？今儿宝二爷要打发人到小侯爷家与史大姑娘送东西去，可巧你们来了，顺便出去叫后门小子们雇辆车来。回来你们就往这里拿钱，不用叫他们又往前头混碰去。"婆子答应着去了。

　　袭人回至房中，拿碟子盛东西与史湘云送去，却见槅子上碟槽空着。因回头见晴雯、秋纹、麝月等都在一处做针黹，袭人问道："这一个缠丝白玛瑙碟子那去了？"众人见问，都你看我我看你，都想不起来。半日，晴雯笑道："给三姑娘送荔枝去的，还没送来呢。"袭人道："家常送东西的家伙也多，巴巴的拿这个去。"晴雯道："我何尝不也这样说。他说这个碟子配上鲜荔枝才好看，我送去，三姑娘见了也说好看，叫连碟子放着，就没带来。你再瞧，那槅子尽上头的一对联珠瓶还没收来呢。"

　　秋纹笑道："提起瓶来，我又想起笑话。我们宝二爷说声孝心一动，也孝敬到二十分。因那日见园里桂花，折了两枝，原是自己要插瓶的，忽然想起来说，这是自己园里的才开的新鲜花，不敢自己先顽，巴巴的把那一对瓶拿下来，亲自灌水插好了，叫个人拿着，亲自送一瓶进老太太，又进一瓶与太太。谁知他孝心一动，连跟的人都得了福了。可巧那日是我拿去的。老太太见了这样，喜的无可无不可，见人就说：'到底是宝玉孝顺我，连一枝花儿也想的到。别人还只抱怨我疼他。'你们知道，老太太素日不大同我说话的，有些不入他老人家的眼的。那日竟叫人拿几百钱给我，说我可怜见的，生的单柔。这可是再想不

批注

到的福气。几百钱是小事,难得这个脸面。及至到了太太那里,太太正和二奶奶、赵姨奶奶、周姨奶奶好些人翻箱子,找太太当日年轻的颜色衣裳,不知给那一个。一见了,连衣裳也不找了,且看花儿。又有二奶奶在旁边凑趣儿,夸宝玉又是怎么孝敬,又是怎样知好歹,有的没的说了两车话。当着众人,太太自为又增了光,堵了众人的嘴。太太越发喜欢了,现成的衣裳就赏了我两件。衣裳也是小事,年年横竖也得,却不象这个彩头。"

晴雯笑道:"呸!没见世面的小蹄子!那是把好的给了人,挑剩下的才给你,你还充有脸呢。"秋纹道:"凭他给谁剩的,到底是太太的恩典。"晴雯道:"要是我,我就不要。若是给别人剩下的给我,也罢了。一样这屋里的人,难道谁又比谁高贵些?把好的给他,剩下的才给我,我宁可不要,冲撞了太太,我也不受这口软气。"秋纹忙问:"给这屋里谁的?我因为前儿病了几天,家去了,不知是给谁的。好姐姐,你告诉我知道知道。"晴雯道:"我告诉了你,难道你这会退还太太去不成?"秋纹笑道:"胡说,我白听了喜欢喜欢。那怕给这屋里的狗剩下的,我只领太太的恩典,也不犯管别的事。"众人听了都笑道:"骂的巧,可不是给了那西洋花点子哈巴儿了。"袭人笑道:"你们这起烂了嘴的!得了空就拿我取笑打牙儿。一个个不知怎么死呢。"秋纹笑道:"原来姐姐得了,我实在不知道。我陪个不是罢。"

袭人笑道:"少轻狂罢。你们谁取了碟子来是正经。"麝月道:"那瓶得空儿也该收来了。老太太屋里还罢了,太太屋里人多手杂。别人还可以,赵姨奶奶一伙的人见是这屋里的东西,又该使黑心弄坏了才罢。太太也不大管这些，不如早些收来正经。"晴雯听说，便掷下针黹道："这话倒是，等我取去。"秋纹道："还是我取去罢，你取你的碟子去。"晴雯笑道："我偏取一遭儿去。是巧宗儿你们都得了，难道不许我得一遭儿？"麝月笑道："通共秋丫头得了一遭儿衣裳，那里今儿又巧，你也遇见找衣裳不成。"晴雯冷笑道："虽然碰不见衣裳，或者太太看见我勤谨，一个月也把太太的公费里分出二两银子来给我，也定不得。"说着，又笑道："你们别和我装神弄鬼的，什么事我不知道。"一面说，一面往外跑了。秋纹也同他出来，自去探春那里取了碟子来。

袭人打点齐备东西，叫过本处的一个老宋妈妈来，向他说道："你先好生梳洗了，换了出门的衣裳来，如今打发你与史姑娘送东西去。"那宋嬷嬷道："姑娘只管交给我，有话说与我，我收拾了就好一顺去的。"袭人听说，便端过两个小掐丝盒子来。先揭开一个，里面装的是红菱和鸡头两样鲜果；又那一个，是一碟子桂花糖蒸新栗粉糕。又说道："这都是今年咱们这里园里新结的果子，宝二爷送来与姑娘尝尝。再前日姑娘说这玛瑙碟子好，姑娘就留下顽罢。这绢包儿里头是姑娘上日叫我作的活计，姑娘别嫌粗糙，能着用罢。替我们请安，替二爷问好就是了。"宋嬷嬷道："宝二爷不知还有什么说的，姑娘再问问去，回来又别说忘了。"袭人因问秋纹："方才可见在三姑娘那里？"秋纹道："他们都在那里商议起什么诗社呢，又都作诗。想来没话，你只去罢。"宋嬷嬷听了，便拿了东西出去，另外穿戴了。袭人又嘱咐他："从后门出去，有小子和车等着呢。"宋妈去后，不在话下。

批注

　　宝玉回来，先忙着看了一回海棠，至房内告诉袭人起诗社的事。袭人也把打发宋妈妈与史湘云送东西去的话告诉了宝玉。宝玉听了，拍手道："偏忘了他。我自觉心里有件事，只是想不起来，亏你提起来，正要请他去。这诗社里若少了他还有什么意思。"袭人劝道："什么要紧，不过玩意儿。他比不得你们自在，家里又作不得主儿。告诉他，他要来又由不得他；不来，他又牵肠挂肚的，没的叫他不受用。"宝玉道："不妨事，我回老太太打发人接他去。"正说着，宋妈妈已经回来，回复道生受，与袭人道乏，又说："问二爷作什么呢，我说和姑娘们起什么诗社作诗呢。史姑娘说，他们作诗也不告诉他去，急的了不的。"宝玉听了立身便往贾母处来，立逼着叫人接去。贾母因说："今儿天晚了，明日一早再去。"宝玉只得罢了，回来闷闷的。

　　次日一早，便又往贾母处来催逼人接去。直到午后，史湘云才来，宝玉方放了心，见面时就把始末原由告诉他，又要与他诗看。李纨等因说道："且别给他诗看，先说与他韵。他后来，先罚他和了诗：若好，便请入社；若不好，还要罚他一个东道再说。"史湘云道："你们忘了请我，我还要罚你们呢。就拿韵来，我虽不能，只得勉强出丑。容我入社，扫地焚香我也情愿。"

　　众人见他这般有趣，越发喜欢，都埋怨昨日怎么忘了他，遂忙告诉他韵。史湘云一心兴头，等不得推敲删改，一面只管和人说着话，心内早已和成，即用随便的纸笔录出，先笑说道："我却依韵和了两首，好歹我却不知，不过应命而已。"说着递与众人。众人道："我们四首也算想绝了，再一首也不能了。你倒弄了两首，那里有许多话说，

必要重了我们。"一面说,一面看时,只见那两首诗写道:

其一

神仙昨日降都门,种得蓝田玉一盆。
自是霜娥偏爱冷,非关倩女亦离魂。
秋阴捧出何方雪,雨渍添来隔宿痕。
却喜诗人吟不倦,岂令寂寞度朝昏。

其二

蘅芷阶通萝薜门,也宜墙角也宜盆。
花因喜洁难寻偶,人为悲秋易断魂。
玉烛滴干风里泪,晶帘隔破月中痕。
幽情欲向嫦娥诉,无奈虚廊夜色昏。

众人看一句,惊讶一句,看到了,赞到了,都说:"这个不枉作了海棠诗,真该要起海棠社了。"史湘云道:"明日先罚我个东道,就让我先邀一社可使得?"众人道:"这更妙了。"因又将昨日的与他评论了一回。

至晚,宝钗将湘云邀往蘅芜苑安歇去。湘云灯下计议如何设东拟题。宝钗听他说了半日,皆不妥当,因向他说道:"既开社,便要作东。虽然是顽意儿,也要瞻前顾后,又要自己便宜,又要不得罪了人,然后方大家有趣。你家里你又作不得主,一个月通共那几串钱,你还不够盘缠呢。这会子又干这没要紧的事,你婶子听见了,越发抱怨你了。况且你就都拿出来,做这个东道也是不够。难道为这个家去要不成?还是往这里要呢?"一席话提醒了湘云,倒踌躇起来。

宝钗道:"这个我已经有个主意。我们当铺里有个伙

批注

计,他家田上出的很好的肥螃蟹,前儿送了几斤来。现在这里的人,从老太太起连上园里的人,有多一半都是爱吃螃蟹的。前日姨娘还说要请老太太在园里赏桂花吃螃蟹,因为有事还没有请呢。你如今且把诗社别提起,只管普通一请。等他们散了,咱们有多少诗作不得的。我和我哥哥说,要几篓极肥极大的螃蟹来,再往铺子里取上几坛好酒,再备上四五桌果碟,岂不又省事又大家热闹了。"湘云听了,心中自是感服,极赞他想的周到。

宝钗又笑道:"我是一片真心为你的话。你千万别多心,想着我小看了你,咱们两个就白好了。你若不多心,我就好叫他们办去的。"湘云忙笑道:"好姐姐,你这样说,倒多心待我了。凭他怎么糊涂,连个好歹也不知,还成个人了?我若不把姐姐当作亲姐姐一样看,上回那些家常话烦难事也不肯尽情告诉你了。"宝钗听说,便叫一个婆子来:"出去和大爷说,依前日的大螃蟹要几篓来,明日饭后请老太太姨娘赏桂花。你说大爷好歹别忘了,我今儿已请下人了。"那婆子出去说明,回来无话。

这里宝钗又向湘云道:"诗题也不要过于新巧了。你看古人诗中那些刁钻古怪的题目和那极险的韵了,若题过于新巧,韵过于险,再不得有好诗,终是小家气。诗固然怕说熟话,更不可过于求生,只要头一件立意清新,自然措词就不俗了。究竟这也算不得什么,还是纺绩针黹是你我的本等。一时闲了,倒是于你我深有益的书看几章是正经。"

湘云只答应着,因笑道:"我如今心里想着,昨日作了海棠诗,我如今要作个菊花诗如何?"宝钗道:"菊花倒也合景,只是前人太多了。"湘云道:"我也是如此想着,恐怕落套。"宝钗想了一想，说道："有了，如今以菊花为宾，以人为主，竟拟出几个题目来，都是两个字：一个虚字，一个实字，实字便用'菊'字，虚字就用通用门的。如此又是咏菊，又是赋事，前人也没作过，也不能落套。赋景咏物两关着，又新鲜，又大方。"

湘云笑道："这却很好。只是不知用何等虚字才好。你先想一个我听听。"宝钗想了一想，笑道："《菊梦》就好。"湘云笑道："果然好。我也有一个，《菊影》可使得？"宝钗道："也罢了。只是也有人作过，若题目多，这个也夹的上。我又有了一个。"湘云道："快说出来。"宝钗道："《问菊》如何？"湘云拍案叫妙，因接说道："我也有了，《访菊》如何？"宝钗也赞有趣，因说道："越性拟出十个来，写上再来。"说着，二人研墨蘸笔，湘云便写，宝钗便念，一时凑了十个。湘云看了一遍，又笑道："十个还不成幅，越性凑成十二个便全了，也如人家的字画册页一样。"

宝钗听说，又想了两个，一共凑成十二。又说道："既这样，越性编出他个次序先后来。"湘云道："如此更妙，竟弄成个菊谱了。"宝钗道："起首是《忆菊》；忆之不得，故访，第二是《访菊》；访之既得，便种，第三是《种菊》；种既盛开，故相对而赏，第四是《对菊》；相对而兴有余，故折来供瓶为玩，第五是《供菊》；既供而不吟，亦觉菊无彩色，第六便是《咏菊》；既入词章，不可不供笔墨，第七便是《画菊》；既为菊如是碌碌，究竟不知菊有何妙处，不禁有所问，第八便是《问菊》；菊如解语，使人狂喜不禁，第九便是《簪菊》；如此人事虽尽，犹有菊之可咏者，《菊影》《菊梦》二首续在第十第十一；末卷便以《残菊》总收前题之盛。这便是三秋的妙景妙事都

批注

葛老师的红楼课

▶ 批注

有了。"

　　湘云依说将题录出，又看了一回，又问"该限何韵？"宝钗道："我平生最不喜限韵的，分明有好诗，何苦为韵所缚。咱们别学那小家派，只出题不拘韵。原为大家偶得了好句取乐，并不为此而难人。"湘云道："这话很是。这样大家的诗还进一层。但只咱们五个人，这十二个题目，难道每人作十二首不成？"宝钗道："那也太难人了。将这题目誊好，都要七言律，明日贴在墙上。他们看了，谁作那一个就作那一个。有力量者，十二首都作也可；不能的，一首不成也可。高才捷足者为尊。若十二首已全，便不许他后赶着又作，罚他就完了。"湘云道："这倒也罢了。"二人商议妥贴，方才息灯安寝。要知端的，且听下回分解。

红楼小讲台

　　搬进大观园后的青年男女们各自别院而居，与家长们相对隔离，拥有了更加独立自由的空间。上一回中，他们在芒种节快乐地游园，本回他们又结了诗社。

　　"秋爽斋偶结海棠社"，秋爽斋是探春的居所，这个结社的想法也是由探春提出的。正好这一年贾政点了学差，这是朝廷派往各省掌管科举事务的官员，有点儿类似于今天教育部派往各地的教育督导员。平时在家督促学习的家长出差了，相当于给孩子们，特别是宝玉放了一个大假，整个大观园的空气都活泼起来。探春一直以来好学精进、疏阔大气，学识才情高雅不凡，由她领衔结社也是顺理成章。探春在大观园中是一个出类拔萃的少女，她容貌俏丽气质非凡"削肩细腰，长挑身材，鸭蛋脸面，俊眼修眉，顾盼神飞，文采精华，观之忘俗"。元、迎、探、惜四姐妹分别擅长琴、棋、书、画，她们的大丫鬟分别名为抱琴、司棋、侍书、入画。探春诗书俱佳，首次在大观园中发起成立诗社，一呼百应迎来了大观园的诗意栖居。应该说，探春不仅有高雅志趣，还是一个有组织行动能力，并且深得同龄人拥护的少女。

结社诗帖，相当于一封邀请函，原本兄弟姊妹之间不必如此大费周章，但这种用心反映的是探春的风雅以及与宝玉的兄妹情深。他们之间不仅是兄妹亲情，还是志趣相投的朋友关系。

随后宝玉又接到了贾芸送来的白海棠和一封信，这封信的内容与结社诗帖正好形成鲜明对比。诗帖风雅无用，贾芸的信巴结奉承，是现实考量。宝玉的反应也是天壤之别，接到结社诗帖之后的反应是喜出望外，热烈响应；而对贾芸的书信拂掠一瞥就置之脑后。这也比较明显地表明宝玉的价值取向。

大观园中的青年男女在探春结社的号召下，群情响应，一时间便结成诗社，当天就进行了一次咏白海棠的作诗活动。其中值得一提的人是李纨，作为一个遗孀，无论从着装还是行事风度无不恪守着本分，我们在她身上常常感觉是"槁木死灰"，并不能感觉到热情。然而在这一回中，她似乎突然活过来了，一听到结社就迅速赶到，并主动请缨任社长，担任评委之职。这不能不令人觉得惊奇又欣喜！

"蘅芜苑夜拟菊花题"，在海棠诗社的第一次聚会中，史湘云因为在家（史家）而缺席，次日一早宝玉就央求贾母接来了史湘云。湘云来了之后照例住在她的好朋友——宝钗房内（蘅芜苑），并在晚间两个人策划了第二次诗社活动。这一晚她们推心置腹、有商有量、互相体贴、倾诉衷肠，既想出了诗题和要求，还安排了宴席。

葛老师的红楼课

本回我评论：

绝妙好词笺

1. 请赏析海棠诗社诗人们所做的诗歌，说说你最喜欢哪一首或哪一句诗歌？

2. 李纨在评价诗歌时，赞美了黛玉和宝钗作品，但最终评选宝钗诗作为第一，并说："若论风流别致，自是这首（黛玉诗作），若论含蓄浑厚，终让蘅稿（宝钗诗作）。"你怎么理解她的这种选择？如果你是评委，你会推优哪一首？

咏白海棠

蘅芜君

珍重芳姿昼掩门，自携手瓮灌苔盆。
胭脂洗出秋阶影，冰雪招来露砌魂。
淡极始知花更艳，愁多焉得玉无痕。
欲偿白帝凭清洁，不语婷婷日又昏。

咏白海棠

潇湘妃子

半卷湘帘半掩门,碾冰为土玉为盆。
偷来梨蕊三分白,借得梅花一缕魂。
月窟仙人缝缟袂,秋闺怨女拭啼痕。
娇羞默默同谁诉,倦倚西风夜已昏。

3. 根据注释,翻译诗帖。

娣探谨奉

二兄文几:前夕新霁,月色如洗,因惜清景难逢,讵忍就卧,时漏已三转,犹徘徊于桐槛之下,未防风露所欺,致获采薪之患。昨蒙亲劳抚嘱,复又数遣侍儿问切,兼以鲜荔并真卿墨迹见赐,何瘰疴惠爱之深哉!今因伏几凭床处默之时,因思及历来古人中,处名攻利夺之场,犹置些山滴水之区,远招近揖,投辖攀辕,务结二三同志,盘桓于其中,或竖词坛,或开吟社。虽一时之偶兴,遂成千古之佳谈。娣虽不才,窃同叼栖处于泉石之间,而兼慕薛、林之技。风庭月榭,惜未宴集诗人;帘杏溪桃,或可醉飞吟盏。孰谓莲社之雄才,独许须眉,直以东山之雅会,让余脂粉。若蒙棹雪而来,娣则扫花以待。此谨奉。

[注释]

1. 娣探谨奉——妹妹探春小心地送上。客气话。2. 文几——书房中置于座侧的案几,倦时可凭靠。这里说谨奉书信于几案前,表示对习文的人的尊重。3. 清景——清明的月色。讵忍就卧——怎么忍心舍此景色而去睡觉呢。4. 时——当时。5. 漏已三转——即夜已三更的意思。漏,漏壶,古代的定时器。6. 桐槛——旁植梧桐树的窗下或长廊边的栏杆。7. "未防"二句——没注意天气变化,生病了。8. 抚嘱——慰问和叮嘱。9. 数遣侍儿问切——多次叫丫头来对我表示问候、关切。10. 鲜荔——鲜荔枝。真卿——颜真卿,唐代大书法家。11. "何瘰疴"句——你的关怀和

爱护是何等的深啊！12．伏几凭床处默——默默地凭伏着几案而坐。说自己独在房中想问题。13．名攻利夺之场——争名夺利的场所。这里指繁华的闹市。14．些山滴水之区——指范围很小的人工园景。些，少，小。15．揖——拱手礼。旧时朋友见面时常拱手，这里是面邀的意思。16．投辖攀辕——形容挽留客人心切。辖，古代车上的零件，多用青铜制成，插在轴端孔内。17．盘桓——徘徊，逗留。18．竖——直立。这里就是创建、树立的意思。19．吟社——诗社。20．窃——犹言私下里，是表示个人行动、意见的谦词。叨——谦词，在这里有"幸运一道"的意思。栖处——居住。泉石之间——指大观园。21．薛林——薛宝钗、林黛玉。雅调——风雅的才调。22．醉飞吟盏——饮酒赋诗。飞，形容举杯。吟盏，等于说"增添诗兴的酒杯"。23．孰——谁。雄才莲社——莲社是佛教净土宗最初的结社，集合一批名儒，号称十八贤。他们曾以书招陶渊明，所以文中引以为比。须眉，男子。这句说：谁说的只允许男子们结社以召集有才之士。24．直以——即使……也当……东山之雅会——像谢安那样风雅地会聚。晋代谢安，字安石，曾隐居东山，后常以"东山"来指称他。《晋书．谢安传》："（谢安）寓居会稽，与王羲之及许询、桑门、支遁游处，出则渔弋山水，入则言咏属文，虽受朝寄，然东山之志始末不渝，每形于言色。"让余脂粉——余，我们。脂粉，女子。投帖给宝玉，却不把他算在"须眉"中而归于脂粉队里，是很有意思的。25．棹雪而来——乘兴而来。棹，划船工具，这里作划船解。26．扫花以待——殷勤期待。

第三十七回　秋爽斋偶结海棠社　蘅芜苑夜拟菊花题

名家鉴赏台

美人用别号亦新奇花样，且韵且雅，呼去觉满口生香。结社出自探春意，作者已伏下回"兴利除弊"之文也。

——脂砚斋[①]

脂砚斋是作者的亲友，也是《红楼梦》第一位读者、评论者。他的评语常常成为红学研究的重要参考。在这一回中，他评价诗社成员取笔名的风雅韵味，也点出探春在小说中的两次重要活动：诗社发起人和"兴利除弊"管家理政。本回发起诗社，表明了她情趣的高雅和优秀的组织能力。

红楼活动场

1. 如果你要邀请同学来家里雅集，尝试编辑一条70字以内的邀请信息。

2. 请仔细阅读《红楼梦》第37、38回，填写此表，给海棠诗社做一份档案。

海棠诗社档案			
发起人：	贾探春	笔名：	
社长：		副社长：	
宗旨：		成员：	
经费来源：		活动场所：	
活动时间：		诗歌代表作：	

[①] 曹雪芹著，脂砚斋评．脂砚斋批评本·红楼梦（上）[M]．长沙：岳麓书社，2015．

3. 中国人爱花，中国文人尤其爱花。陶渊明爱菊，周敦颐爱莲，王维爱辛夷花……本回中大观园儿女吟咏海棠花，苏轼也有一首《海棠》诗。请比较阅读，谈一谈花与诗情。

海　棠

苏　轼

东风袅袅泛崇光，香雾空蒙月转廊。
只恐夜深花睡去，故烧高烛照红妆。

第四十回

史太君两宴大观园　金鸳鸯三宣牙牌令

话说宝玉听了，忙进来看时，只见琥珀站在屏风跟前说："快去吧，立等你说话呢。"宝玉来至上房，只见贾母正和王夫人众姊妹商议给史湘云还席。宝玉因说道："我有个主意。既没有外客，吃的东西也别定了样数，谁素日爱吃的拣样儿做几样。也不要按桌席，每人跟前摆一张高几，各人爱吃的东西一两样，再一个什锦攒心盒子，自斟壶，岂不别致。"贾母听了，说"很是"，忙命传与厨房："明日就拣我们爱吃的东西作了，按着人数，再装了盒子来。早饭也摆在园里吃。"商议之间早又掌灯，一夕无话。

次日清早起来，可喜这日天气清朗。李纨侵晨先起，看着老婆子丫头们扫那些落叶，并擦抹桌椅，预备茶酒器皿。只见丰儿带了刘姥姥板儿进来，说"大奶奶倒忙的紧。"李纨笑道："我说你昨儿去不成，只忙着要去。"刘姥姥笑道："老太太留下我，叫我也热闹一天去。"丰儿拿了几把大小钥匙，说道："我们奶奶说了，外头的高几恐不够使，不如开了楼把那收着的拿下来使一天罢。奶奶原该亲自来的，因和太太说话呢，请大奶奶开了，带着人搬

批注

批注

罢。"李氏便令素云接了钥匙,又令婆子出去把二门上的小厮叫几个来。李氏站在大观楼下往上看,令人上去开了缀锦阁,一张一张往下抬。小厮老婆子丫头一齐动手,抬了二十多张下来。李纨道:"好生着,别慌慌张张鬼赶来似的,仔细碰了牙子。"又回头向刘姥姥笑道:"姥姥,你也上去瞧瞧。"刘姥姥听说,巴不得一声儿,便拉了板儿登梯上去。进里面,只见乌压压的堆着些围屏、桌椅、大小花灯之类,虽不大认得,只见五彩炫耀,各有奇妙。念了几声佛,便下来了。然后锁上门,一齐才下来。李纨道:"恐怕老太太高兴,越性把舡上划子、篙桨、遮阳幔子都搬了下来预备着。"众人答应,复又开了,色色的搬了下来。令小厮传驾娘们到舡坞里撑出两只船来。

　　正乱着安排,只见贾母已带了一群人进来了。李纨忙迎上去,笑道:"老太太高兴,倒进来了。我只当还没梳头呢,才撷了菊花要送去。"一面说,一面碧月早捧过一个大荷叶式的翡翠盘子来,里面盛着各色的折枝菊花。贾母便拣了一朵大红的簪于鬓上。因回头看见了刘姥姥,忙笑道:"过来带花儿。"一语未完,凤姐便拉过刘姥姥,笑道:"让我打扮你。"说着,将一盘子花横三竖四的插了一头。贾母和众人笑的了不得。刘姥姥笑道:"我这头也不知修了什么福,今儿这样体面起来。"众人笑道:"你还不拔下来摔到他脸上呢,把你打扮的成了个老妖精了。"刘姥姥笑道:"我虽老了,年轻时也风流,爱个花儿粉儿的,今儿老风流才好。"

　　说笑之间,已来至沁芳亭子上。丫鬟们抱了一个大锦褥子来,铺在栏杆榻板上。贾母倚柱坐下,命刘姥姥也坐在旁边,因问他:"这园子好不好?"刘姥姥念佛说道:

"我们乡下人到了年下，都上城来买画儿贴。时常闲了，大家都说，怎么得也到画儿上去逛逛。想着那个画儿也不过是假的，那里有这个真地方呢。谁知我今儿进这园里一瞧，竟比那画儿还强十倍。怎么得有人也照着这个园子画一张，我带了家去，给他们见见，死了也得好处。"贾母听说，便指着惜春笑道："你瞧我这个小孙女儿，他就会画。等明儿叫他画一张如何？"刘姥姥听了，喜的忙跑过来，拉着惜春说道："我的姑娘。你这么大年纪儿，又这么个好模样，还有这个能干，别是神仙托生的罢。"

贾母少歇一回，自然领着刘姥姥都见识见识。先到了潇湘馆。一进门，只见两边翠竹夹路，土地下苍苔布满，中间羊肠一条石子漫的路。刘姥姥让出路来与贾母众人走，自己却趁走土地。琥珀拉着他说道："姥姥，你上来走，仔细苍苔滑了。"刘姥姥道："不相干的，我们走熟了的，姑娘们只管走罢。可惜你们的那绣鞋，别沾脏了。"他只顾上头和人说话，不防底下果踬滑了，咕咚一跤跌倒。众人拍手都哈哈的笑起来。贾母笑骂道："小蹄子们，还不搀起来，只站着笑。"说话时，刘姥姥已爬了起来，自己也笑了，说道："才说嘴就打了嘴。"贾母问他："可扭了腰了不曾？叫丫头们捶一捶。"刘姥姥道："那里说的我这么娇嫩了。那一天不跌两下子，都要捶起来，还了得呢。"

紫鹃早打起湘帘，贾母等进来坐下。林黛玉亲自用小茶盘捧了一盖碗茶来奉与贾母。王夫人道："我们不吃茶，姑娘不用倒了。"林黛玉听说，便命丫头把自己窗下常坐的一张椅子挪到下首，请王夫人坐了。刘姥姥因见窗下案上设着笔砚，又见书架上磊着满满的书，刘姥姥道："这

■批注

必定是那位哥儿的书房了。"贾母笑指黛玉道："这是我这外孙女儿的屋子。"刘姥姥留神打量了黛玉一番，方笑道："这那象个小姐的绣房，竟比那上等的书房还好。"贾母因问："宝玉怎么不见？"众丫头们答说："在池子里舡上呢。"贾母道："谁又预备下舡了？"李纨忙回说："才开楼拿几，我恐怕老太太高兴，就预备下了。"贾母听了方欲说话时，有人回说："姨太太来了。"贾母等刚站起来，只见薛姨妈早进来了，一面归坐，笑道："今儿老太太高兴，这早晚就来了。"贾母笑道："我才说来迟了的要罚他，不想姨太太就来迟了。"

说笑一会，贾母因见窗上纱的颜色旧了，便和王夫人说道："这个纱新糊上好看，过了后来就不翠了。这个院子里头又没有个桃杏树，这竹子已是绿的，再拿这绿纱糊上反不配。我记得咱们先有四五样颜色糊窗的纱呢，明儿给他把这窗上的换了。"凤姐儿忙道："昨儿我开库房，看见大板箱里还有好些匹银红蝉翼纱，也有各样折枝花样的，也有流云卍福花样的，也有百蝶穿花花样的，颜色又鲜，纱又轻软，我竟没见过这样的。拿了两匹出来，作两床绵纱被，想来一定是好的。"贾母听了笑道："呸，人人都说你没有不经过不见过，连这个纱还不认得呢，明儿还说嘴。"薛姨妈等都笑说："凭他怎么经过见过，如何敢比老太太呢。老太太何不教导了他，我们也听听。"凤姐儿也笑说："好祖宗，教给我罢。"

贾母笑向薛姨妈众人道："那个纱，比你们的年纪还大呢。怪不得他认作蝉翼纱，原也有些象，不知道的，都认作蝉翼纱。正经名字叫作'软烟罗'。"凤姐儿道："这个名儿也好听。只是我这么大了，纱罗也见过几百样，从没听见过这个名色。"贾母笑道："你能够活了多大，见过几样没处放的东西，就说嘴来了。那个软烟罗只有四样颜色：一样雨过天晴，一样秋香色，一样松绿的，一样就是银红的，若是做了帐子，糊了窗屉，远远的看着，就似烟雾一样，所以叫作'软烟罗'。那银红的又叫作'霞影纱'。如今上用的府纱也没有这样软厚轻密的了。"薛姨妈笑道："别说凤丫头没见，连我也没听见过。"

凤姐儿一面说，早命人取了一匹来了。贾母说："可不是这个！先时原不过是糊窗屉，后来我们拿这个作被作帐子，试试也竟好。明儿就找出几匹来，拿银红的替他糊窗子。"凤姐答应着。众人都看了，称赞不已。刘姥姥也觑着眼看个不了，念佛说道："我们想他作衣裳也不能，拿着糊窗子，岂不可惜？"贾母道："倒是做衣裳不好看。"凤姐忙把自己身上穿的一件大红绵纱袄子襟儿拉了出来，向贾母薛姨妈道："看我的这袄儿。"贾母薛姨妈都说："这也是上好的了，这是如今的上用内造的，竟比不上这个。"凤姐儿道："这个薄片子，还说是上用内造呢，竟连官用的也比不上了。"贾母道："再找一找，只怕还有青的。若有时都拿出来，送这刘亲家两匹，做一个帐子我挂，下剩的添上里子，做些夹背心子给丫头们穿，白收着霉坏了。"凤姐忙答应了，仍令人送去。

贾母起身笑道："这屋里窄，再往别处逛去。"刘姥姥念佛道："人人都说大家子住大房。昨儿见了老太太正房，配上大箱大柜大桌子大床，果然威武。那柜子比我们那一间房子还大还高。怪道后院子里有个梯子。我想并不上房晒东西，预备个梯子作什么？后来我想起来，定是为开顶柜收放东西，非离了那梯子，怎么得上去呢。如今又见了这小屋子,更比大的越发齐整了。满屋里的东西都只好看,都不知叫什么,我越看越舍不得离了这里。"凤姐道:"还有好的呢,我都带你去瞧瞧。"说着一径离了潇湘馆。

远远望见池中一群人在那里撑舡。贾母道:"他们既预备下船,咱们就坐。"一面说着,便向紫菱洲蓼溆一带走来。未至池前,只见几个婆子手里都捧着一色捏丝戗金五彩大盒子走来。凤姐忙问王夫人早饭在那里摆。王夫人道:"问老太太在那里,就在那里罢了。"贾母听说,便回头说:"你三妹妹那里就好。你就带了人摆去,我们从这里坐了舡去。"

凤姐听说,便回身同了探春、李纨、鸳鸯、琥珀带着端饭的人等,抄着近路到了秋爽斋,就在晓翠堂上调开桌案。鸳鸯笑道:"天天咱们说外头老爷们吃酒吃饭都有一个篾片相公,拿他取笑儿。咱们今儿也得了一个女篾片了。"李纨是个厚道人,听了不解。凤姐儿却知是说的是刘姥姥了,也笑说道:"咱们今儿就拿他取个笑儿。"二人便如此这般的商议。李纨笑劝道:"你们一点好事也不做,又不是个小孩儿,还这么淘气,仔细老太太说。"鸳鸯笑道:"很不与你相干,有我呢。"

正说着,只见贾母等来了,各自随便坐下。先着丫鬟端过两盘茶来,大家吃毕。凤姐手里拿着西洋布手巾,裹着一把乌木三镶银箸,战敠人位,按席摆下。贾母因说:"把那一张小楠木桌子抬过来,让刘亲家近我这边坐着。"众人听说,忙抬了过来。凤姐一面递眼色与鸳鸯,鸳鸯便拉了刘姥姥出去,悄悄的嘱咐了刘姥姥一席话,又说:"这是我们家的规矩,若错了我们就笑话呢。"调停已毕,然后归坐。

第四十回　史太君两宴大观园　金鸳鸯三宣牙牌令

薛姨妈是吃过饭来的，不吃，只坐在一边吃茶。贾母带着宝玉、湘云、黛玉、宝钗一桌。王夫人带着迎春姊妹三个人一桌，刘姥姥傍着贾母一桌。贾母素日吃饭，皆有小丫鬟在旁边，拿着漱盂麈尾巾帕之物。如今鸳鸯是不当这差的了，今日鸳鸯偏接过麈尾来拂着。丫鬟们知道他要撮弄刘姥姥，便躲开让他。鸳鸯一面侍立，一面悄向刘姥姥说道："别忘了。"刘姥姥道："姑娘放心。"那刘姥姥入了坐，拿起箸来，沉甸甸的不伏手。原是凤姐和鸳鸯商议定了，单拿一双老年四楞象牙镶金的筷子与刘姥姥。刘姥姥见了，说道："这叉爬子比俺那里铁锨还沉，那里犟的过他。"说的众人都笑起来。

只见一个媳妇端了一个盒子站在当地，一个丫鬟上来揭去盒盖，里面盛着两碗菜。李纨端了一碗放在贾母桌上。凤姐儿偏拣了一碗鸽子蛋放在刘姥姥桌上。贾母这边说声"请"，刘姥姥便站起身来，高声说道："老刘，老刘，食量大似牛，吃一个老母猪不抬头。"自己却鼓着腮不语。

众人先是发怔，后来一听，上上下下都哈哈的大笑起来。史湘云撑不住，一口饭都喷了出来；林黛玉笑岔了气，伏着桌子嗳哟；宝玉早滚到贾母怀里，贾母笑的搂着宝玉叫"心肝"；王夫人笑的用手指着凤姐儿，只说不出话来；薛姨妈也撑不住，口里茶喷了探春一裙子；探春手里的饭碗都合在迎春身上；惜春离了坐位，拉着他奶母叫揉一揉肠子。地下的无一个不弯腰屈背，也有躲出去蹲着笑去的，也有忍着笑上来替他姊妹换衣裳的，独有凤姐鸳鸯二人撑着，还只管让刘姥姥。

刘姥姥拿起箸来，只觉不听使，又说道："这里的鸡儿也俊，下的这蛋也小巧，怪俊的。我且舀攮一个。"众人

批注

批注

方住了笑，听见这话又笑起来。贾母笑的眼泪出来，琥珀在后捶着。贾母笑道："这定是凤丫头促狭鬼儿闹的，快别信他的话了。"那刘姥姥正夸鸡蛋小巧，要舀攮一个，凤姐儿笑道："一两银子一个呢，你快尝尝罢，那冷了就不好吃了。"刘姥姥便伸箸子要夹，那里夹的起来，满碗里闹了一阵好的，好容易撮起一个来，才伸着脖子要吃，偏又滑下来滚在地下，忙放下箸子要亲自去捡，早有地下的人捡了出去了。刘姥姥叹道："一两银子，也没听见响声儿就没了。"

众人已没心吃饭，都看着他笑。贾母又说："这会子又把那个筷子拿了出来，又不请客摆大筵席。都是凤丫头支使的，还不换了呢。"地下的人原不曾预备这牙箸，本是凤姐和鸳鸯拿了来的，听如此说，忙收了过去，也照样换上一双乌木镶银的。刘姥姥道："去了金的，又是银的，到底不及俺们那个伏手。"凤姐儿道："菜里若有毒，这银子下去了就试的出来。"刘姥姥道："这个菜里若有毒，俺们那菜都成了砒霜了。那怕毒死了也要吃尽了。"贾母见他如此有趣，吃的又香甜，把自己的也端过来与他吃。又命一个老嬷嬷来，将各样的菜给板儿夹在碗上。

一时吃毕，贾母等都往探春卧室中去说闲话。这里收拾过残桌，又放了一桌。刘姥姥看着李纨与凤姐儿对坐着吃饭，叹道："别的罢了，我只爱你们家这行事。怪道说'礼出大家'。"凤姐儿忙笑道："你可别多心，才刚不过大家取笑儿。"一言未了，鸳鸯也进来笑道："姥姥别恼，我给你老人家赔个不是。"刘姥姥笑道："姑娘说那里话，咱们哄着老太太开个心儿，可有什么恼的！你先嘱咐我，我就明白了，不过大家取个笑儿。我要心里恼，也就不说了。"鸳鸯便骂人"为什么不倒茶给姥姥吃。"刘姥姥忙道:"刚才那个嫂子倒了茶来,我吃过了。姑娘也该用饭了。"凤姐儿便拉鸳鸯:"你坐下和我们吃了罢,省的回来又闹。"鸳鸯便坐下了。婆子们添上碗箸来,三人吃毕。

刘姥姥笑道:"我看你们这些人都只吃这一点儿就完了,亏你们也不饿。怪只道风儿都吹的倒。"鸳鸯便问:"今儿剩的菜不少,都那去了?"婆子们道:"都还没散呢,在这里等着一齐散与他们吃。"鸳鸯道:"他们吃不了这些,挑两碗给二奶奶屋里平丫头送去。"凤姐儿道:"他早吃了饭了,不用给他。"鸳鸯道:"他不吃了,喂你们的猫。"婆子听了,忙拣了两样拿盒子送去。鸳鸯道:"素云那去了?"李纨道:"他们都在这里一处吃,又找他作什么。"鸳鸯道:"这就罢了。"凤姐儿道:"袭人不在这里,你倒是叫人送两样给他去。"鸳鸯听说,便命人也送两样去后,鸳鸯又问婆子们:"回来吃酒的攒盒可装上了?"婆子道:"想必还得一会子。"鸳鸯道:"催着些儿。"婆子应喏了。

凤姐儿等来至探春房中,只见他娘儿们正说笑。探春素喜阔朗,这三间屋子并不曾隔断。当地放着一张花梨大理石大案,案上磊着各种名人法帖,并数十方宝砚,各色笔筒,笔海内插的笔如树林一般。那一边设着斗大的一个汝窑花囊,插着满满的一囊水晶球儿的白菊。西墙上当中挂着一大幅米襄阳《烟雨图》,左右挂着一副对联,乃是颜鲁公墨迹,其词云:

　　烟霞闲骨格　　泉石野生涯

案上设着大鼎。左边紫檀架上放着一个大观窑的大盘,盘

批注

内盛着数十个娇黄玲珑大佛手。右边洋漆架上悬着一个白玉比目磬，旁边挂着小锤。那板儿略熟了些，便要摘那锤子要击，丫鬟们忙拦住他。他又要佛手吃，探春拣了一个与他说："顽罢，吃不得的。"东边便设着卧榻，拔步床上悬着葱绿双绣花卉草虫的纱帐。板儿又跑过来看，说"这是蝈蝈，这是蚂蚱"。刘姥姥忙打了他一巴掌，骂道："下作黄子，没干没净的乱闹。倒叫你进来瞧瞧，就上脸了。"打的板儿哭起来，众人忙劝解方罢。贾母因隔着纱窗往后院内看了一回，说道："后廊檐下的梧桐也好了，就只细些。"

正说话，忽一阵风过，隐隐听得鼓乐之声。贾母问"是谁家娶亲呢？这里临街倒近。"王夫人等笑回道："街上的那里听的见，这是咱们的那十几个女孩子们演习吹打呢。"贾母便笑道："既是他们演，何不叫他们进来演习。他们也逛一逛，咱们可又乐了。"凤姐听说，忙命人出去叫来，又一面吩咐摆下条桌，铺上红毡子。贾母道："就铺排在藕香榭的水亭子上，借着水音更好听。回来咱们就在缀锦阁底下吃酒，又宽阔，又听的近。"众人都说那里好。

贾母向薛姨妈笑道："咱们走罢。他们姊妹们都不大喜欢人来坐着，怕脏了屋子。咱们别没眼色，正经坐一回子船喝酒去。"说着大家起身便走。探春笑道："这是那里的话，求着老太太姨太太来坐坐还不能呢。"贾母笑道："我的这三丫头却好，只有两个玉儿可恶。回来吃醉了，咱们偏往他们屋里闹去。"

说着，众人都笑了，一齐出来。走不多远，已到了荇叶渚。那姑苏选来的几个驾娘早把两只棠木舫撑来，众人扶了贾母、王夫人、薛姨妈、刘姥姥、鸳鸯、玉钏

第四十回 史太君两宴大观园 金鸳鸯三宣牙牌令

儿上了这一只,落后李纨也跟上去。凤姐儿也上去,立在舡头上,也要撑舡。贾母在舱内道:"这不是顽的,虽不是河里,也有好深的。你快不给我进来。"凤姐儿笑道:"怕什么!老祖宗只管放心。"说着便一篙点开。到了池当中,舡小人多,凤姐只觉乱晃,忙把篙子递与驾娘,方蹲下了。然后迎春姊妹等并宝玉上了那只,随后跟来。其余老嬷嬷散众丫鬟俱沿河随行。

宝玉道:"这些破荷叶可恨,怎么还不叫人来拔去。"宝钗笑道:"今年这几日,何曾饶了这园子闲了,天天逛,那里还有叫人来收拾的工夫。"林黛玉道:"我最不喜欢李义山的诗,只喜他这一句:'留得残荷听雨声'。偏你们又不留着残荷了。"宝玉道:"果然好句,以后咱们就别叫人拔去了。"说着已到了花溆的萝港之下,觉得阴森透骨,两滩上衰草残菱,更助秋情。

贾母因见岸上的清厦旷朗,便问"这是你薛姑娘的屋子不是?"众人道:"是。"贾母忙命拢岸,顺着云步石梯上去,一同进了蘅芜苑,只觉异香扑鼻。那些奇草仙藤愈冷愈苍翠,都结了实,似珊瑚豆子一般,累垂可爱。及进了房屋,雪洞一般,一色玩器全无,案上只有一个土定瓶中供着数枝菊花,并两部书,茶奁茶杯而已。床上只吊着青纱帐幔,衾褥也十分朴素。

贾母叹道:"这孩子太老实了。你没有陈设,何妨和你姨娘要些。我也不理论,也没想到,你们的东西自然在家里没带了来。"说着,命鸳鸯去取些古董来,又嗔着凤姐儿:"不送些玩器来与你妹妹,这样小器。"王夫人凤姐儿等都笑回说:"他自己不要的。我们原送了来,他都退回去了。"薛姨妈也笑说:"他在家里也不大弄这些东西的。"贾

批注

批注

母摇头说："使不得。虽然他省事，倘或来一个亲戚，看着不象；二则年轻的姑娘们，房里这样素净，也忌讳。我们这老婆子，越发该住马圈去了。你们听那些书上戏上说的小姐们的绣房，精致的还了得呢。他们姊妹们虽不敢比那些小姐们，也不要很离了格儿。有现成的东西，为什么不摆？若很爱素净，少几样倒使得。我最会收拾屋子的，如今老了，没有这些闲心了。他们姊妹们也还学着收拾的好，只怕俗气，有好东西也摆坏了。我看他们还不俗。如今让我替你收拾，包管又大方又素净。我的梯己两件，收到如今，没给宝玉看见过，若经了他的眼，也没了。"说着叫过鸳鸯来，亲吩咐道："你把那石头盆景儿和那架纱桌屏，还有个墨烟冻石鼎，这三样摆在这案上就够了。再把那水墨字画白绫帐子拿来，把这帐子也换了。"鸳鸯答应着，笑道："这些东西都搁在东楼上的不知那个箱子里，还得慢慢找去，明儿再拿去也罢了。"贾母道："明日后日都使得，只别忘了。"说着，坐了一回方出来，一径来至缀锦阁下。文官等上来请过安，因问"演习何曲"。贾母道："只拣你们生的演习几套罢。"文官等下来，往藕香榭去不提。

这里凤姐儿已带着人摆设整齐，上面左右两张榻，榻上都铺着锦裀蓉簟，每一榻前有两张雕漆几，也有海棠式的，也有梅花式的，也有荷叶式的，也有葵花式的，也有方的，也有圆的，其式不一。一个上面放着炉瓶，一分攒盒；一个上面空设着，预备放人所喜食物。上面二榻四几，是贾母薛姨妈；下面一椅两几，是王夫人的，余者都是一椅一几。东边是刘姥姥，刘姥姥之下便是王夫人。西边便是史湘云，第二便是宝钗，第三便是黛玉，第四迎

第四十回 史太君两宴大观园 金鸳鸯三宣牙牌令

春、探春、惜春挨次下去,宝玉在末。李纨凤姐二人之几设于三层槛内,二层纱厨之外。攒盒式样,亦随几之式样。每人一把乌银洋錾自斟壶,一个十锦珐琅杯。

大家坐定,贾母先笑道:"咱们先吃两杯,今日也行一令才有意思。"薛姨妈等笑道:"老太太自然有好酒令,我们如何会呢,安心要我们醉了。我们都多吃两杯就有了。"贾母笑道:"姨太太今儿也过谦起来,想是厌我老了。"薛姨妈笑道:"不是谦,只怕行不上来倒是笑话了。"王夫人忙笑道:"便说不上来,就便多吃一杯酒,醉了睡觉去,还有谁笑话咱们不成。"薛姨妈点头笑道:"依令。老太太到底吃一杯令酒才是。"贾母笑道:"这个自然。"说着便吃了一杯。

凤姐儿忙走至当地,笑道:"既行令,还叫鸳鸯姐姐来行更好。"众人都知贾母所行之令必得鸳鸯提着,故听了这话,都说"很是"。凤姐儿便拉了鸳鸯过来。王夫人笑道:"既在令内,没有站着的理。"回头命小丫头子:"端一张椅子,放在你二位奶奶的席上。"鸳鸯也半推半就,谢了坐,便坐下,也吃了一钟酒,笑道:"酒令大如军令,不论尊卑,惟我是主。违了我的话,是要受罚的。"王夫人等都笑道:"一定如此,快些说来。"鸳鸯未开口,刘姥姥便下了席,摆手道:"别这样捉弄人家,我家去了。"众人都笑道:"这却使不得。"鸳鸯喝令小丫头子们:"拉上席去!"小丫头子们也笑着,果然拉入席中。刘姥姥只叫"饶了我罢!"鸳鸯道:"再多言的罚一壶。"刘姥姥方住了声。

鸳鸯道:"如今我说骨牌副儿,从老太太起,顺领说下去,至刘姥姥止。比如我说一副儿,将这三张牌拆开,先

> ▌批注

173

批注

说头一张，次说第二张，再说第三张，说完了，合成这一副儿的名字。无论诗词歌赋，成语俗话，比上一句，都要叶韵。错了的罚一杯。"众人笑道："这个令好，就说出来。"

鸳鸯道："有了一副了。左边是张'天'。"贾母道："头上有青天。"众人道："好。"鸳鸯道："当中是个'五与六'。"贾母道："六桥梅花香彻骨。"鸳鸯道："剩得一张'六与幺'。"贾母道："一轮红日出云霄。"鸳鸯道："凑成便是个'蓬头鬼'。"贾母道："这鬼抱住钟馗腿。"说完，大家笑说："极妙。"贾母饮了一杯。

鸳鸯又道："有了一副。左边是个'大长五'。"薛姨妈道："梅花朵朵风前舞。"鸳鸯道："右边还是个'大五长'。"薛姨妈道："十月梅花岭上香。"鸳鸯道："当中'二五'是杂七。"薛姨妈道："织女牛郎会七夕。"鸳鸯道："凑成'二郎游五岳'。"薛姨妈道："世人不及神仙乐。"说完，大家称赏，饮了酒。

鸳鸯又道："有了一副。左边'长幺'两点明。"湘云道："双悬日月照乾坤。"鸳鸯道："右边'长幺'两点明。"湘云道："闲花落地听无声。"鸳鸯道："中间还得'幺四'来。"湘云道："日边红杏倚云栽。"鸳鸯道："凑成'樱桃九熟'。"湘云道："御园却被鸟衔出。"说完饮了一杯。

鸳鸯道："有了一副。左边是'长三'。"宝钗道："双双燕子语梁间。"鸳鸯道："右边是'三长'。"宝钗道："水荇牵风翠带长。"鸳鸯道："当中'三六'九点在。"宝钗道："三山半落青天外。"鸳鸯道："凑成'铁锁练孤舟'。"宝钗道："处处风波处处愁。"说完饮毕。

鸳鸯又道："左边一个'天'。"黛玉道："良辰美景奈何天。"宝钗听了，回头看着他。黛玉只顾怕罚，也不理论。鸳鸯道："中间'锦屏'颜色俏。"黛玉道："纱窗也没有红娘报。"鸳鸯道："剩了'二六'八点齐。"黛玉道："双瞻玉座引朝仪。"鸳鸯道："凑成'篮子'好采花。"黛玉道："仙杖香挑芍药花。"说完，饮了一口。

鸳鸯道："左边'四五'成花九。"迎春道："桃花带雨浓。"众人道："该罚！错了韵，而且又不象。"迎春笑着饮了一口。原是凤姐儿和鸳鸯都要听刘姥姥的笑话，故意都令说错，都罚了。至王夫人，鸳鸯代说了个，下便该刘姥姥。

刘姥姥道："我们庄家人闲了，也常会几个人弄这个，但不如说的这么好听。少不得我也试一试。"众人都笑道："容易说的。你只管说，不相干。"鸳鸯笑道："左边'四四'是个人。"刘姥姥听了，想了半日，说道："是个庄家人罢。"众人哄堂笑了。贾母笑道："说的好，就是这样说。"刘姥姥也笑道："我们庄家人，不过是现成的本色，众位别笑。"鸳鸯道："中间'三四'绿配红。"刘姥姥道："大火烧了毛毛虫。"众人笑道："这是有的，还说你的本色。"鸳鸯道："右边'幺四'真好看。"刘姥姥道："一个萝蔔一头蒜。"众人又笑了。鸳鸯笑道："凑成便是一枝花。"刘姥姥两只手比着，说道："花儿落了结个大倭瓜。"众人大笑起来。只听外面乱嚷——

红楼小讲台

这一回的回目虽然以"史太君"，"金鸳鸯"命名，但实际主角是刘姥姥。《红楼梦》中刘姥姥一共三进荣国府，一进荣国府是在第6回，目

子过不下去而鼓起勇气去"打秋风"（攀附亲戚），一进贾府就跟进了"云端一般"，耳闻目睹了荣府的一派贵族繁华的排场，并得到了实际的收获——20两银子，与王家（王夫人）重新认上了亲戚。本回是刘姥姥二进荣国府（第39、40、41回）。刘姥姥家里收成好，因为感念一进荣国府时得到的帮助，将家里自产的蔬果送与贾府，投了贾母的缘，成为贾府的座上宾。刘姥姥三进荣国府时，贾府已衰败，家破人亡，一片萧索。贾母已死，穷途末路的王熙凤把自己的独生女儿巧姐托付给刘姥姥，刘姥姥想尽方法救出了巧姐。

刘姥姥二进荣国府，是大观园在元妃省亲后的又一个高潮。借着刘姥姥的到来，贾母兴致高涨，在大观园连摆了两场宴席，领着众家人好好地玩耍了一回。这一次刘姥姥的脚步深入贾府的各个角落。本回以刘姥姥的视角写出了贾府衣、食、住、行、玩等各个方面。刘姥姥所见的人物、场面，感受惊叹都远远超过了第一次。

本回我评论：

绝妙好词笺

《红楼梦》里玩的牙牌令，是一种传统酒桌游戏，简单易行，只要对出来字数相同，押韵即可。

左边是张'天'，头上有青天。押_____韵

当中是个'五与六'，六桥梅花香彻骨。押 u 韵，因为古时"六"读音同"陆"。

剩得一张'六与幺'，一轮红日出云霄。押_____韵

鸳鸯出你对：

左边是张'天'，＿＿＿＿＿＿＿＿＿

当中是个'五与六'，＿＿＿＿＿＿＿＿＿

剩得一张'六与幺'，＿＿＿＿＿＿＿＿＿

名家鉴赏台

一提《红楼梦》就是"林黛玉如何如何……"这早已将非俗套的题目变成了俗套式的谈论。"林黛玉"之外，奇女不一其人，也不限于十二钗，也不限于姑娘丫鬟。在我看来，雪芹笔下的奇女，应推刘姥姥。可惜多数人误解了雪芹（不懂他的笔法用意），只以为姥姥不过是个让人取笑的贫婆村媪罢了。文学的事，若说赏奇识义，谈何容易。

姥姥何奇？她胆识才能、善谈颖慧，般般过人，真非凡品。

姥姥之奇，奇在独她能够饮妙玉奉与老太太的极上品名茶"老君眉"；也独她能醉卧在贾公子宝二爷的"白玉床"上。

是荣府的人捉弄了姥姥？还是姥姥捉弄了荣府众人？君试思之。

姥姥一出场，就是批评她的女婿王狗儿，一席话，句句响亮难驳，字字掷地有声，令那"男子汉大丈夫"狗儿黯然失色。

她自告奋勇，敢于去独闯豪门，又不惜忍辱而济助寒家。

她识相，知趣，机变，低而不卑，野而不鄙，身份拿得住，使命完得成。她讨得府里上上下下每个人的喜欢——而不是厌恶。

这是多么难得的事，多么可爱的人！

然而，世上真正了解理解她的才能奇致者毕竟几何人？言念及此，安能不发一声慨叹乎。

姥姥心里是"透灵碑儿"，她早已明白鸳鸯嘱咐她的话，是为了酒席筵前博人一笑，就此顺水推舟，半真半假地同大家逗逗笑，开开心——这丢不了脸，伤不了身，却赢得了一片欢欣和喝彩。

她的具大度、识大局、有大才、怀大志，略可于此见之——倘非如此，她怎能于荣府"家亡人散"、无人肯来近前的危难之时"三进"府门，救出巧姐？

姥姥的知识丰富，阅历深沉，她说黄杨木雕刻精艺品是"黄松"，纯属故意装扮"乡下人"见识寡陋可笑；其实，黄松是人人都认得的，其木质松软，入手轻，而黄杨甚重，其质坚细；"乡下人"也从来不用黄松作"杯"的。姥姥岂能连这也不知，所以她是故意取笑而已。读《红楼梦》的人若把这些都当真了，那可真是"被作者瞒过"了(脂砚语)。

姥姥每当惊奇、感动时，无有言词可以形容名状，就只会"念佛"。可怜亦复可爱。

念佛何意？

见所未见，诵一声佛号。

千恩万谢，无法表示，诵十声、百声佛号。

姥姥没读书识字之缘，你让她说什么"不迷信"的词令来呢？

姥姥不朽。雪芹极重这位乡下老妇人，君知之乎？

——周汝昌《姥姥才是奇女流》[1]

周汝昌认为刘姥姥是红楼梦中首屈一指的奇女子，比金陵十二钗还光芒四射。因为她勤劳、勇敢、大度、幽默、善交际、通机变，知感恩，遍身充满朴素的民间智慧，是难得的可爱的质朴的老人。如果读者粗略阅读，不能领会刘姥姥的光辉，实为憾事。

红楼活动场

1. 跟着刘姥姥游大观园：阅读本回，画出游览路线图。

---

[1] 周汝昌. 红楼夺目红 [M]. 北京：作家出版社，2003.9.

2. 你能从众人的笑态中，看出各人的性格吗？

3. 常常说人如其屋，阅读探春房内陈设，分析居所主人的性格、兴趣爱好、审美品位。

第四十一回

栊翠庵茶品梅花雪　怡红院劫遇母蝗虫

批注

　　话说刘姥姥两只手比着说道："花儿落了结个大倭瓜。"众人听了哄堂大笑起来。于是吃过门杯，因又逗趣笑道："实告诉说罢，我的手脚子粗笨，又喝了酒，仔细失手打了这瓷杯。有木头的杯取个来，我便失了手，掉了地下也无碍。"众人听了，又笑起来。

　　凤姐儿听如此说，便忙笑道："果真要木头的，我就取了来。可有一句先说下：这木头的可比不得瓷的，他都是一套，定要吃遍一套方使得。"刘姥姥听了心下战敓道："我方才不过是趣话取笑儿，谁知他果真竟有。我时常在村庄乡绅大家也赴过席，金杯银杯倒都也见过，从来没见有木头杯之说。哦，是了，想必是小孩子们使的木碗儿，不过诓我多喝两碗。别管他，横竖这酒蜜水儿似的，多喝点子也无妨。"想毕，便说："取来再商量。"凤姐乃命丰儿："到前面里间屋，书架子上有十个竹根套杯取来。"

　　丰儿听了；答应才要去，鸳鸯笑道："我知道你这十个杯还小。况且你才说是木头的，这会子又拿了竹根子的来，倒不好看。不如把我们那里的黄杨根整抠的十个大套杯拿来，灌他十下子。"凤姐儿笑道："更好了。"鸳鸯果命人取来。刘姥姥一看,又惊又喜:惊的是一连十个,挨次大小分下来,那大的足似个小盆子,第十个极小的还有手里的杯子两个大;喜的是雕镂奇绝,一色山水树木人物,并有草字以及图印。因忙说道:"拿了那小的来就是了,怎么这样多?"凤姐儿笑道:"这个杯没有喝一个的理。我们家因没有这大量的,所以没人敢使他。姥姥既要,好容易寻了出来,必定要挨次吃一遍才使得。"刘姥姥唬的忙道:"这个不敢。好姑奶奶,饶了我罢。"贾母、薛姨妈、王夫人知道他上了年纪的人,禁不起,忙笑道:"说是说,笑是笑,不可多吃了,只吃这头一杯罢。"刘姥姥道:"阿弥陀佛!我还是小杯吃罢。把这大杯收着,我带了家去慢慢的吃罢。"说的众人又笑起来。鸳鸯无法,只得命人满斟了一大杯,刘姥姥两手捧着喝。

贾母薛姨妈都道:"慢些,不要呛了。"薛姨妈又命凤姐儿布了菜。凤姐笑道:"姥姥要吃什么,说出名儿来,我搛了喂你。"刘姥姥道:"我知什么名儿,样样都是好的。"贾母笑道:"你把茄鲞搛些喂他。"凤姐儿听说,依言搛些茄鲞送入刘姥姥口中,因笑道:"你们天天吃茄子,也尝尝我们的茄子弄的可口不可口。"刘姥姥笑道:"别哄我了,茄子跑出这个味儿来了,我们也不用种粮食,只种茄子了。"众人笑道:"真是茄子,我们再不哄你。"刘姥姥诧异道:"真是茄子?我白吃了半日。姑奶奶再喂我些,这一口细嚼嚼。"凤姐儿果又搛了些放入口内。

刘姥姥细嚼了半日,笑道:"虽有一点茄子香,只是还不象是茄子。告诉我是个什么法子弄的,我也弄着吃去。"凤姐儿笑道:"这也不难。你把才下来的茄子把皮刨了,只要净肉,切成碎钉子,用鸡油炸了,再用鸡脯子肉并香菌、新笋、蘑菇、五香腐干、各色干果子，俱切成钉子，用鸡汤煨干，将香油一收，外加糟油一拌，盛在瓷罐子里封严，要吃时拿出来，用炒的鸡瓜①一拌就是。"刘姥姥听了，摇头吐舌说道："我的佛祖！倒得十来只鸡来配他，怪道这个味儿！"一面说笑，一面慢慢的吃完了酒，还只管细玩那杯。

凤姐笑道："还是不足兴，再吃一杯罢。"刘姥姥忙道："了不得，那就醉死了。我因为爱这样范，亏他怎么作了。"鸳鸯笑道："酒吃完了，到底这杯子是什么木的？"刘姥姥笑道："怨不得姑娘不认得，你们在这金门绣户的，如何认得木头！我们成日家和树林子作街坊，困了枕着他睡，乏了靠着他坐，荒年间饿了还吃他，眼睛里天天见他，耳朵里天天听他，口儿里天天讲他，所以好歹真假，我是认得的。让我认一认。"一面说，一面细细端详了半日，道："你们这样人家断没有那贱东西，那容易得的木头，你们也不收着了。我掂着这杯体重，断乎不是杨木，这一定是黄松的。"众人听了，哄堂大笑起来。

只见一个婆子走来请问贾母，说："姑娘们都到了藕香榭，请示下，就演罢还是再等一会子？"贾母忙笑道："可是倒忘了他们，就叫他们演罢。"那个婆子答应去了。不一时，只听得箫管悠扬，笙笛并发。正值风清气爽之时，那乐声穿林度水而来，自然使人神怡心旷。

宝玉先禁不住，拿起壶来斟了一杯，一口饮尽。复又斟上，才要饮，只见王夫人也要饮，命人换暖酒，宝玉连忙将自己的杯捧了过来，送到王夫人口边，王夫人便就他手内吃了两口。一时暖酒来了，宝玉仍归旧坐，王夫人提

---

① 鸡瓜，鸡的腿子肉或胸脯肉。因其长圆如瓜形，故称。一说即鸡丁。

了暖壶下席来,众人皆都出了席,薛姨妈也立起来,贾母忙命李,凤二人接过壶来:"让你姨妈坐了,大家才便。"王夫人见如此说,方将壶递与凤姐,自己归坐。贾母笑道:"大家吃上两杯,今日着实有趣。"说着擎杯让薛姨妈,又向湘云宝钗道:"你姐妹两个也吃一杯。你妹妹虽不大会吃,也别饶他。"说着自己已干了。湘云、宝钗、黛玉也都干了。当下刘姥姥听见这般音乐,且又有了酒,越发喜的手舞足蹈起来。宝玉因下席过来向黛玉笑道:"你瞧刘姥姥的样子。"黛玉笑道:"当日圣乐一奏,百兽率舞,如今才一牛耳。"众姐妹都笑了。

须臾乐止,薛姨妈出席笑道:"大家的酒想也都有了,且出去散散再坐罢。"贾母也正要散散,于是大家出席,都随着贾母游玩。贾母因要带着刘姥姥散闷,遂携了刘姥姥至山前树下盘桓了半晌,又说与他这是什么树,这是什么石,这是什么花。刘姥姥一一的领会,又向贾母道:"谁知城里不但人尊贵,连雀儿也是尊贵的。偏这雀儿到了你们这里,他也变俊了,也会说话了。"众人不解,因问什么雀儿变俊了,会讲话。刘姥姥道:"那廊下金架子上站的绿毛红嘴是鹦哥儿,我是认得的。那笼子里黑老鸹子怎么又长出凤头来,也会说话呢。"众人听了都笑将起来。

一时只见丫鬟们来请用点心。贾母道:"吃了两杯酒,倒也不饿。也罢,就拿了这里来,大家随便吃些罢。"丫鬟便去抬了两张几来,又端了两个小捧盒。揭开看时,每个盒内两样:这盒内一样是藕粉桂糖糕,一样是松穰鹅油卷;那盒内一样是一寸来大的小饺儿,……贾母因问什么馅儿,婆子们忙回是螃蟹的。贾母听了,皱眉说:"这油腻腻的,谁吃这个!"那一样是奶油炸的各色小面果,也不

批注

喜欢。因让薛姨妈吃,薛姨妈只拣了一块糕,贾母拣了一个卷子,只尝了一尝,剩的半个递与丫鬟了。

刘姥姥因见那小面果子都玲珑剔透,便拣了一朵牡丹花样的笑道:"我们那里最巧的姐儿们,也不能铰出这么个纸的来。我又爱吃,又舍不得吃,包些家去给他们做花样子去倒好。"众人都笑了。贾母道:"家去我送你一坛子。你先趁热吃这个罢。"别人不过拣各人爱吃的一两点就罢了,刘姥姥原不曾吃过这些东西,且都作的小巧,不显盘堆的,他和板儿每样吃了些,就去了半盘子。剩的,凤姐又命攒了两盘并一个攒盒,与文官等吃去。

忽见奶子抱了大姐儿来,大家哄他顽了一会。那大姐儿因抱着一个大柚子玩的,忽见板儿抱着一个佛手,便也要佛手。丫鬟哄他取去,大姐儿等不得,便哭了。众人忙把柚子与了板儿,将板儿的佛手哄过来与他才罢。那板儿因顽了半日佛手,此刻又两手抓着些果子吃,又忽见这柚子又香又圆,更觉好顽,且当球踢着玩去,也就不要佛手了。

当下贾母等吃过茶,又带了刘姥姥至栊翠庵来。妙玉忙接了进去。至院中见花木繁盛,贾母笑道:"到底是他们修行的人,没事常常修理,比别处越发好看。"一面说,一面便往东禅堂来。妙玉笑往里让,贾母道:"我们才都吃了酒肉,你这里头有菩萨,冲了罪过。我们这里坐坐,把你的好茶拿来,我们吃一杯就去了。"妙玉听了,忙去烹了茶来。

宝玉留神看他是怎么行事。只见妙玉亲自捧了一个海棠花式雕漆填金云龙献寿的小茶盘,里面放一个成窑五彩小盖钟,捧与贾母。贾母道:"我不吃六安茶。"妙玉笑说:

第四十一回　栊翠庵茶品梅花雪　怡红院劫遇母蝗虫

"知道。这是老君眉。"贾母接了，又问是什么水。妙玉笑回"是旧年蠲的雨水。"贾母便吃了半盏，便笑着递与刘姥姥说："你尝尝这个茶。"刘姥姥便一口吃尽，笑道："好是好，就是淡些，再熬浓些更好了。"贾母众人都笑起来。然后众人都是一色官窑脱胎填白盖碗。

那妙玉便把宝钗和黛玉的衣襟一拉，二人随他出去，宝玉悄悄的随后跟了来。只见妙玉让他二人在耳房内，宝钗坐在榻上，黛玉便坐在妙玉的蒲团上。妙玉自向风炉上扇滚了水，另泡一壶茶。宝玉便走了进来，笑道："偏你们吃梯己茶呢。"二人都笑道："你又赶了来餮茶吃。这里并没你的。"妙玉刚要去取杯，只见道婆收了上面的茶盏来。妙玉忙命："将那成窑的茶杯别收了，搁在外头去罢。"宝玉会意，知为刘姥姥吃了，他嫌脏不要了。

又见妙玉另拿出两只杯来。一个旁边有一耳，杯上镌着"㼿瓟斝"三个隶字，后有一行小真字是"晋王恺珍玩"，又有"宋元丰五年四月眉山苏轼见于秘府"一行小字。妙玉便斟了一斝，递与宝钗。那一只形似钵而小，也有三个垂珠篆字，镌着"点犀䀉"。妙玉斟了一䀉与黛玉。仍将前番自己常日吃茶的那只绿玉斗来斟与宝玉。

宝玉笑道："常言'世法平等'，他两个就用那样古玩奇珍，我就是个俗器了。"妙玉道："这是俗器？不是我说狂话，只怕你家里未必找的出这么一个俗器来呢。"宝玉笑道："俗说'随乡入乡'，到了你这里，自然把那金玉珠宝一概贬为俗器了。"妙玉听如此说，十分欢喜，遂又寻出一只九曲十环一百二十节蟠虬整雕竹根的一个大盉出来，笑道："就剩了这一个，你可吃的了这一海？"宝玉喜的忙道："吃的了。"妙玉笑道："你虽吃的了，也没这些茶

> 批注

糟踏。岂不闻'一杯为品，二杯即是解渴的蠢物，三杯便是饮牛饮骡了'。你吃这一海便成什么？"说的宝钗、黛玉、宝玉都笑了。妙玉执壶，只向海内斟了约有一杯。宝玉细细吃了，果觉轻浮无比，赏赞不绝。妙玉正色道："你这遭吃的茶是托他两个福，独你来了，我是不给你吃的。"宝玉笑道："我深知道的，我也不领你的情，只谢他二人便是了。"妙玉听了，方说："这话明白。"

黛玉因问："这也是旧年的雨水？"妙玉冷笑道："你这么个人，竟是大俗人，连水也尝不出来。这是五年前我在玄墓蟠香寺住着，收的梅花上的雪，共得了那一鬼脸青的花瓮一瓮，总舍不得吃，埋在地下，今年夏天才开了。我只吃过一回，这是第二回了。你怎么尝不出来？隔年蠲的雨水那有这样轻浮，如何吃得。"黛玉知他天性怪僻，不好多话，亦不好多坐，吃完茶，便约着宝钗走了出来。

宝玉和妙玉陪笑道："那茶杯虽然脏了，白撂了岂不可惜？依我说，不如就给那贫婆子罢，他卖了也可以度日。你道可使得？"妙玉听了，想了一想，点头说道："这也罢了。幸而那杯子是我没吃过的，若我使过，我就砸碎了也不能给他。你要给他，我也不管你，只交给你，快拿了去罢。"宝玉笑道："自然如此，你那里和他说话授受去，越发连你也脏了。只交与我就是了。"妙玉便命人拿来递与宝玉。

宝玉接了，又道："等我们出去了，我叫几个小幺儿来河里打几桶水来洗地如何？"妙玉笑道："这更好了，只是你嘱咐他们，抬了水只搁在山门外头墙根下，别进门来。"宝玉道："这是自然的。"说着，便袖着那杯，递与贾母房中小丫头拿着，说："明日刘姥姥家去，给他带去罢。"交代明白，贾母已经出来要回去。妙玉亦不甚留，送出山门，回身便将门闭了。不在话下。

且说贾母因觉身上乏倦，便命王夫人和迎春姊妹陪了薛姨妈去吃酒，自己便往稻香村来歇息。凤姐忙命人将小竹椅抬来，贾母坐上，两个婆子抬起，凤姐李纨和众丫鬟婆子围随去了，不在话下。这里薛姨妈也就辞出。王夫人打发文官等出去，将攒盒散与众丫鬟们吃去，自己便也乘空歇着，随便歪在方才贾母坐的榻上，命一个小丫头放下帘子来，又命他捶着腿，吩咐他："老太太那里有信，你就叫我。"说着也歪着睡着了。

宝玉湘云等看着丫鬟们将攒盒搁在山石上，也有坐在山石上的，也有坐在草地下的，也有靠着树的，也有傍着水的，倒也十分热闹。一时又见鸳鸯来了，要带着刘姥姥各处去逛，众人也都赶着取笑。一时来至"省亲别墅"的牌坊底下，刘姥姥道："嗳呀！这里还有个大庙呢。"说着，便爬下磕头。众人笑弯了腰。刘姥姥道："笑什么？这牌楼上字我都认得。我们那里这样的庙宇最多，都是这样的牌坊，那字就是庙的名字。"众人笑道："你认得这是什么庙？"刘姥姥便抬头指那字道："这不是'玉皇宝殿'四字？"众人笑的拍手打脚，还要拿他取笑。刘姥姥觉得腹内一阵乱响，忙的拉着一个小丫头，要了两张纸就解衣。众人又是笑，又忙喝他"这里使不得！"忙命一个婆子带了东北上去了。那婆子指与地方，便乐得走开去歇息。

那刘姥姥因喝了些酒，他脾气不与黄酒相宜，且吃了许多油腻饮食，发渴多喝了几碗茶，不免通泻起来，蹲了半日方完。及出厕来，酒被风禁，且年迈之人，蹲了半

批注

批注

天,忽一起身,只觉得眼花头眩,辨不出路径。四顾一望,皆是树木山石楼台房舍,却不知那一处是往那里去的了,只得认着一条石子路慢慢的走来。及至到了房舍跟前,又找不着门,再找了半日,忽见一带竹篱,刘姥姥心中自忖道:"这里也有扁豆架子。"

一面想,一面顺着花障走了来,得了一个月洞门进去。只见迎面忽有一带水池,只有七八尺宽,石头砌岸,里面碧浏清水流往那边去了,上面有一块白石横架在上面。刘姥姥便度石过去,顺着石子甬路走去,转了两个弯子,只见有一房门。于是进了房门,只见迎面一个女孩儿,满面含笑迎了出来。刘姥姥忙笑道:"姑娘们把我丢下来了,要我碰头碰到这里来。"说了,只觉那女孩儿不答。刘姥姥便赶来拉他的手,"咕咚"一声,便撞到板壁上,把头碰的生疼。细瞧了一瞧,原来是一幅画儿。刘姥姥自忖道:"原来画儿有这样活凸出来的。"一面想,一面看,一面又用手摸去,却是一色平的,点头叹了两声。一转身方得了一个小门,门上挂着葱绿撒花软帘。

刘姥姥掀帘进去,抬头一看,只见四面墙壁玲珑剔透,琴剑瓶炉皆贴在墙上,锦笼纱罩,金彩珠光,连地下踩的砖,皆是碧绿凿花,竟越发把眼花了,找门出去,那里有门?左一架书,右一架屏。刚从屏后得了一门转去,只见他亲家母也从外面迎了进来。刘姥姥诧异,忙问道:"你想是见我这几日没家去,亏你找我来。那一位姑娘带你进来的?"他亲家只是笑,不还言。刘姥姥笑道:"你好没见世面,见这园里的花好,你就没死活戴了一头。"他亲家也不答。便心下忽然想起:"常听大富贵人家有一种穿衣镜,这别是我在镜子里头呢罢。"说毕伸手一摸,再细一看，可不是，四面雕空紫檀板壁将镜子嵌在中间。因说："这已经拦住，如何走出去呢？"一面说，一面只管用手摸。

这镜子原是西洋机括①，可以开合。不意刘姥姥乱摸之间，其力巧合，便撞开消息，掩过镜子，露出门来。刘姥姥又惊又喜，迈步出来，忽见有一副最精致的床帐。他此时又带了七八分醉，又走乏了，便一屁股坐在床上，只说歇歇，不承望身不由己，前仰后合的，朦胧着两眼，一歪身就睡熟在床上。

且说众人等他不见，板儿见没了他姥姥，急的哭了。众人都笑道："别是掉在茅厕里了？快叫人去瞧瞧。"因命两个婆子去找，回来说没有。众人各处搜寻不见。袭人惦记其道路："是他醉了迷了路，顺着这一条路往我们后院子里去了。若进了花障子到后房门进去，虽然碰头，还有小丫头们知道；若不进花障子再往西南上去，若绕出去还好，若绕不出去，可够他绕回子好的。我且瞧瞧去。"一面想，一面回来，进了怡红院便叫人，谁知那几个房子里小丫头已偷空顽去了。

袭人一直进了房门，转过集锦槅子，就听的鼾齁如雷。忙进来，只闻见酒屁臭气，满屋一瞧，只见刘姥姥扎手舞脚的仰卧在床上。袭人这一惊不小，慌忙赶上来将他没死活的推醒。那刘姥姥惊醒，睁眼见了袭人，连忙爬起来道："姑娘，我失错了！并没弄脏了床帐。"一面说，一面用手去掸。

袭人恐惊动了人，被宝玉知道了，只向他摇手，不叫他说话。忙将鼎内贮了三四把百合香，仍用罩子罩上。些

---
① 机括，指一触即动的开关装置，也叫"机关"。

批注

须收拾收拾,所喜不曾呕吐,忙悄悄的笑道:"不相干,有我呢。你随我出来。"刘姥姥跟了袭人,出至小丫头们房中,命他坐了,向他说道:"你就说醉倒在山子石上打了个盹儿。"刘姥姥答应知道。又与他两碗茶吃,方觉酒醒了,因问道:"这是那个小姐的绣房,这样精致?我就象到了天宫里的一样。"袭人微微笑道:"这个么,是宝二爷的卧室。"那刘姥姥吓的不敢作声。袭人带他从前面出去,见了众人,只说他在草地下睡着了,带了他来的。众人都不理会,也就罢了。

一时贾母醒了,就在稻香村摆晚饭。贾母因觉懒懒的,也不吃饭,便坐了竹椅小敞轿,回至房中歇息,命凤姐儿等去吃饭。他姊妹方复进园来。要知端的——

红楼小讲台

这一回的回目是"栊翠庵茶品梅花雪,怡红院劫遇母蝗虫",上半部分承接第40回,牙牌令结束之后,酒宴接近尾声。饭后贾母领着众人来到栊翠庵饮茶,小说在这一回走进了妙玉的世界。通过对妙玉的茶器、茶叶、茶论的描写,表现了妙玉细致高雅的生活品位和不愿落俗的心理。

"怡红院劫遇母蝗虫",是本回下半部分,刘姥姥在一番胡吃海饮之后突然腹泻,之后又在酒醉之中闯入怡红院,在宝玉房中睡了一觉。

上一回在酒宴上,刘姥姥是清客般的逗笑分子,受到了大家的热烈欢迎,这一回刘姥姥却成为贾府中最特别的两处别院的"不速之客"。妙玉最清高孤傲,她的栊翠庵并不欢迎刘姥姥的到来;贾宝玉在贾府的地位尊贵,是家族宠爱的核心,他的卧室一般人是不准进入的,刘姥姥却放浪形骸地睡在宝玉的床上。这些似乎都在告诉我们,刘姥姥可以凭借高超的交际能力成为贾府的座上宾，但其本质是贾府闲暇之时的精神消费品，由于巨大的阶级、文化、审美差异，他们不可能成为朋友。你看，栊翠庵在刘姥姥去后要丢掉她用过的杯子，还要打水洗地；袭人赶紧催起刘姥姥，收拾房间以免被宝玉知道。作者的高明之处在于把天壤之别的两种人聚在一起，形成了巨大的反差和文化的冲撞，在这个过程中塑造了刘姥姥高超的交际能力、智慧朴实的农妇形象，也反映了贾府日常生活的富贵奢华、细致讲究。

本回我评论：

名家鉴赏台

妙玉拉宝钗、黛玉衣襟，心中非无宝玉，只是不好拉耳！若心中无宝玉，因何刘姥姥吃的茶杯，便嫌脏不要，自己常吃得绿玉斗，便斟茶与宝玉，又寻出竹根大海来，且肯将成窑茶杯给宝玉，听他转给刘姥姥。这些情节是作者皮里阳秋，不可不知。妙玉向宝玉说"你独来我不肯给你吃"，是假撇清语，转觉欲盖弥彰。

——王希廉[①]

王希廉是清代著名的《红楼梦》三大评点家（姚燮，王希廉和张新之）之一，代表作是《新评绣像红楼梦全传》。是早期红学研究"评点派"的代表人物。对于第41回，他认为妙玉是欲盖弥彰地爱着宝玉。

---

① 曹雪芹、高鹗著，王希廉、姚燮、张新之评点，红楼梦[M]. 上海：上海古籍出版社，1988。

红楼人物馆

妙玉是红楼梦正册中的人物，有一幅画，一首判词和一首红楼梦曲预言了她的一生。请你结合本回内容，分析理解妙玉的性格，以及这种性格给她带来的人际关系和可能的命运。

妙玉判词：

画着一块美玉，落在泥垢之中。

欲洁何曾洁，云空未必空。

可怜金玉质，终陷淖泥中。

红楼梦曲：

［世难容］气质美如兰，才华馥比仙。天生成孤癖人皆罕。你道是啖肉食腥膻，视绮罗俗厌；却不知太高人愈妒，过洁世同嫌。可叹这，青灯古殿人将老；辜负了，红粉朱楼春色阑。到头来，依旧是风尘肮脏违心愿；好一似，无瑕白玉遭泥陷；又何须，王孙公子叹无缘？

红楼美食馆

"茄鲞"是红楼梦中的一道名菜，凤姐详细告知了做法，其中"炸、煨、收、拌、封"可以说是制作茄鲞的"五字真经"。制成之后是可以长期保存，随时取用的可口小菜。

凤姐儿笑道："这也不难。你把才下来的茄子把皮刨了，只要净肉，切成碎钉子，用鸡油炸了，再用鸡脯子肉并香菌、新笋、蘑菇、五香腐干、各色干果子，俱切成钉子，用鸡汤煨干，将香油一收，外加糟油一拌，盛在瓷罐子里封严，要吃时拿出来，用炒的鸡瓜一拌就是。"

第四十一回 栊翠庵茶品梅花雪 怡红院劫遇母蝗虫

今时有老饕也照着《红楼梦》菜谱改良成简易家庭版。你有兴趣下厨一试吗？把你的做法、口感也记录在下面：

_____

_____

_____

红楼活动场

1. 宝玉这等公子哥儿唤她"贫婆子"，妙玉眼里是"脏婆子"，黛玉等千金小姐戏谑她为"母蝗虫""女清客"。似乎刘姥姥只是一个粗鄙不堪的穷困乡间老妪，没有值得称道的智慧和品德，你认为事实是这样吗？

2. 阅读红楼梦中刘姥姥三次进荣国府的经历，简要填写下表。

	一进荣国府	二进荣国府	三进荣国府
进府原因			
关系进展			
物质收获			
刘姥姥表现出的性质品质			

第四十五回

金兰契互剖金兰语　风雨夕闷制风雨词

批注

　　话说凤姐儿正抚恤平儿，忽见众姊妹进来，忙让坐了，平儿斟上茶来。凤姐儿笑道："今儿来的这么齐，倒象下帖子请了来的。"探春笑道："我们有两件事：一件是我的，一件是四妹妹的，还夹着老太太的话。"凤姐儿笑道："有什么事，这么要紧？"探春笑道："我们起了个诗社，头一社就不齐全，众人脸软，所以就乱了。我想必得你去作个监社御史，铁面无私才好。再四妹妹为画园子，用的东西这般那般不全，回了老太太，老太太说：'只怕后头楼底下还有当年剩下的，找一找，若有呢拿出来，若没有，叫人买去。'"凤姐笑道："我又不会作什么湿的干的，要我吃东西去不成？"探春道："你虽不会作，也不要你作。你只监察着我们里头有偷安怠惰的，该怎么样罚他就是了。"凤姐儿笑道："你们别哄我，我猜着了，那里是请我作监社御史！分明是叫我作个进钱的铜商。你们弄什么社，必是要轮流作东道的。你们的月钱不够花了，想出这个法子来拗了我去，好和我要钱。可是这个主意？"一席话说的众人都笑起来了。

　　李纨笑道："真真你是个水晶心肝玻璃人。"凤姐儿笑

第四十五回　金兰契互剖金兰语　风雨夕闷制风雨词

道："亏你是个大嫂子呢！把姑娘们原交给你带着念书学规矩针线的，他们不好，你要劝。这会子他们起诗社，能用几个钱，你就不管了？老太太、太太罢了，原是老封君。你一个月十两银子的月钱，比我们多两倍银子。老太太、太太还说你寡妇失业的，可怜，不够用，又有个小子，足的又添了十两，和老太太、太太平等。又给你园子地，各人取租子。年终分年例，你又是上上分儿。你娘儿们，主子奴才共总没十个人，吃的穿的仍旧是官中的。一年通共算起来，也有四五百银子。这会子你就每年拿出一二百两银子来陪他们顽顽，能几年的限？他们各人出了阁，难道还要你赔不成？这会子你怕花钱，调唆他们来闹我，我乐得去吃一个河涸海干，我还通不知道呢！"

李纨笑道："你们听听，我说了一句，他就疯了，说了两车的无赖泥腿市俗专会打细算盘分斤拨两的话出来。这东西亏他托生在诗书大宦名门之家做小姐，出了嫁又是这样，他还是这么着；若是生在贫寒小户人家，作个小子，还不知怎么下作贫嘴恶舌的呢！天下人都被你算计了去！昨儿还打平儿呢，亏你伸的出手来！那黄汤难道灌丧了狗肚子里去了？气的我只要给平儿打报不平儿。忖夺了半日，好容易'狗长尾巴尖儿'的好日子，又怕老太太心里不受用，因此没来，究竟气还未平。你今儿又招我来了。给平儿拾鞋也不要，你们两个只该换一个过子才是。"说的众人都笑了。凤姐儿忙笑道："竟不是为诗为画来找我，这脸子竟是为平儿来报仇的。竟不承望平儿有你这一位仗腰子的人。早知道，便有鬼拉着我的手打他，我也不打了。平姑娘，过来！我当着大奶奶姑娘们替你赔个不是，担待我酒后无德罢。"说着，众人又都笑起来了。李纨笑问平儿道："如何？我说必定要给你争争气才罢。"平儿笑道："虽如此，奶奶们取笑，我禁不起。"李纨道："什么禁不起，有我呢。快拿了钥匙叫你主子开了楼房找东西去。"

凤姐儿笑道："好嫂子，你且同他们回园子里去。才要把这米帐合算一算，那边大太太又打发人来叫，又不知有什么话说，须得过去走一趟。还有年下你们添补的衣服，还没打点给他们做去。"李纨笑道："这些事我都不管，你只把我的事完了我好歇着去，省得这些姑娘小姐闹我。"凤姐儿忙笑道："好嫂子，赏我一点空儿。你是最疼我的，怎么今儿为平儿就不疼我了？往常你还劝我说，事情虽多，也该保养身子，捡点着偷空儿歇歇，你今儿反倒逼我的命了。况且误了别人的年下衣裳无碍，他姊妹们的若误了，却是你的责任，老太太岂不怪你不管闲事，这一句现成的话也不说？我宁可自己落不是，岂敢带累你呢。"李纨笑道："你们听听，说的好不好？把他会说话的！我且问你，这诗社你到底管不管？"凤姐儿笑道："这是什么话，我不入社花几个钱，不成了大观园的反叛了，还想在这里吃饭不成？明儿一早就到任，下马拜了印，先放下五十两银子给你们慢慢作会社东道。过后几天，我又不作诗作文，只不过是个俗人罢了。'监察'也罢，不'监察'也罢，有了钱了，你们还撵出我来！"说的众人又都笑起来。凤姐儿道："过会子我开了楼房，凡有这些东西都叫人搬出来你们看，若使得，留着使，若少什么，照你们单子，我叫人替你们买去就是了。画绢我就裁出来。那图样没有在太太跟前，还在那边珍大爷那里呢。说给你们，别碰钉子去。我打发人取了来，一并叫人连绢交给相公们矾去，如何？"李纨点首笑道："这难为你，果然这样还罢

第四十五回　金兰契互剖金兰语　风雨夕闷制风雨词

了。既如此，咱们家去罢，等着他不送了去再来闹他。"说着，便带了他姊妹就走。

凤姐儿道："这些事再没两个人，都是宝玉生出来的。"李纨听了，忙回身笑道："正是为宝玉来，反忘了他。头一社是他误了。我们脸软，你说该怎么罚他？"凤姐想了一想，说道："没有别的法子，只叫他把你们各人屋子里的地罚他扫一遍才好。"众人都笑道："这话不差。"

说着才要回去，只见一个小丫头扶了赖嬷嬷进来。凤姐儿等忙站起来，笑道："大娘坐。"又都向他道喜。赖嬷嬷向炕沿上坐了，笑道："我也喜，主子们也喜。若不是主子们的恩典，我们这喜从何来？昨儿奶奶又打发彩哥儿赏东西，我孙子在门上朝上磕了头了。"李纨笑道："多早晚上任去？"赖嬷嬷叹道："我那里管他们，由他们去罢！前儿在家里给我磕头，我没好话，我说：'哥哥儿，你别说你是官儿了，横行霸道的！你今年活了三十岁，虽然是人家的奴才，一落娘胎胞，主子恩典，放你出来，上托着主子的洪福，下托着你老子娘，也是公子哥儿似的读书认字，也是丫头、老婆、奶子捧凤凰似的，长了这么大。你那里知道那"奴才"两字是怎么写的！只知道享福，也不知道你爷爷和你老子受的那苦恼，熬了两三辈子，好容易挣出你这么个东西来。从小儿三灾八难，花的银子也照样打出你这么个银人儿来了。到二十岁上，又蒙主子的恩典，许你捐个前程在身上。你看那正根正苗的忍饥挨饿的要多少？你一个奴才秧子，仔细折了福！如今乐了十年，不知怎么弄神弄鬼的，求了主子，又选了出来。州县官儿虽小，事情却大，为那一州的州官，就是那一方的父母。你不安分守己，尽忠报国，孝敬主子，只怕天也不容你。'

批注

批注

李纨凤姐儿都笑道:"你也多虑。我们看他也就好了。先那几年还进来了两次,这有好几年没来了,年下生日,只见他的名字就罢了。前儿给老太太、太太磕头来,在老太太那院里,见他又穿着新官的服色,倒发的威武了,比先时也胖了。他这一得了官,正该你乐呢,反倒愁起这些来!他不好,还有他父亲呢,你只受用你的就完了。闲了坐个轿子进来,和老太太斗一日牌,说一天话儿,谁好意思的委屈了你。家去一般也是楼房厦厅,谁不敬你,自然也是老封君似的了。"

平儿斟上茶来,赖嬷嬷忙站起来接了,笑道:"姑娘不管叫那个孩子倒来罢了,又折受我。"说着,一面吃茶,一面又道:"奶奶不知道。这些小孩子们全要管的严。饶这么严,他们还偷空儿闹个乱子来叫大人操心。知道的说小孩子们淘气;不知道的,人家就说仗着财势欺人,连主子名声也不好。恨的我没法儿,常把他老子叫来骂一顿,才好些。"因又指宝玉道:"不怕你嫌我,如今老爷不过这么管你一管,老太太护在头里。当日老爷小时挨你爷爷的打,谁没看见的。老爷小时,何曾象你这么天不怕地不怕的了。还有那大老爷,虽然淘气,也没象你这扎窝子的样儿,也是天天打。还有东府里你珍哥儿的爷爷,那才是火上浇油的性子,说声恼了,什么儿子,竟是审贼!如今我眼里看着,耳朵里听着,那珍大爷管儿子倒也象当日老祖宗的规矩,只是管的到三不着两的。他自己也不管一管自己,这些兄弟侄儿怎么怨的不怕他?你心里明白,喜欢我说,不明白,嘴里不好意思,心里不知怎么骂我呢。"

正说着,只见赖大家的来了,接着周瑞家的张材家的都进来回事情。凤姐儿笑道:"媳妇来接婆婆来了。"赖大

第四十五回　金兰契互剖金兰语　风雨夕闷制风雨词

家的笑道："不是接他老人家，倒是打听打听奶奶姑娘们赏脸不赏脸？"赖嬷嬷听了，笑道："可是我糊涂了，正经说的话且不说，且说陈谷子烂芝麻的混捣熟。因为我们小子选了出来，众亲友要给他贺喜，少不得家里摆个酒。我想，摆一日酒，请这个也不是，请那个也不是。又想了一想，托主子洪福，想不到的这样荣耀，就倾了家，我也是愿意的。因此吩咐他老子连摆三日酒：头一日，在我们破花园子里摆几席酒，一台戏，请老太太、太太们、奶奶姑娘们去散一日闷；外头大厅上一台戏，摆几席酒，请老爷们、爷们去增增光；第二日再请亲友；第三日再把我们两府里的伴儿请一请。热闹三天，也是托着主子的洪福一场，光辉光辉。"李纨凤姐儿都笑道："多早晚的日子？我们必去，只怕老太太高兴要去也定不得。"赖大家的忙道："择了十四的日子，只看我们奶奶的老脸罢了。"凤姐笑道："别人不知道，我是一定去的。先说下，我是没有贺礼的，也不知道放赏，吃完了一走，可别笑话。"赖大家的笑道："奶奶说那里话？奶奶要赏，赏我们三二万银子就有了。"赖嬷嬷笑道："我才去请老太太，老太太也说去，可算我这脸还好。"说毕又叮咛了一回，方起身要走，因看见周瑞家的，便想起一事来，因说道："可是还有一句话问奶奶，这周嫂子的儿子犯了什么不是，撵了他不用？"凤姐儿听了，笑道："正是我要告诉你媳妇，事情多也忘了。赖嫂子回去说给你老头子，两府里不许收留他小子，叫他各人去罢。"

　　赖大家的只得答应着。周瑞家的忙跪下央求。赖嬷嬷忙道："什么事？说给我评评。"凤姐儿道："前日我生日，里头还没吃酒，他小子先醉了。老娘那边送了礼来，他不

> 批注

199

批注

说在外头张罗,他倒坐着骂人,礼也不送进来。两个女人进来了,他才带着小幺们往里抬。小幺们倒好,他拿的一盒子倒失了手,撒了一院子馒头。人去了,打发彩明去说他,他倒骂了彩明一顿。这样无法无天的忘八羔子,不撵了作什么!"赖嬷嬷笑道:"我当什么事情,原来为这个。奶奶听我说:他有不是,打他骂他,使他改过,撵了去断乎使不得。他又比不得是咱们家的家生子儿,他现是太太的陪房。奶奶只顾撵了他,太太脸上不好看。依我说,奶奶教导他几板子,以戒下次,仍旧留着才是。不看他娘,也看太太。"凤姐儿听说,便向赖大家的说道:"既这样,打他四十棍,以后不许他吃酒。"赖大家的答应了。周瑞家的磕头起来,又要与赖嬷嬷磕头,赖大家的拉着方罢。然后他三人去了,李纨等也就回园中来。

至晚,果然凤姐命人找了许多旧收的画具出来,送至园中。宝钗等选了一回,各色东西可用的只有一半,将那一半又开了单子,与凤姐儿去照样置买,不必细说。

一日,外面矾了绢,起了稿子进来。宝玉每日便在惜春这里帮忙。探春、李纨、迎春、宝钗等也多往那里闲坐,一则观画,二则便于会面。宝钗因见天气凉爽,夜复渐长,遂至母亲房中商议打点些针线来。日间至贾母处王夫人处省候两次,不免又承色[①]陪坐闲话半时,园中姊妹处也要度时闲话一回,故日间不大得闲,每夜灯下女工必至三更方寝。

黛玉每岁至春分秋分之后,必犯嗽疾;今秋又遇贾母高兴,多游玩了两次,未免过劳了神,近日又复嗽起来,

① 承色,指顺承迎合父母长辈以博欢心。

第四十五回　金兰契互剖金兰语　风雨夕闷制风雨词

觉得比往常又重，所以总不出门，只在自己房中将养。有时闷了，又盼个姊妹来说些闲话排遣；及至宝钗等来望候他，说不得三五句话又厌烦了。众人都体谅他病中，且素日形体娇弱，禁不得一些委屈，所以他接待不周，礼数粗忽，也都不苛责。

这日宝钗来望他，因说起这病症来。宝钗道："这里走的几个太医虽都还好，只是你吃他们的药总不见效，不如再请一个高明的人来瞧一瞧，治好了岂不好？每年间闹一春一夏，又不老又不小，成什么？不是个常法。"黛玉道："不中用。我知道我这样病是不能好的了。且别说病，只论好的日子我是怎么形景，就可知了。"宝钗点头道："可正是这话。古人说'食谷者生'，你素日吃的竟不能添养精神气血，也不是好事。"黛玉叹道："'死生有命，富贵在天'，也不是人力可强的。今年比往年反觉又重了些似的。"说话之间，已咳嗽了两三次。宝钗道："昨儿我看你那药方上，人参肉桂觉得太多了。虽说益气补神，也不宜太热。依我说，先以平肝健胃为要，肝火一平，不能克土，胃气无病，饮食就可以养人了。每日早起拿上等燕窝一两，冰糖五钱，用银铫子熬出粥来，若吃惯了，比药还强，最是滋阴补气的。"

黛玉叹道："你素日待人，固然是极好的，然我最是个多心的人，只当你心里藏奸。从前日你说看杂书不好，又劝我那些好话，竟大感激你。往日竟是我错了，实在误到如今。细细算来，我母亲去世的早，又无姊妹兄弟，我长了今年十五岁，竟没一个人象你前日的话教导我。怨不得云丫头说你好，我往日见他赞你，我还不受用，昨儿我亲自经过，才知道了。比如若是你说了那个，我再不轻放过

批注

你的；你竟不介意，反劝我那些话，可知我竟自误了。若不是从前日看出来，今日这话，再不对你说。你方才说叫我吃燕窝粥的话，虽然燕窝易得，但只我因身上不好了，每年犯这个病，也没什么要紧的去处。请大夫，熬药，人参肉桂，已经闹了个天翻地覆，这会子我又兴出新文来熬什么燕窝粥，老太太、太太、凤姐姐这三个人便没话说，那些底下的婆子丫头们，未免不嫌我太多事了。你看这里这些人，因见老太太多疼了宝玉和凤丫头两个，他们尚虎视眈眈，背地里言三语四的，何况于我？况我又不是他们这里正经主子，原是无依无靠投奔了来的，他们已经多嫌着我了。如今我还不知进退，何苦叫他们咒我？"

宝钗道："这样说，我也是和你一样。"黛玉道："你如何比我？你又有母亲，又有哥哥，这里又有买卖地土，家里又仍旧有房有地。你不过是亲戚的情分，白住了这里，一应大小事情，又不沾他们一文半个，要走就走了。我是一无所有，吃穿用度，一草一纸，皆是和他们家的姑娘一样，那起小人岂有不多嫌的。"宝钗笑道："将来也不过多费得一副嫁妆罢了，如今也愁不到这里。"黛玉听了，不觉红了脸，笑道："人家才拿你当个正经人，把心里的烦难告诉你听，你反拿我取笑儿。"宝钗笑道："虽是取笑儿，却也是真话。你放心，我在这里一日，我与你消遣一日。你有什么委屈烦难，只管告诉我，我能解的，自然替你解一日。我虽有个哥哥，你也是知道的，只有个母亲比你略强些。咱们也算同病相怜。你也是个明白人，何必作'司马牛之叹'？你才说的也是，多一事不如省一事。我明日家去和妈妈说了，只怕我们家里还有，与你送几两，每日叫丫头们就熬了，又便宜，又不惊师动众的。"黛玉忙笑道："东西事小，难得你多情如此。"宝钗道："这有什么放在口里的！只愁我人人跟前失于应候罢了。只怕你烦了，我且去了。"黛玉道："晚上再来和我说句话儿。"宝钗答应着便去了，不在话下。

这里黛玉喝了两口稀粥，仍歪在床上，不想日未落时天就变了，渐渐沥沥下起雨来。秋霖脉脉，阴晴不定，那天渐渐的黄昏，且阴的沉黑，兼着那雨滴竹梢，更觉凄凉。知宝钗不能来，便在灯下随便拿了一本书，却是《乐府杂稿》，有《秋闺怨》《别离怨》等词。黛玉不觉心有所感，亦不禁发于章句，遂成《代别离》一首，拟《春江花月夜》之格，乃名其词曰《秋窗风雨夕》。其词曰：

秋花惨淡秋草黄，耿耿秋灯秋夜长。
已觉秋窗秋不尽，那堪风雨助凄凉！
助秋风雨来何速！惊破秋窗秋梦绿。
抱得秋情不忍眠，自向秋屏移泪烛。
泪烛摇摇爇短檠，牵愁照恨动离情。
谁家秋院无风入？何处秋窗无雨声？
罗衾不奈秋风力，残漏声催秋雨急。
连宵脉脉复飕飕，灯前似伴离人泣。
寒烟小院转萧条，疏竹虚窗时滴沥。
不知风雨几时休，已教泪洒窗纱湿。

吟罢搁笔，方要安寝，丫鬟报说："宝二爷来了。"一语未完，只见宝玉头上带着大箬笠，身上披着蓑衣。黛玉不觉笑了："那里来的渔翁！"宝玉忙问："今儿好些？吃了药没有？今儿一日吃了多少饭？"一面说，一面摘了

> 批注

批注

笠，脱了蓑衣，忙一手举起灯来，一手遮住灯光，向黛玉脸上照了一照，觑着眼细瞧了一瞧，笑道："今儿气色好了些。"

黛玉看脱了蓑衣，里面只穿半旧红绫短袄，系着绿汗巾子，膝下露出油绿绸撒花裤子，底下是掐金满绣的绵纱袜子，靸著蝴蝶落花鞋。黛玉问道："上头怕雨，底下这鞋袜子是不怕雨的？也倒干净。"宝玉笑道："我这一套是全的。有一双棠木屐，才穿了来，脱在廊檐上了。"黛玉又看那蓑衣斗笠不是寻常市卖的，十分细致轻巧，因说道："是什么草编的？怪道穿上不象那刺猬似的。"宝玉道："这三样都是北静王送的。他闲了下雨时在家里也是这样。你喜欢这个，我也弄一套来送你。别的都罢了，惟有这斗笠有趣，竟是活的。上头的这顶儿是活的，冬天下雪，带上帽子，就把竹信子抽了，去下顶子来，只剩了这圈子。下雪时男女都戴得，我送你一顶，冬天下雪戴。"黛玉笑道："我不要他。戴上那个，成个画儿上画的和戏上扮的渔婆了。"及说了出来，方想起话未忖夺，与方才说宝玉的话相连，后悔不及，羞的脸飞红，便伏在桌上嗽个不住。

宝玉却不留心，因见案上有诗，遂拿起来看了一遍，又不禁叫好。黛玉听了，忙起来夺在手内，向灯上烧了。宝玉笑道："我已背熟了，烧也无碍。"黛玉道："我也好了许多，谢你一天来几次瞧我，下雨还来。这会子夜深了，我也要歇着，你且请回去，明儿再来。"宝玉听说，回手向怀中掏出一个核桃大小的一个金表来，瞧了一瞧，那针已指到戌末亥初之间，忙又揣了，说道："原该歇了，又扰的你劳了半日神。"说着，披蓑戴笠出去了，又翻身进来问道："你想什么吃，告诉我，我明儿一早回老太太，岂不比老婆子们说的明白？"黛玉笑道："等我夜里想着了，明儿早起告诉你。你听雨越发紧了，快去罢。可有人跟着没有？"

有两个婆子答应："有人，外面拿着伞点着灯笼呢。"黛玉笑道："这个天点灯笼？"宝玉道："不相干，是明瓦的，不怕雨。"黛玉听说，回手向书架上把个玻璃绣球灯拿了下来，命点一支小蜡来，递与宝玉，道："这个又比那个亮，正是雨里点的。"宝玉道："我也有这么一个，怕他们失脚滑倒了打破了，所以没点来。"黛玉道："跌了灯值钱，跌了人值钱？你又穿不惯木屐子。那灯笼命他们前头照着。这个又轻巧又亮，原是雨里自己拿着的，你自己手里拿着这个，岂不好？明儿再送来。就失了手也有限的，怎么忽然又变出这'剖腹藏珠'的脾气来！"宝玉听说，连忙接了过来，前头两个婆子打着伞提着明瓦灯，后头还有两个小丫鬟打着伞。宝玉便将这个灯递与一个小丫头捧着，宝玉扶着他的肩，一径去了。

就有蘅芜苑的一个婆子，也打着伞提着灯，送了一大包上等燕窝来，还有一包子洁粉梅片雪花洋糖。说："这比买的强。姑娘说了：姑娘先吃着，完了再送来。"黛玉道："回去说'费心'。"命他外头坐了吃茶。婆子笑道："不吃茶了，我还有事呢。"黛玉笑道："我也知道你们忙。如今天又凉，夜又长，越发该会个夜局，痛赌两场了。"婆子笑道："不瞒姑娘说，今年我大沾光儿了。横竖每夜各处有几个上夜的人，误了更也不好，不如会个夜局，又坐了更，又解闷儿。今儿又是我的头家，如今园门关了，就该上场了。"黛玉听说笑道："难为你。误了你发财，冒雨送来。"命人给他几百钱，打些酒吃，避避雨气。那婆子笑

批注

道:"又破费姑娘赏酒吃。"说着,磕了一个头,外面接了钱,打伞去了。

紫鹃收起燕窝,然后移灯下帘,伏侍黛玉睡下。黛玉自在枕上感念宝钗,一时又羡他有母兄;一面又想宝玉虽素习和睦,终有嫌疑。又听见窗外竹梢焦叶之上,雨声渐沥,清寒透幕,不觉又滴下泪来。直到四更将阑,方渐渐的睡了。暂且无话。要知端的——

红楼小讲台

本回的回目是"金兰契互剖金兰语,风雨夕闷制风雨词",主要写了两件事:一、钗黛和解,友谊加深;二、黛玉作诗,宝玉来探。

钗黛和解,承接第42回"蘅芜君兰言解疑癖",第42回中因林黛玉在刘姥姥二进荣国府的宴席上,不留心将《牡丹亭》《西厢记》的内容说了几句,而被宝钗"审问",进而原谅、规劝。本回,林黛玉生病,宝钗前来探望并理解黛玉的难处,提供帮助,并倾诉自己难处,"咱们也算同病相怜"。黛玉感念宝钗的体贴与温情,互诉衷肠,关系和解。从此,黛玉对宝钗多了信任与依赖,感情加深,后文甚至姐妹相称。

宝钗去后,晚间黛玉看着秋凉之景,夜雨对窗,不禁悲戚起来,写下《秋窗风雨夕》。这首诗与《葬花词》都是黛玉触景生情的感伤之作,只是这首诗比《葬花词》少了孤傲坚强之气,多了哀伤沉闷之感。宝玉前来探视,"渔翁""渔婆"的无心之语,令黛玉一时"羞的脸飞红,便伏在桌上嗽个不住"。宝玉要走时,又回转来问黛玉明天想吃什么,黛玉怕雨势加紧催他快走,又恐雨天路滑,将自己的玻璃绣球灯拿给宝玉用。虽然外面风雨大作,屋内的宝玉和黛玉却温情脉脉,爱让人忘记风雨凄凉。

宝玉去后,薛宝钗命婆子送来"一大包上等燕窝,还有一包子洁粉梅片雪花洋糖"。

　　本回中，黛玉与宝钗和解，不再是以往猜忌防范的关系；与宝玉相互关心，温情脉脉，不再是误会与嫌隙。

本回我评论：

绝妙好词笺

　　这里黛玉喝了两口稀粥，仍歪在床上，不想日未落时天就变了，淅淅沥沥下起雨来。秋霖脉脉，阴晴不定，那天渐渐的黄昏，且阴的沉黑，兼着那雨滴竹梢，更觉凄凉。知宝钗不能来，便在灯下随便拿了一本书，却是《乐府杂稿》，有《秋闺怨》《别离怨》等词。黛玉不觉心有所感，亦不禁发于章句，遂成《代别离》一首，拟《春江花月夜》之格，乃名其词曰《秋窗风雨夕》。其词曰：

　　　　秋花惨淡秋草黄，耿耿秋灯秋夜长。
　　　　已觉秋窗秋不尽，那堪风雨助凄凉！
　　　　助秋风雨来何速！惊破秋窗秋梦绿。
　　　　抱得秋情不忍眠，自向秋屏移泪烛。
　　　　泪烛摇摇爇短檠，牵愁照恨动离情。
　　　　谁家秋院无风入？何处秋窗无雨声？
　　　　罗衾不奈秋风力，残漏声催秋雨急。
　　　　连宵脉脉复飕飕，灯前似伴离人泣。
　　　　寒烟小院转萧条，疏竹虚窗时滴沥。
　　　　不知风雨几时休，已教泪洒窗纱湿。

1. 分析比较《春江花月夜》与《秋窗风雨夕》的标题。

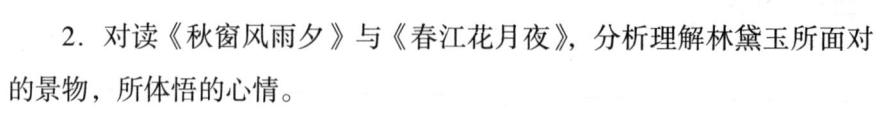

2. 对读《秋窗风雨夕》与《春江花月夜》，分析理解林黛玉所面对的景物，所体悟的心情。

春江花月夜

[唐]张若虚

春江潮水连海平，海上明月共潮生。
滟滟随波千万里，何处春江无月明！
江流宛转绕芳甸，月照花林皆似霰；
空里流霜不觉飞，汀上白沙看不见。
江天一色无纤尘，皎皎空中孤月轮。
江畔何人初见月？江月何年初照人？
人生代代无穷已，江月年年只相似。
不知江月待何人，但见长江送流水。
白云一片去悠悠，青枫浦上不胜愁。
谁家今夜扁舟子？何处相思明月楼？
可怜楼上月徘徊，应照离人妆镜台。
玉户帘中卷不去，捣衣砧上拂还来。
此时相望不相闻，愿逐月华流照君。
鸿雁长飞光不度，鱼龙潜跃水成文。
昨夜闲潭梦落花，可怜春半不还家。
江水流春去欲尽，江潭落月复西斜。
斜月沉沉藏海雾，碣石潇湘无限路。
不知乘月几人归，落月摇情满江树。

名家鉴赏台

林黛玉无疑是任情美之最。其性情中的清标之气，其恋情中的清纯之气，其诗魂中的清奇之气，牵动着历代读者的心。她还是古今一脉相承的种种悲剧意蕴的集大成者。即便如此精致的艺术品，其精神内涵也有显见的"漏处"：其"小性子，行动爱恼人"（史湘云语）的自恋型人格，让疼爱她、欣赏她、敬畏她的人们，经受了许许多多鸡零狗碎的折磨，更为她自己带来无穷无尽的烦恼。

薛宝钗无疑是中和美之最。其男人观中的务实风神（见第四十二回与黛玉对话），人际交往中的宽和风神，直面不幸婚姻的凝重风神，诗词魂魄中的蕴藉风神，无不挥发着恒久的魅力与亲和力。然而，这小小女孩为人处世的圆熟与自控能力的超常，却让人不适、有隔膜感。

——刘敬圻《〈红楼梦〉的女性观与男性观》[1]

红楼活动场

1. 阅读红楼梦第42回片段，填写下表。

且说宝钗等吃过早饭，又往贾母处问过安，回园至分路之处，宝钗便叫黛玉道："颦儿跟我来，有一句话问你。"黛玉便同了宝钗，来至蘅芜苑中。进了房，宝钗便坐了笑道："你跪下，我要审你。"黛玉不解何故，因笑道："你瞧宝丫头疯了！审问我什么？"宝钗冷笑道："好个千金小姐！好个不出闺门的女孩儿！满嘴说的是什么？你只实说便罢。"黛玉不解，只管发笑，心里也不免疑惑起来，口里只说："我何曾说什么？你不过要捏我的错儿罢了。你倒说出来我听听。"宝钗笑道："你还装憨儿。昨儿行酒令你说的是什么？我竟不知那里来的。"黛玉一想，方想起

---

[1] 刘梦溪，冯其庸，蔡义江等. 红楼梦十五讲[M]. 北京：北京大学出版社，2007.8。

来昨儿失于检点，那《牡丹亭》《西厢记》说了两句，不觉红了脸，便上来搂着宝钗，笑道："好姐姐，原是我不知道随口说的。你教给我，再不说了。"宝钗笑道："我也不知道，听你说的怪生的，所以请教你。"黛玉道："好姐姐，你别说与别人，我以后再不说了。"宝钗见他羞得满脸飞红，满口央告，便不肯再往下追问，因拉他坐下吃茶，款款的告诉他道："你当我是谁，我也是个淘气的。从小七八岁上也够个人缠的。我们家也算是个读书人家，祖父手里也爱藏书。先时人口多，姊妹弟兄都在一处，都怕看正经书。弟兄们也有爱诗的，也有爱词的，诸如这些'西厢''琵琶'以及'元人百种'，无所不有。他们是偷背着我们看，我们却也偷背着他们看。后来大人知道了，打的打，骂的骂，烧的烧，才丢开了。所以咱们女孩儿家不认得字的倒好。男人们读书不明理，尚且不如不读书的好，何况你我。就连作诗写字等事，原不是你我分内之事，究竟也不是男人分内之事。男人们读书明理，辅国治民，这便好了。只是如今并不听见有这样的人，读了书倒更坏了。这是书误了他，可惜他也把书糟踏了，所以竟不如耕种买卖，倒没有什么大害处。你我只该做些针黹纺织的事才是，偏又认得了字，既认得了字，不过拣那正经的看也罢了，最怕见了些杂书，移了性情，就不可救了。"一席话，说的黛玉垂头吃茶，心下暗伏，只有答应"是"的一字。

	薛宝钗的读书观	林黛玉的读书观	你的读书观
1. 读书的目的			
2. 读书内容的选择			
3. 对男人读书的态度			
4. 对女人读书的态度			

2. 本回的回目中"金兰"典故出自《易·系辞上》:"二人同心,其利断金;同心之言,其臭(嗅)如兰(香草)。"

"金兰契"意思相当于"义结金兰"。"义结金兰"源自《世说新语·贤媛》"山公与嵇、阮一面,契若金兰",意思是朋友间情投意合结为异姓兄弟或姐妹,也就是"拜把子"的意思。如《三国演义》第1回,就是写刘备、关羽及张飞桃园三结义,成为异姓兄弟。

你有没有想要和他/她义结金兰的朋友?为什么?

3. 你有没有和一个人先前有矛盾、隔阂,后来互相倾诉,解开心结,成为好朋友?说出来交流一下!

4. 你觉得这一回钗黛和解的关系,对于我们同龄人交往有什么启示?

第四十八回

滥情人情误思游艺　慕雅女雅集苦吟诗

批注

　　且说薛蟠听见如此说了，气方渐平。三五日后，疼痛虽愈，伤痕未平，只装病在家，愧见亲友。

　　展眼已到十月，因有各铺面伙计内有算年帐要回家的，少不得家内治酒钱行。内有一个张德辉，年过六十，自幼在薛家当铺内揽总，家内也有二三千金的过活，今岁也要回家，明春方来。因说起"今年纸札香料短少，明年必是贵的。明年先打发大小儿上来当铺内照管，赶端阳前我顺路贩些纸札香扇来卖。除去关税花销，亦可以剩得几倍利息。"薛蟠听了，心中忖度："我如今捱了打，正难见人，想着要躲个一年半载，又没处去躲。天天装病，也不是事。况且我长了这么大，文又不文，武又不武，虽说做买卖，究竟戥子算盘从没拿过，地土风俗远近道路又不知道，不如也打点几个本钱，和张德辉逛一年来。赚钱也罢，不赚钱也罢，且躲躲羞去。二则逛逛山水也是好的。"心内主意已定，至酒席散后，便和张德辉说知，命他等一二日一同前往。

　　晚间薛蟠告诉了他母亲。薛姨妈听了虽是欢喜，但又恐他在外生事，花了本钱倒是末事，因此不命他去。只

第四十八回 滥情人情误思游艺 慕雅女雅集苦吟诗

说"好歹你守着我,我还能放心些。况且也不用做这买卖,也不等着这几百银子来用。你在家里安分守己的,就强似这几百银子了。"薛蟠主意已定,那里肯依。只说:"天天又说我不知世事,这个也不知,那个也不学。如今我发狠把那些没要紧的都断了,如今要成人立事,学习着做买卖,又不准我了,叫我怎么样呢?我又不是个丫头,把我关在家里,何日是个了日?况且那张德辉又是个年高有德的,咱们和他世交,我同他去,怎么得有舛错?我就一时半刻有不好的去处,他自然说我劝我。就是东西贵贱行情,他是知道的,自然色色问他,何等顺利,倒不叫我去。过两日我不告诉家里,私自打点了一走,明年发了财回家,那时才知道我呢。"说毕,赌气睡觉去了。

薛姨妈听他如此说,因和宝钗商议。宝钗笑道:"哥哥果然要经历正事,正是好的了。只是他在家时说着好听,到了外头旧病复犯,越发难拘束他了。但也愁不得许多。他若是真改了,是他一生的福。若不改,妈也不能又有别的法子。一半尽人力,一半听天命罢了。这么大人了,若只管怕他不知世路,出不得门,干不得事,今年关在家里,明年还是这个样儿。他既说的名正言顺,妈就打谅着丢了八百一千银子,竟交与他试一试。横竖有伙计们帮着,也未必好意思哄骗他的。二则他出去了,左右没有助兴的人,又没了倚仗的人,到了外头,谁还怕谁,有了的吃,没了的饿着,举眼无靠,他见这样,只怕比在家里省了事也未可知。"薛姨妈听了,思忖半晌说道:"倒是你说的是。花两个钱,叫他学些乖来也值了。"商议已定,一宿无话。

至次日,薛姨妈命人请了张德辉来,在书房中命薛

批注

批注

蟠款待酒饭，自己在后廊下，隔着窗子，向里千言万语嘱托张德辉照管薛蟠。张德辉满口应承，吃过饭告辞，又回说："十四日是上好出行日期，大世兄即刻打点行李，雇下骡子，十四一早就长行了。"薛蟠喜之不尽，将此话告诉了薛姨妈。薛姨妈便和宝钗香菱并两个老年的嬷嬷连日打点行装，派下薛蟠之乳父老苍头一名，当年谙事旧仆二名，外有薛蟠随身常使小厮二人，主仆一共六人，雇了三辆大车，单拉行李使物，又雇了四个长行骡子。薛蟠自骑一匹家内养的铁青大走骡，外备一匹坐马。诸事完毕，薛姨妈宝钗等连夜劝戒之言，自不必备说。

至十三日，薛蟠先去辞了他舅舅，然后过来辞了贾宅诸人。贾珍等未免又有饯行之说，也不必细述。至十四日一早，薛姨妈宝钗等直同薛蟠出了仪门，母女两个四只泪眼看他去了，方回来。

薛姨妈上京带来的家人不过四五房，并两三个老嬷嬷小丫头，今跟了薛蟠一去，外面只剩了一两个男子。因此薛姨妈即日到书房，将一应陈设玩器并帘幔等物尽行搬了进来收贮，命那两个跟去的男子之妻一并也进来睡觉。又命香菱将他屋里也收拾严紧，"将门锁了，晚间和我去睡。"宝钗道："妈既有这些人作伴，不如叫菱姐姐和我作伴去。我们园里又空，夜长了，我每夜作活，越多一个人岂不越好。"薛姨妈听了，笑道："正是我忘了，原该叫他同你去才是。我前日还同你哥哥说，文杏又小，道三不着两，莺儿一个人不够伏侍的，还要买一个丫头来你使。"宝钗道："买的不知底里，倘或走了眼，花了钱小事，没的淘气。倒是慢慢的打听着，有知道来历的，买个还罢了。"

一面说，一面命香菱收拾了衾褥妆奁，命一个老嬷嬷并臻儿送至蘅芜苑去，然后宝钗和香菱才同回园中来。

香菱道："我原要和奶奶说的，大爷去了，我和姑娘作伴儿去。又恐怕奶奶多心，说我贪着园里来顽；谁知你竟说了。"宝钗笑道："我知道你心里羡慕这园子不是一日两日了，只是没个空儿。就每日来一趟，慌慌张张的，也没趣儿。所以趁着机会，越性住上一年，我也多个作伴的，你也遂了心。"香菱笑道："好姑娘，你趁着这个工夫，教给我作诗罢。"宝钗笑道："我说你'得陇望蜀'呢。我劝你今儿头一日进来，先出园东角门，从老太太起，各处各人你都瞧瞧，问候一声儿，也不必特意告诉他们说搬进园来。若有提起因由，你只带口说我带了你进来作伴儿就完了。回来进了园，再到各姑娘房里走走。"

香菱应着才要走时，只见平儿忙忙的走来。香菱忙问了好，平儿只得陪笑相问。宝钗因向平儿笑道："我今儿带了他来作伴儿，正要去回你奶奶一声儿。"平儿笑道："姑娘说的是那里话？我竟没话答言了。"宝钗道："这才是正理。店房也有个主人，庙里也有个住持。虽不是大事，到底告诉一声，便是园里坐更上夜的人知道添了他两个，也好关门候户的了。你回去告诉一声罢，我不打发人去了。"平儿答应着，因又向香菱笑道："你既来了，也不拜一拜街坊邻舍去？"宝钗笑道："我正叫他去呢。"平儿道："你且不必往我们家去，二爷病了在家里呢。"香菱答应着去了，先从贾母处来，不在话下。

且说平儿见香菱去了，便拉宝钗忙说道："姑娘可听见我们的新闻了？"宝钗道："我没听见新闻。因连日打发我哥哥出门，所以你们这里的事，一概也不知道，连姊妹们这两日也没见。"平儿笑道:"老爷把二爷打了个动不得,难道姑娘就没听见?"宝钗道:"早起恍惚听见了一句,也信不真。我也正要瞧你奶奶去呢,不想你来了。又是为了什么打他?"

平儿咬牙骂道:"都是那贾雨村什么风村,半路途中那里来的饿不死的野杂种!认了不到十年,生了多少事出来!今年春天,老爷不知在那个地方看见了几把旧扇子,回家看家里所有收着的这些好扇子都不中用了,立刻叫人各处搜求。谁知就有一个不知死的冤家,混号儿世人叫他作石呆子,穷的连饭也没的吃,偏他家就有二十把旧扇子,死也不肯拿出大门来。二爷好容易烦了多少情,见了这个人,说之再三,把二爷请到他家里坐着,拿出这扇子略瞧了瞧。据二爷说,原是不能再有的,全是湘妃、棕竹、麋鹿、玉竹的,皆是古人写画真迹,因来告诉了老爷。老爷便叫买他的,要多少银子给他多少。偏那石呆子说:'我饿死冻死,一千两银子一把我也不卖!'老爷没法子,天天骂二爷没能为。已经许了他五百两,先兑银子后拿扇子。他只是不卖,只说:'要扇子,先要我的命!'姑娘想想,这有什么法子?谁知雨村那没天理的听见了,便设了个法子,讹他拖欠了官银,拿他到衙门里去,说所欠官银,变卖家产赔补,把这扇子抄了来,作了官价送了来。那石呆子如今不知是死是活。老爷拿着扇子问着二爷说:'人家怎么弄了来?'二爷只说了一句:'为这点子小事,弄得人坑家败业,也不算什么能为!'老爷听了就生了气,说二爷拿话堵老爷,因此这是第一件大的。这几日还有几件小的,我也记不清,所以都凑在一处,就打起来了。也没拉倒用板子棍子,就站着,不知拿什么混打了一

第四十八回　滥情人情误思游艺　慕雅女雅集苦吟诗

顿，脸上打破了两处。我们听见姨太太这里有一种丸药，上棒疮的，姑娘快寻一丸子给我。"宝钗听了，忙命莺儿去要了一丸来与平儿。宝钗道："既这样，替我问候罢，我就不去了。"平儿答应着去了，不在话下。

　　且说香菱见过众人之后，吃过晚饭，宝钗等都往贾母处去了，自己便往潇湘馆中来。此时黛玉已好了大半，见香菱也进园来住，自是欢喜。香菱因笑道："我这一进来了，也得了空儿，好歹教给我作诗，就是我的造化了！"黛玉笑道："既要作诗，你就拜我作师。我虽不通，大略也还教得起你。"香菱笑道："果然这样，我就拜你作师。你可不许腻烦的。"

　　黛玉道："什么难事，也值得去学！不过是起承转合，当中承转是两副对子，平声对仄声，虚的对实的，实的对虚的，若是果有了奇句，连平仄虚实不对都使得的。"香菱笑道："怪道我常弄一本旧诗偷空儿看一两首，又有对的极工的，又有不对的，又听见说'一三五不论，二四六分明'。看古人的诗上亦有顺的，亦有二四六上错了的，所以天天疑惑。如今听你一说，原来这些格调规矩竟是末事，只要词句新奇为上。"黛玉道："正是这个道理，词句究竟还是末事，第一立意要紧。若意趣真了，连词句不用修饰，自是好的，这叫做'不以词害意'。"

　　香菱笑道："我只爱陆放翁的诗'重帘不卷留香久，古砚微凹聚墨多'，说的真有趣！"黛玉道："断不可学这样的诗。你们因不知诗，所以见了这浅近的就爱，一入了这个格局，再学不出来的。你只听我说，你若真心要学，我这里有《王摩诘全集》你且把他的五言律读一百首，细心

批注

批注

揣摩透熟了，然后再读一二百首老杜的七言律，次再李青莲的七言绝句读一二百首。肚子里先有了这三个人作了底子，然后再把陶渊明、应玚、谢、阮、庾、鲍等人的一看。你又是一个极聪敏伶俐的人，不用一年的工夫，不愁不是诗翁了！"香菱听了，笑道："既这样，好姑娘，你就把这书给我拿出来，我带回去夜里念几首也是好的。"

黛玉听说，便命紫鹃将王右丞的五言律拿来，递与香菱，又道："你只看有红圈的都是我选的，有一首念一首。不明白的问你姑娘，或者遇见我，我讲与你就是了。"香菱拿了诗，回至蘅芜苑中，诸事不顾，只向灯下一首一首的读起来。宝钗连催他数次睡觉，他也不睡。宝钗见他这般苦心，只得随他去了。

一日，黛玉方梳洗完了，只见香菱笑吟吟的送了书来，又要换杜律。黛玉笑道："共记得多少首？"香菱笑道："凡红圈选的我尽读了。"黛玉道："可领略了些滋味没有？"香菱笑道："领略了些滋味，不知可是不是，说与你听听。"黛玉笑道："正要讲究讨论，方能长进。你且说来我听。"

香菱笑道："据我看来，诗的好处，有口里说不出来的意思，想去却是逼真的。有似乎无理的，想去竟是有理有情的。"黛玉笑道："这话有了些意思，但不知你从何处见得？"香菱笑道："我看他《塞上》一首，那一联云：'大漠孤烟直，长河落日圆。'想来烟如何直？日自然是圆的：这'直'字似无理，'圆'字似太俗。合上书一想，倒象是见了这景的。若说再找两个字换这两个，竟再找不出两个字来。再还有'日落江湖白，潮来天地青'：这'白''青'两个字也似无理。想来，必得这两个字才形容得尽，念在嘴里倒象有几千斤重的一个橄榄。还有'渡头余落日，墟里上孤烟'：这'余'字和'上'字，难为他怎么想来！我们那年上京来，那日下晚便湾住船，岸上又没有人，只有几棵树，远远的几家人家作晚饭，那个烟竟是碧青，连云直上。谁知我昨日晚上读了这两句，倒象我又到了那个地方去了。"

正说着，宝玉和探春也来了，也都入坐听他讲诗。宝玉笑道："既是这样，也不用看诗。会心处不在多，听你说了这两句，可知'三昧'你已得了。"黛玉笑道："你说他这'上孤烟'好，你还不知他这一句还是套了前人的来。我给你这一句瞧瞧，更比这个淡而现成。"说着便把陶渊明的"暧暧远人村，依依墟里烟"翻了出来，递与香菱。香菱瞧了，点头叹赏，笑道："原来'上'字是从'依依'两个字上化出来的。"宝玉大笑道："你已得了，不用再讲，越发倒学杂了。你就作起来，必是好的。"探春笑道："明儿我补一个柬来，请你入社。"香菱笑道："姑娘何苦打趣我，我不过是心里羡慕，才学着顽罢了。"

探春黛玉都笑道："谁不是顽？难道我们是认真作诗呢！若说我们认真成了诗，出了这园子，把人的牙还笑倒了呢。"宝玉道："这也算自暴自弃了。前日我在外头和相公们商议画儿，他们听见咱们起诗社，求我把稿子给他们瞧瞧。我就写了几首给他看看，谁不真心叹服。他们都抄了刻去了。"探春黛玉忙问道："这是真话么？"宝玉笑道："说谎的是那架上的鹦哥。"黛玉探春听说，都道："你真真胡闹！且别说那不成诗，便是成诗，我们的笔墨也不该传到外头去。"宝玉道："这怕什么！古来闺阁中的笔墨不要传出去，如今也没有人知道了。"说着，只见惜春打

> 批注

发了入画来请宝玉，宝玉方去了。

香菱又逼着黛玉换出杜律来，又央黛玉探春二人："出个题目，让我诌去，诌了来，替我改正。"黛玉道："昨夜的月最好，我正要诌一首，竟未诌成，你竟作一首来。十四寒的韵，由你爱用那几个字去。"

香菱听了，喜的拿回诗来，又苦思一回作两句诗，又舍不得杜诗，又读两首。如此茶饭无心，坐卧不定。宝钗道："何苦自寻烦恼。都是颦儿引的你，我和他算帐去。你本来呆头呆脑的，再添上这个，越发弄成个呆子了。"香菱笑道："好姑娘，别混我。"一面说，一面作了一首，先与宝钗看。宝钗看了笑道："这个不好，不是这个作法。你别怕臊，只管拿了给他瞧去，看他是怎么说。"香菱听了，便拿了诗找黛玉。

黛玉看时，只见写道是：

月挂中天夜色寒，清光皎皎影团团。
诗人助兴常思玩，野客添愁不忍观。
翡翠楼边悬玉镜，珍珠帘外挂冰盘。
良宵何用烧银烛，晴彩辉煌映画栏。

黛玉笑道："意思却有，只是措词不雅。皆因你看的诗少，被他缚住了。把这首丢开，再作一首，只管放开胆子去作。"

香菱听了，默默的回来，越性连房也不入，只在池边树下，或坐在山石上出神，或蹲在地下抠土，来往的人都诧异。李纨、宝钗、探春、宝玉等听得此信，都远远的站在山坡上瞧看他。只见他皱一回眉，又自己含笑一回。

宝钗笑道："这个人定要疯了！昨夜嘟嘟哝哝直闹到五

更天才睡下,没一顿饭的工夫天就亮了。我就听见他起来了,忙忙碌碌梳了头就找颦儿去。一回来了,呆了一日,作了一首又不好,这会子自然另作呢。"宝玉笑道:"这正是'地灵人杰',老天生人再不虚赋情性的。我们成日叹说可惜他这么个人竟俗了,谁知到底有今日。可见天地至公。"宝钗笑道:"你能够象他这苦心就好了,学什么有个不成的。"宝玉不答。

只见香菱兴兴头头的又往黛玉那边去了。探春笑道:"咱们跟了去,看他有些意思没有。"说着,一齐都往潇湘馆来。只见黛玉正拿着诗和他讲究。众人因问黛玉作的如何。黛玉道:"自然算难为他了,只是还不好。这一首过于穿凿了,还得另作。"

众人因要诗看时,只见作道:

非银非水映窗寒,试看晴空护玉盘。
淡淡梅花香欲染,丝丝柳带露初干。
只疑残粉涂金砌,恍若轻霜抹玉栏。
梦醒西楼人迹绝,余容犹可隔帘看。

宝钗笑道:"不象吟月了,月字底下添一个'色'字倒还使得,你看句句倒是月色。这也罢了,原来诗从胡说来,再迟几天就好了。"

香菱自为这首妙绝,听如此说,自己扫了兴,不肯丢开手,便要思索起来。因见他姊妹们说笑,便自己走至阶前竹下闲步,挖心搜胆,耳不旁听,目不别视。一时探春隔窗笑说道:"菱姑娘,你闲闲罢。"香菱怔怔答道:"'闲'字是十五删的,你错了韵了。"众人听了,不觉大笑起来。

> 批注

宝钗道："可真是诗魔了。都是颦儿引的他！"黛玉道："圣人说，'诲人不倦'，他又来问我，我岂有不说之理。"李纨笑道："咱们拉了他往四姑娘房里去，引他瞧瞧画儿，叫他醒一醒才好。"

说着，真个出来拉了他过藕香榭，至暖香坞中。惜春正乏倦，在床上歪着睡午觉，画缯立在壁间，用纱罩着。众人唤醒了惜春，揭纱看时，十停方有了三停。香菱见画上有几个美人，因指着笑道："这一个是我们姑娘，那一个是林姑娘。"探春笑道："凡会作诗的都画在上头，快学罢。"说着，顽笑了一回。

各自散后，香菱满心中还是想诗。至晚间对灯出了一回神，至三更以后上床卧下，两眼鳏鳏，直到五更方才朦胧睡去了。一时天亮，宝钗醒了，听了一听，他安稳睡了，心下想："他翻腾了一夜，不知可作成了？这会子乏了，且别叫他。"正想着，只听香菱从梦中笑道："可是有了，难道这一首还不好？"宝钗听了，又是可叹，又是可笑，连忙唤醒了他，问他："得了什么？你这诚心都通了仙了。学不成诗，还弄出病来呢。"一面说，一面梳洗了，会同姊妹往贾母处来。

原来香菱苦志学诗，精血诚聚，日间做不出，忽于梦中得了八句。梳洗已毕，便忙录出来，自己并不知好歹，便拿来又找黛玉。刚到沁芳亭，只见李纨与众姊妹方从王夫人处回来，宝钗正告诉他们说他梦中作诗说梦话。众人正笑，抬头见他来了，便都争着要诗看。且听下回分解。

接四十九回：

话说香菱见众人正说笑，他便迎上去笑道："你们看

第四十八回 滥情人情误思游艺 慕雅女雅集苦吟诗

这一首。若使得,我便还学;若还不好,我就死了这作诗的心了。"说着,把诗递与黛玉及众人看时,只见写道是:

> 精华欲掩料应难,影自娟娟魄自寒。
> 一片砧敲千里白,半轮鸡唱五更残。
> 绿蓑江上秋闻笛,红袖楼头夜倚栏。
> 博得嫦娥应借问,缘何不使永团圆!

众人看了笑道:"这首不但好,而且新巧有意趣。可知俗语说'天下无难事,只怕有心人。'社里一定请你了。"香菱听了心下不信,料着是他们瞒哄自己的话,还只管问黛玉宝钗等。

红楼小讲台

本回主要写了三件事:一、薛蟠远行;二、香菱入园;三、香菱学诗。薛蟠离家远行给了香菱一段没有丈夫管束的空闲时间,宝钗邀请香菱入园同住,为香菱学诗提供了一个契机。

进入大观园后,香菱先是去拜会邻居,这是宝钗的提醒,再一次表现了宝钗的善于人事。接着便是香菱发自内心,热情高涨地学诗:香菱拜师——黛玉论诗——香菱读诗——香菱解诗——黛玉命题——香菱作诗——黛玉评诗——香菱改诗——香菱再作——众人赞诗。香菱饱满的学习热情,加上黛玉积极鼓励、以读促写、讲练结合、及时反馈的教学方法,香菱快速入门,享受其中,不断进步,最终写出了令人称道的吟月诗。

香菱这个从小被拐骗转卖的苦命女子,原名甄英莲(谐音真应怜),

虽然命运艰辛，但她从未改变对美好、高雅生活的倾慕，回目中"慕雅"二字写出香菱学诗的本质。"苦吟"，客观写出了香菱废寝忘食、苦思冥想学诗的过程，但在文中我们也能感受到香菱在做着一件心甘情愿、甘之如饴的乐事。因着兴趣，良师益友，坚毅、乐学的心态，让我们看到香菱的人生除了有生活的苟且，还有对诗和远方的向往。

本回我评论：

绝妙好词笺

吟月

甄英莲

精华欲掩料应难，影自娟娟魄自寒。

一片砧敲千里白，半轮鸡唱五更残。

绿蓑江上秋闻笛，红袖楼头夜倚栏。

博得嫦娥应借问，缘何不使永团圆！

从诗歌鉴赏角度，并结合香菱身世遭遇，分析这首诗比前两首好在哪里。

名家鉴赏台

香菱之悲惨遭遇使我屡屡怀疑甄士隐的选择的正确性，一任自己的女儿涂炭蹂躏，这样的高士、正果、超拔令人不忍，不认，难以苟同，思之毛骨悚然。这是不是反映了作者的自相矛盾呢？色即是空，色何尝空？谁能无情？谁能无咎？谁无尘缘？谁能无痛！

——王蒙①

三家评香菱三首诗：

曹立波：

香菱学诗一共三首，那三首实际上反映了一个初学者的概况，因为香菱经常向黛玉去请教，她不断地进步，那么三首诗就体现了她不断成熟的过程。我们先听听第一首。第一首肯定是很幼稚的，然后有一个不断成熟的过程。我们大家一起来赏析一下，题目是《吟月三首》。她是写月亮的，那么自然要围绕着月亮来写："月挂中天夜色寒，清光皎皎影团团。诗人助兴常思玩，野客添愁不忍观。翡翠楼边悬玉镜，珍珠帘外挂冰盘。良宵何用烧银烛，晴彩辉煌映画栏。"她是在写月亮，句句都是写月亮，写月亮很亮。那么，她幼稚在什么地方呢？我们想，一般的诗除了写景之外，更重要的是什么呀？抒情，我们大家都知道。所以，她这首诗单纯地写景，每一句都在写月亮的亮，换个角度写它的亮。这里边她幼稚就幼稚在没有情，没有人的主观情感在里边。

那么，下边就看第二首。第二首是："非银非水映窗寒，试看晴空护玉盘。淡淡梅花香欲染，丝丝柳带露初干。只疑残粉涂金砌，恍若轻霜抹玉栏。梦醒西楼人迹绝，余容犹可隔帘看。"有没有人的意象在里边呢？这里边有，有人的影子在里边了，蔡先生看一看这首诗，她进步在哪个地方呢？

蔡义江：

林黛玉作为指导老师，她讲话讲得很少，她说前两首措词不雅。譬如说："诗人助兴常思玩"，看到月亮，诗人可以助兴，老是想赏玩它。"野客添愁不忍观"，在野外的人啊，看到月亮可能添愁，所以不忍去看

---

① 王蒙. 不奴隶，毋宁死：王蒙谈红说事[M]. 北京：十月文艺出版社，2008.6.

它。这种直截了当的话呢，在我们看来这话已经不错了，在她看叫"措词不雅"，都因为你诗读得少了，被它束缚住了。被什么束缚住了？被这个题目《月亮》。月亮有什么好写的呢？那么最多就只能写诗人可以写月亮助兴，或者野外的人看到月亮圆了以后，觉得我离开家了，添愁，而这个话呢又讲得那么直截了当。林黛玉指出的缺点并不多，就叫她重做，自己去领会，这就是做老师很好的办法，你老是不断地批评她，这个那个不对，多了的话，她也记不住。就叫她再读再领会。

我觉得她第二首，的确是不大受束缚了，放开了。当然放开也还有限度，不能寄情寓兴，你譬如说："淡淡梅花香欲染，丝丝柳带露初干。"所以，林黛玉评价她，也说难为她了。因为这个孩子还是够聪明的。第二次就知道胆子放开，用烘染。梅花怎么可以烘染月光呢？宋代很有名的诗："暗香浮动月黄昏"就是写梅花的，这是林和靖——我们杭州人写的，我住在杭州，最熟悉了。暗香浮动的时候，月亮昏黄，淡淡梅花好像香气都要染到月亮上面。她知道用烘染的办法来写。但是毕竟这首诗，像刚才曹立波讲的一样，她是用尽了脑子去想象，去比喻的。但是指导老师评价了两个字的缺点，过于"穿凿"——穿凿附会。林黛玉觉得香菱胆子不够大，老是拿这些东西去比附月亮。旁边听的一个也是诗歌行家，叫薛宝钗，她一听以后，嘿，这首诗用月亮的"月"字底下加个颜色的"色"字——"月色"倒可以，处处都写月色，就是月光照下来的情况。

请注意，律诗的题目跟内容要扣得非常紧，写月亮，写月色是不一样的；你写月亮的话，月色只能够顺便带到，主要还是讲月亮，如果写月色只是写月色。但是，薛宝钗也有话：没关系，多写几首就好了，诗啊，本来就是从胡说来的。看到这句话的时候，我第一佩服薛宝钗，第二就佩服曹雪芹。他有多大的胆量才能讲出这句话——诗是从胡说八道来的。

她说写三首，实际上整个过程三十首未必写得这么好。第一首的话，充其量是初中水平吧；第二首达到高中、大学水平；第三首也不是博士生水平了，那简直是个老诗人了，那写得够好的了。

曹立波：

我们欣赏第三首："精华欲掩料应难，影自娟娟魄自寒。一片砧敲千里白，半轮鸡唱五更残。绿蓑江上秋闻笛，红袖楼头夜倚栏。博得嫦娥应借问，缘何不使永团圆？"这首我比较喜欢，我先说说我的感觉。我比较喜欢中间这两联，因为这是一首律诗嘛。那么颈联和颔联这两联，四句对仗是非常工整的："一片"对"半轮"，"千里白"对"五更残"。另外，下一句呢："绿蓑江上"对"红袖楼头"，"秋闻笛"对"夜倚栏"，对仗很工稳。另外，从意象上看呢，"红袖楼头夜倚栏"，我想起南朝民歌《西洲曲》里边写女子："望郎上青楼"，然后"栏杆十二曲，垂手明如玉"和"红袖楼头夜倚栏"的意象非常相近。另外，最后一句"博得嫦娥应借问，缘何不使永团圆？"这个和好多乐府民歌结尾是很相似的。像《迢迢牵牛星》的结尾："盈盈一水间，脉脉不得语。"都是写月亮，写银河，然后质问为什么造成了人间这种永久的别离？这种无可奈何。我觉得这个意蕴，对古诗意蕴的化用是很好的。

吕启祥：

我很喜欢第一句，这起句真是不凡："精华欲掩料应难"，跟香菱这个人太切合了。香菱本来是什么人呢？她是甄士隐的女儿，根基不凡，后来因为遭到不幸，被拐卖，整个地被埋没了。她学诗真是苦志学诗，最后终于脱颖而出。

蔡义江：

写咏物诗，一定要把个人的感情讲出来，这点指导老师没有直接给她讲，她自己领会出来了。实际上中国的所有咏物诗，可以分成两类。第一类诗就物论物，把这个物，过去写过的典故凑在一起，最后凑成一首诗。当然里面也可以有一个主题，但是个人的寄托不强。第二类呢，都是咏物诗里面写得好的，成功之作都是第二类。就是通过咏物，把自己的感受写在里面，通过物表达出来，我们或者讲叫寄情寓兴，把感情寄在里面，把自己的兴会寄寓在里面。

香菱领会到了:"精华欲掩料应难",月亮的精华,乌云是盖不住的,我香菱命运的遭遇,我现在文化很低,但是要把我的才华盖住也很难。"料应难",掩过去也难,总有一天它要破云而出,埋没不了;第二句讲"影自娟娟魄自寒",这句也写得好。月亮的样子——影啊,是那么的美好。魄,月亮的魄叫月魄,就是月亮的精神,月亮给人一种清寒、寒冷的感觉,香菱也让人感觉她精神上有寂寞、痛苦的一面。①

红楼人物馆

香菱是红楼梦中"金陵十二钗"副册人物,她美丽、善良、心思单纯,却一路坎坷,结局凄惨。请详细阅读第4回,梳理香菱的不幸遭遇。

一、香菱的不幸

1. 香菱遇上一个不负责任的家仆霍启(谐音"祸起"),在热闹混乱的元宵夜把她一个人放在大街上,导致她被拐走。

2. 她遇上一个阴险贪婪的人贩子:

3. 她遇上一个迂腐书生冯渊:

4. 她遇上一个见死不救的旧识葫芦僧(应天府门子):

5. 她遇上一个恩将仇报的应天府知府贾雨村:

6. 她遇上一个没头脑、不懂得怜香惜玉的丈夫薛蟠,更不懂得欣赏她的诗文才华,只顾自己"淫佚无度",为了新欢,牺牲了她这个旧爱。

---

① 傅光明主编,插图本新解红楼梦:在文学馆听讲座[M].济南:山东画报出版社,2005.1。

7. 她遇上一个糊涂刻薄的婆婆薛姨妈。薛姨妈只当她是个丫鬟，时常抱怨她，见宝钗缺丫鬟就让她过去侍候，见夏金桂吵闹就拿她出气，要拉出去卖了。

8. 她遇上了残忍狠毒的夏金桂主仆，在她们的欺压蹂躏下，香消玉殒。

在香菱的不幸人生中，最快乐的一段光阴就是在大观园度过的这一年，请详细阅读本回，请写出三条香菱的幸福。

二、香菱的幸福

1. _____
2. _____
3. _____

红楼活动场

1. 阅读本回第二部分——宝钗邀请香菱入园，请从宝钗的言行，分析宝钗的性格特点。

2. 红楼梦中有一位特级教师——林黛玉。请从教育学角度分析林黛玉的诗歌教学！

第四十九回

琉璃世界白雪红梅　脂粉香娃割腥啖膻

批注

　　正说之间，只见几个小丫头并老婆子忙忙的走来，都笑道："来了好些姑娘奶奶们，我们都不认得，奶奶姑娘们快认亲去。"李纨笑道："这是那里的话？你到底说明白了是谁的亲戚？"那婆子丫头都笑道："奶奶的两位妹子都来了。还有一位姑娘，说是薛大姑娘的妹妹，还有一位爷，说是薛大爷的兄弟。我这会子请姨太太去呢，奶奶和姑娘们先上去罢。"说着，一径去了。宝钗笑道："我们薛蝌和他妹妹来了不成？"李纨也笑道："我们婶子又上京来了不成？他们也不能凑在一处，这可是奇事。"大家纳闷，来至王夫人上房，只见乌压压一地的人。

　　原来邢夫人之兄嫂带了女儿岫烟进京来投邢夫人的，可巧凤姐之兄王仁也正进京，两亲家一处打帮来了。走至半路泊船时，正遇见李纨之寡婶带着两个女儿——大名李纹，次名李绮——也上京。大家叙起来又是亲戚，因此三家一路同行。后有薛蟠之从弟薛蝌，因当年父亲在京时已将胞妹薛宝琴许配都中梅翰林之子为婚，正欲进京发嫁，闻得王仁进京，他也带了妹子随后赶来。所以今日会齐了来访投各人亲戚。

第四十九回　琉璃世界白雪红梅　脂粉香娃割腥啖膻

于是大家见礼叙过，贾母王夫人都欢喜非常。贾母因笑道："怪道昨日晚上灯花爆了又爆，结了又结，原来应到今日。"一面叙些家常，一面收看带来的礼物，一面命留酒饭。凤姐儿自不必说，忙上加忙。李纨宝钗自然和婶母姊妹叙离别之情。黛玉见了，先是欢喜，次后想起众人皆有亲眷，独自己孤单，无个亲眷，不免又去垂泪。宝玉深知其情，十分劝慰了一番方罢。

然后宝玉忙忙来至怡红院中，向袭人、麝月、晴雯等笑道："你们还不快看人去！谁知宝姐姐的亲哥哥是那个样子，他这叔伯兄弟形容举止另是一样了，倒像是宝姐姐的同胞弟兄似的。更奇在你们成日家只说宝姐姐是绝色的人物，你们如今瞧瞧他这妹子，更有大嫂嫂这两个妹子，我竟形容不出了。老天，老天，你有多少精华灵秀，生出这些人上之人来！可知我井底之蛙，成日家自说现在的这几个人是有一无二的，谁知不必远寻，就是本地风光，一个赛似一个，如今我又长了一层学问了。除了这几个，难道还有几个不成？"一面说，一面自笑自叹。袭人见他又有了魔意，便不肯去瞧。晴雯等早去瞧了一遍回来，欣欣笑向袭人道："你快瞧瞧去！大太太的一个侄女儿，宝姑娘一个妹妹，大奶奶两个妹妹，倒象一把子四根水葱儿。"

一语未了，只见探春也笑着进来找宝玉，因说道："咱们的诗社可兴旺了。"宝玉笑道："正是呢。这是你一高兴起诗社，所以鬼使神差来了这些人。但只一件，不知他们可学过作诗不曾？"探春道："我才都问了他们，虽是他们自谦，看其光景，没有不会的。便是不会也没难处，你看香菱就知道了。"

批注

　　袭人笑道:"他们说薛大姑娘的妹妹更好,三姑娘看着怎么样?"探春道:"果然的话。据我看,连他姐姐并这些人总不及他。"袭人听了,又是诧异,又笑道:"这也奇了,还从那里再好的去呢?我倒要瞧瞧去。"探春道:"老太太一见了,喜欢的无可不可,已经逼着太太认了干女儿了。老太太要养活,才刚已经定了。"宝玉喜的忙问:"这果然的?"探春道:"我几时说过谎!"又笑道:"有了这个好孙女儿,就忘了这孙子了。"宝玉笑道:"这倒不妨,原该多疼女儿些才是正理。明儿十六,咱们可该起社了。"

　　探春道:"林丫头刚起来了,二姐姐又病了,终是七上八下的。"宝玉道:"二姐姐又不大作诗,没有他又何妨。"探春道:"越性等几天,他们新来的混熟了,咱们邀上他们岂不好?这会子大嫂子宝姐姐心里自然没有诗兴的,况且湘云没来,颦儿刚好了,人人不合式。不如等着云丫头来了,这几个新的也熟了,颦儿也大好了,大嫂子和宝姐姐心也闲了,香菱诗也长进了,如此邀一满社岂不好?咱们两个如今且往老太太那里去听听,除宝姐姐的妹妹不算外,他一定是在咱们家住定了的。倘或那三个要不在咱们这里住,咱们央告着老太太留下他们在园子里住下,咱们岂不多添几个人,越发有趣了。"宝玉听了,喜的眉开眼笑,忙说道:"倒是你明白。我终久是个糊涂心肠,空喜欢一会子,却想不到这上头来。"

　　说着,兄妹两个一齐往贾母处来。果然王夫人已认了宝琴作干女儿,贾母欢喜非常,连园中也不命住,晚上跟着贾母一处安寝。薛蝌自向薛蟠书房中住下。贾母便和邢夫人说:"你侄女儿也不必家去了,园里住几天,逛逛再去。"邢夫人兄嫂家中原艰难,这一上京,原仗的是邢夫

第四十九回　琉璃世界白雪红梅　脂粉香娃割腥啖膻

人与他们治房舍，帮盘缠，听如此说，岂不愿意。邢夫人便将岫烟交与凤姐儿。凤姐儿筹算得园中姊妹多，性情不一，且又不便另设一处，莫若送到迎春一处去，倘日后邢岫烟有些不遂意的事，纵然邢夫人知道了，与自己无干。从此后若邢岫烟家去住的日期不算，若在大观园住到一个月上，凤姐儿亦照迎春的分例送一分与岫烟。凤姐儿冷眼敁敠岫烟心性为人，竟不象邢夫人及他的父母一样，却是温厚可疼的人。因此凤姐儿又怜他家贫命苦，比别的姊妹多疼他些，邢夫人倒不大理论了。

贾母王夫人因素喜李纨贤惠，且年轻守节，令人敬伏，今见他寡婶来了，便不肯令他外头去住。那李婶虽十分不肯，无奈贾母执意不从，只得带着李纹李绮在稻香村住下来。

当下安插既定，谁知保龄侯史鼐又迁委了外省大员，不日要带了家眷去上任。贾母因舍不得湘云，便留下他了，接到家中，原要命凤姐儿另设一处与他住。史湘云执意不肯，只要与宝钗一处住，因此就罢了。

此时大观园中比先更热闹了多少。李纨为首，余者迎春、探春、惜春、宝钗、黛玉、湘云、李纹、李绮、宝琴、邢岫烟，再添上凤姐儿和宝玉，一共十三个。叙起年庚，除李纨年纪最长，他十二个人皆不过十五六七岁，或有这三个同年，或有那五个共岁，或有这两个同月同日，那两个同刻同时，所差者大半是时刻月分而已。连他们自己也不能细细分晰，不过是"弟""兄""姊""妹"四个字随便乱叫。

如今香菱正满心满意只想作诗，又不敢十分罗唣宝钗，可巧来了个史湘云。那史湘云又是极爱说话的，那里

批注

禁得起香菱又请教他谈诗，越发高了兴，没昼没夜高谈阔论起来。宝钗因笑道："我实在聒噪的受不得了。一个女孩儿家，只管拿着诗作正经事讲起来，叫有学问的人听了，反笑话说不守本分的。一个香菱没闹清，偏又添了你这么个话口袋子，满嘴里说的是什么：怎么是杜工部之沉郁，韦苏州之淡雅，又怎么是温八叉之绮靡，李义山之隐僻。放着两个现成的诗家不知道，提那些死人做什么！"湘云听了，忙笑问道："是那两个？好姐姐，你告诉我。"宝钗笑道："呆香菱之心苦，疯湘云之话多。"湘云香菱听了，都笑起来。

正说着，只见宝琴来了，披着一领斗篷，金翠辉煌，不知何物。宝钗忙问："这是那里的？"宝琴笑道："因下雪珠儿，老太太找了这一件给我的。"香菱上来瞧道："怪道这么好看，原来是孔雀毛织的。"湘云道："那里是孔雀毛，就是野鸭子头上的毛作的。可见老太太疼你了，这样疼宝玉，也没给他穿。"宝钗道："真俗语说'各人有缘法'。他也再想不到他这会子来，既来了，又有老太太这么疼他。"湘云道："你除了在老太太跟前，就在园里来，这两处只管顽笑吃喝。到了太太屋里，若太太在屋里，只管和太太说笑，多坐一回无妨；若太太不在屋里，你别进去，那屋里人多心坏，都是要害咱们的。"说的宝钗、宝琴、香菱、莺儿等都笑了。宝钗笑道："说你没心，却又有心；虽然有心，到底嘴太直了。我们这琴儿就有些象你。你天天说要我作亲姐姐，我今儿竟叫你认他作亲妹妹罢了。"湘云又瞅了宝琴半日，笑道："这一件衣裳也只配他穿，别人穿了，实在不配。"

第四十九回　琉璃世界白雪红梅　脂粉香娃割腥啖膻

正说着，只见琥珀走来笑道："老太太说了，叫宝姑娘别管紧了琴姑娘。他还小呢，让他爱怎么样就怎么样。要什么东西只管要去，别多心。"宝钗忙起身答应了，又推宝琴笑道："你也不知是那里来的福气！你倒去罢，仔细我们委曲着你。我就不信我那些儿不如你。"说话之间，宝玉黛玉都进来了，宝钗犹自嘲笑。湘云因笑道："宝姐姐，你这话虽是顽话，恰有人真心是这样想呢。"琥珀笑道："真心恼的再没别人，就只是他。"口里说，手指着宝玉。宝钗湘云都笑道："他倒不是这样人。"琥珀又笑道："不是他，就是他。"说着又指着黛玉。湘云便不则声。宝钗忙笑道："更不是了。我的妹妹和他的妹妹一样。他喜欢的比我还疼呢，那里还恼？你信口儿混说。他的那嘴有什么实据。"

宝玉素习深知黛玉有些小性儿，且尚不知近日黛玉和宝钗之事，正恐贾母疼宝琴他心中不自在，今见湘云如此说了，宝钗又如此答，再审度黛玉声色亦不似往时，果然与宝钗之说相符，心中闷闷不乐。因想："他两个素日不是这样的好，今看来竟更比他人好十倍。"一时林黛玉又赶着宝琴叫妹妹，并不提名道姓，直是亲姊妹一般。那宝琴年轻心热，且本性聪敏，自幼读书识字，今在贾府住了两日，大概人物已知。又见诸姊妹都不是那轻薄脂粉，且又和姐姐皆和契，故也不肯怠慢，其中又见林黛玉是个出类拔萃的，便更与黛玉亲敬异常。宝玉看着只是暗暗的纳罕。

一时宝钗姊妹往薛姨妈房内去后，湘云往贾母处来，林黛玉回房歇着。宝玉便找了黛玉来，笑道："我虽看了《西厢记》，也曾有明白的几句，说了取笑，你曾恼过。如

📖 批注

235

批注

今想来，竟有一句不解，我念出来你讲讲我听。"黛玉听了，便知有文章，因笑道："你念出来我听听。"宝玉笑道："那《闹简》上有一句说得最好，'是几时孟光接了梁鸿案？'这句最妙。'孟光接了梁鸿案'这五个字，不过是现成的典，难为他这'是几时'三个虚字问的有趣。是几时接了？你说说我听听。"黛玉听了，禁不住也笑起来，因笑道："这原问的好。他也问的好，你也问的好。"宝玉道："先时你只疑我，如今你也没的说，我反落了单。"黛玉笑道："谁知他竟真是个好人，我素日只当他藏奸。"因把说错了酒令起，连送燕窝病中所谈之事，细细告诉了宝玉。宝玉方知缘故，因笑道："我说呢，正纳闷'是几时孟光接了梁鸿案'，原来是从'小孩儿口没遮拦'就接了案了。"

黛玉因又说起宝琴来，想起自己没有姊妹，不免又哭了。宝玉忙劝道："你又自寻烦恼了。你瞧瞧，今年比旧年越发瘦了，你还不保养。每天好好的，你必是自寻烦恼，哭一会子，才算完了这一天的事。"黛玉拭泪道："近来我只觉心酸，眼泪却象比旧年少了些的。心里只管酸痛，眼泪却不多。"宝玉道："这是你哭惯了心里疑的，岂有眼泪会少的！"

正说着，只见他屋里的小丫头子送了猩猩毡斗篷来，又说："大奶奶才打发人来说，下了雪，要商议明日请人作诗呢。"一语未了，只见李纨的丫头走来请黛玉。宝玉便邀着黛玉同往稻香村来。黛玉换上掐金挖云红香羊皮小靴，罩了一件大红羽纱面白狐狸里的鹤氅，束一条青金闪绿双环四合如意绦，头上罩了雪帽。

二人一齐踏雪行来。只见众姊妹都在那边，都是一色

第四十九回　琉璃世界白雪红梅　脂粉香娃割腥啖膻

大红猩猩毡与羽毛缎斗篷，独李纨穿一件青哆罗呢对襟褂子，薛宝钗穿一件莲青斗纹锦上添花洋线番耙丝的鹤氅；邢岫烟仍是家常旧衣，并无避雪之衣。一时史湘云来了，穿着贾母与他的一件貂鼠脑袋面子大毛黑灰鼠里子里外发烧大褂子，头上带着一顶挖云鹅黄片金里大红猩猩毡昭君套，又围着大貂鼠风领。黛玉先笑道："你们瞧瞧，孙行者来了。他一般的也拿着雪褂子，故意装出个小骚达子来。"湘云笑道："你们瞧瞧我里头打扮的。"一面说，一面脱了褂子。只见他里头穿着一件半新的靠色三镶领袖秋香色盘金五色绣龙窄褙小袖掩衿银鼠短袄，里面短短的一件水红装缎狐肷褶子，腰里紧紧束着一条蝴蝶结子长穗五色宫绦，脚下也穿着麀皮小靴，越显的蜂腰猿背，鹤势螂形。众人都笑道："偏他只爱打扮成个小子的样儿，原比他打扮女儿更俏丽了些。"

　　湘云道："快商议作诗！我听听是谁的东家？"李纨道："我的主意。想来昨儿的正日已过了，再等正日又太远，可巧又下雪，不如大家凑个社，又替他们接风，又可以作诗。你们意思怎么样？"宝玉先道："这话很是。只是今日晚了，若到明儿，晴了又无趣。"众人看道："这雪未必晴，纵晴了，这一夜下的也够赏了。"李纨道："我这里虽好，又不如芦雪广①好。我已经打发人笼地炕去了，咱们大家拥炉作诗。老太太想来未必高兴，况且咱们小顽意儿，单给凤丫头个信儿就是了。你们每人一两银子就够了，送到我这里来，"指着香菱、宝琴、李纹、李绮、岫烟，"五个不算外，咱们里头二丫头病了不算，四丫头告了假也不算，你们四分子送了来，我包总五六两银子也尽

---

① 有的版本又作"芦雪庵""芦雪庭"。

够了。"宝钗等一齐应诺。因又拟题限韵，李纨笑道："我心里自己定了，等到了明日临期，横竖知道。"说毕，大家又闲话了一回，方往贾母处来。本日无话。

到了次日一早，宝玉因心里记挂着这事，一夜没好生得睡，天亮了就爬起来。掀开帐子一看，虽门窗尚掩，只见窗上光辉夺目，心内早踌躇起来，埋怨定是晴了，日光已出。一面忙起来揭起窗屉，从玻璃窗内往外一看，原来不是日光，竟是一夜大雪，下将有一尺多厚，天上仍是搓绵扯絮一般。宝玉此时欢喜非常，忙唤人起来，盥漱已毕，只穿一件茄色哆罗呢狐皮袄子，罩一件海龙皮小小鹰膀褂，束了腰，披了玉针蓑，戴上金藤笠，登上沙棠屐，忙忙的往芦雪庵来。出了院门，四顾一望，并无二色，远远的是青松翠竹，自己却如装在玻璃盒内一般。于是走至山坡之下，顺着山脚刚转过去，已闻得一股寒香拂鼻。回头一看，恰是妙玉门前栊翠庵中有十数株红梅如胭脂一般，映着雪色，分外显得精神，好不有趣！宝玉便立住，细细的赏玩一回方走。只见蜂腰板桥上一个人打着伞走来，是李纨打发了请凤姐儿去的人。

宝玉来至芦雪广，只见丫鬟婆子正在那里扫雪开径。原来这芦雪广盖在傍山临水河滩之上，一带几间，茅檐土壁，槿篱竹牖，推窗便可垂钓，四面都是芦苇掩覆，一条去径逶迤穿芦度苇过去，便是藕香榭的竹桥了。众丫鬟婆子见他披蓑戴笠而来，却笑道："我们才说正少一个渔翁，如今都全了。姑娘们吃了饭才来呢，你也太性急了。"宝玉听了，只得回来。刚至沁芳亭，见探春正从秋爽斋来，围着大红猩猩毡斗篷，戴着观音兜，扶着小丫头，后面一个妇人打着青绸油伞。宝玉知他往贾母处去，便立在亭

第四十九回 琉璃世界白雪红梅　脂粉香娃割腥啖膻

边，等他来到，二人一同出园前去。宝琴正在里间房内梳洗更衣。

一时众姊妹来齐，宝玉只嚷饿了，连连催饭。好容易等摆上来，头一样菜便是牛乳蒸羊羔。贾母便说："这是我们有年纪的人的药，没见天日的东西，可惜你们小孩子们吃不得。今儿另外有新鲜鹿肉，你们等着吃。"众人答应了。宝玉却等不得，只拿茶泡了一碗饭，就着野鸡瓜齑忙忙的咽完了。贾母道："我知道你们今儿又有事情，连饭也不顾吃了。"便叫"留着鹿肉与他晚上吃"，凤姐忙说"还有呢"，方才罢了。史湘云便悄和宝玉计较道："有新鲜鹿肉，不如咱们要一块，自己拿了园里弄着，又顽又吃。"宝玉听了，巴不得一声儿，便真和凤姐要了一块，命婆子送入园去。

一时大家散后，进园齐往芦雪广来，听李纨出题限韵，独不见湘云宝玉二人。黛玉道："他两个再到不了一处，若到一处，生出多少故事来。这会子一定算计那块鹿肉去了。"正说着，只见李婶也走来看热闹，因问李纨道："怎么一个带玉的哥儿和那一个挂金麒麟的姐儿，那样干净清秀，又不少吃的，他两个在那里商议着要吃生肉呢，说的有来有去的。我只不信肉也生吃得的。"众人听了，都笑道："了不得，快拿了他两个来。"黛玉笑道："这可是云丫头闹的，我的卦再不错。"

李纨等忙出来找着他两个说道："你们两个要吃生的，我送你们到老太太那里吃去。那怕吃一只生鹿，撑病了不与我相干。这么大雪，怪冷的，替我作祸呢。"宝玉笑道："没有的事，我们烧着吃呢。"李纨道："这还罢了。"只见老婆们拿了铁炉、铁叉、铁丝缏来，李纨道："仔细割了

批注

手,不许哭!"说着,同探春进去了。

凤姐打发了平儿来回复不能来,为发放年例正忙。湘云见了平儿,那里肯放。平儿也是个好顽的,素日跟着凤姐儿无所不至,见如此有趣,乐得顽笑,因而褪去手上的镯子,三个围着火炉儿,便要先烧三块吃。那边宝钗黛玉平素看惯了,不以为异,宝琴等及李婶深为罕事。探春与李纨等已议定了题韵。探春笑道:"你闻闻,香气这里都闻见了,我也吃去。"说着,也找了他们来。李纨也随来说:"客已齐了,你们还吃不够?"湘云一面吃,一面说道:"我吃这个方爱吃酒,吃了酒才有诗。若不是这鹿肉,今儿断不能作诗。"说着,只见宝琴披着凫靥裘站在那里笑。湘云笑道:"傻子,过来尝尝。"宝琴笑说:"怪脏的。"宝钗道:"你尝尝去,好吃的。你林姐姐弱,吃了不消化,不然他也爱吃。"宝琴听了,便过去吃了一块,果然好吃,便也吃起来。

一时凤姐儿打发小丫头来叫平儿。平儿说:"史姑娘拉着我呢,你先走罢。"小丫头去了。一时只见凤姐也披了斗篷走来,笑道:"吃这样好东西,也不告诉我!"说着也凑着一处吃起来。黛玉笑道:"那里找这一群花子去!罢了,罢了,今日芦雪庵遭劫,生生被云丫头作践了。我为芦雪广一大哭!"湘云冷笑道:"你知道什么!'是真名士自风流',你们都是假清高,最可厌的。我们这会子腥膻大吃大嚼,回来却是锦心绣口。"宝钗笑道:"你回来若作的不好了,把那肉掏了出来,就把这雪压的芦苇子摁上些,以完此劫。"

说着,吃毕,洗漱了一回。平儿带镯子时却少了一个,左右前后乱找了一番,踪迹全无。众人都诧异。凤姐儿笑道："我知道这镯子的去向。你们只管作诗去，我们也不用找，只管前头去，不出三日包管就有了。"说着又问："你们今儿作什么诗？老太太说了，离年又近了，正月里还该作些灯谜儿大家顽笑。"众人听了，都笑道："可是倒忘了。如今赶着作几个好的，预备正月里顽。"说着，一齐来至地炕屋内，只见杯盘果菜俱已摆齐，墙上已贴出诗题、韵脚、格式来了。宝玉湘云二人忙看时，只见题目是"即景联句，五言排律一首，限二萧韵。"后面尚未列次序。李纨道："我不大会作诗，我只起三句罢，然后谁先得了谁先联。"宝钗道："到底分个次序。"要知端的，且听下回分解。

批注

红楼小讲台

　　本回承接上一回"香菱学诗"，大观园是一个人杰地灵的地方，因为这里有自由的空气，同龄人之间学习交流的良好风气，那些有才情的慕雅之人都相继汇聚于此。香菱拜了黛玉为师，积极学习、苦心钻研，一次次进步，作出了令人称道的诗歌。她虽然在大观园里没有专门的居所，不算大观园的"原住民"，但因着她的美丽、才华、性情，得到同龄人认同而邀请参加诗社成为大观园"移民"。

　　"移民潮"没有结束，很快又来了"一把子四根水葱"一样的四位亮丽女子。这四位女子的到来，使平静的大观园更加热闹，让久已熟惯的同龄人更加兴奋，他们积极热烈地迎接和讨论"新移民"。虽然处在寒冬，大观园却因为新鲜血液的加入而热气腾腾。

　　人已聚齐，聚会要开始了。在一场大雪之后，大观园仿佛琉璃世界，红梅映着冰雪美丽非常，诗社选择在开阔的卢雪广——一个方便赏雪作诗的好地方。还未作诗，史湘云和贾宝玉烤鹿肉便吸引了所有人，

在一众扭捏作态的矜持之举中，湘云"真名士自风流"的爽朗豪情活泼动人！

本回我评论：

名家鉴赏台

湘云之豪，绝非附庸风雅或徒拖大言，而是以尚率真、恶虚伪为其内在根据。

——吕启祥①

"你知道什么？'是真名士自风流'！你们都是假清高，最可厌的！我们这会子腥的膻的，大吃大嚼，回来却是锦心绣口！"

只这几句话就扫荡了一切的扭捏，矜持，多么痛快！这姑娘又常爱穿男孩子衣服，打扮成男孩子模样儿。平常谈起话来，高声大笑；喝起酒来，履袖挥拳，毫无顾忌。……大观园中有谁是这样粗豪明爽的？她似乎从来不睬那些"坐莫动膝，立莫摇裙；喜莫大笑，怒莫高声"的女四书，也从来不沾染那些高贵小姐们的斯文习气，她只是一个原封未动不受穿凿的好孩子。

——王昆仑《史湘云论》，收录在其《红楼梦人物论》一书。②

---

① 吕启祥.红楼寻梦：吕启祥论红楼梦[M].北京：文化艺术出版社，2005.2。
② 王昆仑.红楼梦人物论[M].长沙：岳麓书社，2010.8。

红楼人物馆

史湘云是"金陵十二钗"之一,《红楼梦》中的重要人物,她生于贾、史、王、薛四大家族的史家,虽然出身豪门,但由于父母早逝,依亲度日,日子并不好过,然而她性格爽朗真诚,并不自怨自怜。由于受到贾母(史太君)的疼爱,时常接来贾府小住,也算大观园移民之一,常与薛宝钗相伴而居。这一回中主要描写了史湘云的雪天装扮和贾宝玉烤鹿肉吃。

湘云的雪天装扮:一时史湘云来了,穿着贾母与他的一件貂鼠脑袋面子大毛黑灰鼠里子里外发烧大褂子,头上带着一顶挖云鹅黄片金里大红猩猩毡昭君套,又围着大貂鼠风领。黛玉先笑道:"你们瞧瞧,孙行者来了。他一般的也拿着雪褂子,故意装出个小骚达子来。"湘云笑道:"你们瞧瞧我里头打扮的。"一面说,一面脱了褂子。只见他里头穿着一件半新的靠色三镶领袖秋香色盘金五色绣龙窄裉小袖掩衿银鼠短袄,里面短短的一件水红装缎狐肷褶子,腰里紧紧束着一条蝴蝶结子长穗五色宫绦,脚下也穿着麂皮小靴,越显的蜂腰猿背,鹤势螂形。众人都笑道:"偏他只爱打扮成个小子的样儿,原比他打扮女儿更俏丽了些。"

割腥啖膻时众人的反应:

李纨:担心他们烧鹿肉割了手。

宝琴笑说"怪脏的"。

黛玉讥笑他们是"叫花子"。

湘云:"'是真名士自风流',你们都是假清高,最可厌的。我们这会子腥膻大吃大嚼,回来却是锦心绣口"。

红楼活动场

1. 你可以为雪天男装的史湘云画像吗?

2. 你喜欢这个性格活泼的史湘云吗?

3. 如果让林黛玉、薛宝钗、史湘云其中一个做你的同桌,你想选择谁?为什么?

第五十回

芦雪广争联即景诗　暖香坞雅制春灯谜

话说薛宝钗道："到底分个次序，让我写出来。"说着，便令众人拈阄为序。起首恰是李氏，然后按次各各开出。凤姐儿说道："既是这样说，我也说一句在上头。"众人都笑说道："更妙了！"宝钗便将稻香老农之上补了一个"凤"字，李纨又将题目讲与他听。凤姐儿想了半日，笑道："你们别笑话我。我只有一句粗话，下剩的我就不知道了。"众人都笑道："越是粗话越好，你说了只管干正事去罢。"凤姐儿笑道："我想下雪必刮北风。昨夜听见了一夜的北风，我有了一句，就是'一夜北风紧'，可使得？"众人听了，都相视笑道："这句虽粗，不见底下的，这正是会作诗的起法。不但好，而且留了多少地步与后人。就是这句为首，稻香老农快写上续下去。"凤姐和李婶平儿又吃了两杯酒，自去了。这里李纨便写了：

　　　　一夜北风紧，

自己联道：

　　　　开门雪尚飘。入泥怜洁白，

香菱道：

　　　　匝地惜琼瑶。有意荣枯草，

▶ 批注

探春道：

　　无心饰萎苔。价高村酿熟，

李绮道：

　　年稔府梁饶。葭动灰飞管，

李纹道：

　　阳回斗转杓。寒山已失翠，

岫烟道：

　　冻浦不闻潮。易挂疏枝柳，

湘云道：

　　难堆破叶蕉。麝煤融宝鼎，

宝琴道：

　　绮袖笼金貂。光夺窗前镜，

黛玉道：

　　香粘壁上椒。斜风仍故故，

宝玉道：

　　清梦转聊聊。何处梅花笛？

宝钗道：

　　谁家碧玉箫？鳌愁坤轴陷，

李纨笑道："我替你们看热酒去罢。"宝钗命宝琴续联，只见湘云站起来道：

　　龙斗阵云销。野岸回孤棹，

宝琴也站起道：

　　吟鞭指灞桥。赐裘怜抚戍，

湘云那里肯让人，且别人也不如他敏捷，都看他扬眉挺身的说道：

　　加絮念征徭。坳垤审夷险，

宝钗连声赞好，也便联道：

第五十回 芦雪广争联即景诗 暖香坞雅制春灯谜

枝柯怕动摇。皑皑轻趁步，

黛玉忙联道：

翦翦舞随腰。煮芋成新赏，

一面说，一面推宝玉，命他联。宝玉正看宝钗、宝琴、黛玉三人共战湘云，十分有趣，那里还顾得联诗，今见黛玉推他，方联道：

撒盐是旧谣。苇蓑犹泊钓，

湘云笑道："你快下去，你不中用，倒耽搁了我。"一面只听宝琴联道：

林斧不闻樵。伏象千峰凸，

湘云忙联道：

盘蛇一径遥。花缘经冷聚，

宝钗与众人又忙赞好。探春又联道：

色岂畏霜凋。深院惊寒雀，

湘云正渴了，忙忙的吃茶，已被岫烟道：

空山泣老鸮。阶墀随上下，

湘云忙丢了茶杯，忙联道：

池水任浮漂。照耀临清晓，

黛玉联道：

缤纷入永宵。诚忘三尺冷，

湘云忙笑联道：

瑞释九重焦。僵卧谁相问，

宝琴也忙笑联道：

狂游客喜招。天机断缟带，

湘云又忙道：

海市失鲛绡。

林黛玉不容他出，接着便道：

湘云忙联道：

寂寞对台榭，

清贫怀箪瓢。

宝琴也不容情，也忙道：

烹茶冰渐沸，

湘云见这般，自为得趣，又是笑，又忙联道：

煮酒叶难烧。

黛玉也笑道：

没帚山僧扫，

宝琴也笑道：

埋琴稚子挑。

湘云笑的弯了腰，忙念了一句，众人问"到底说的什么？"湘云喊道：

石楼闲睡鹤，

黛玉笑的握着胸口，高声嚷道：

锦罽暖亲猫。

宝琴也忙笑道：

月窟翻银浪，

湘云忙联道：

霞城隐赤标。

黛玉忙笑道：

沁梅香可嚼，

宝钗笑称好，也忙联道：

淋竹醉堪调。

宝琴也忙道：

或湿鸳鸯带，

湘云忙联道：

>时凝翡翠翘。

黛玉又忙道：

>无风仍脉脉，

宝琴又忙笑联道：

>不雨亦潇潇。

湘云伏着已笑软了。众人看他三人对抢，也都不顾作诗，看着也只是笑。黛玉还推他往下联，又道："你也有才尽之时。我听听还有什么舌根嚼了！"湘云只伏在宝钗怀里，笑个不住。宝钗推他起来道："你有本事，把'二萧'的韵全用完了，我才伏你。"湘云起身笑道："我也不是作诗，竟是抢命呢。"众人笑道："倒是你说罢。"探春早已料定没有自己联的了，便早写出来，因说："还没收住呢。"李纨听了，接过来便联了一句道：

>欲志今朝乐，

李绮收了一句道：

>凭诗祝舜尧。

李纨道："够了，够了。虽没作完了韵，賸的字若生扭用了，倒不好了。"说着，大家来细细评论一回，独湘云的多，都笑道："这都是那块鹿肉的功劳。"

李纨笑道："逐句评去都还一气，只是宝玉又落了第了。"宝玉笑道："我原不会联句，只好担待我罢。"李纨笑道："也没有社社担待你的。又说韵险了，又整误了，又不会联句了，今日必罚你。我才看见栊翠庵的红梅有趣，我要折一枝来插瓶。可厌妙玉为人，我不理他。如今罚你去取一枝来。"众人都道这罚的又雅又有趣。

宝玉也乐为，答应着就要走。湘云黛玉一齐说道："外头冷得很，你且吃杯热酒再去。"湘云早执起壶来，黛玉

批注

递了一个大杯,满斟了一杯。湘云笑道:"你吃了我们的酒,你要取不来,加倍罚你。"宝玉忙吃了一杯,冒雪而去。李纨命人好好跟着。黛玉忙拦说:"不必,有了人反不得了。"李纨点头说:"是。"一面命丫鬟将一个美女耸肩瓶拿来,贮了水准备插梅,因又笑道:"回来该咏红梅了。"

湘云忙道:"我先作一首。"宝钗忙道:"今日断乎不容你再作了。你都抢了去,别人都闲着,也没趣。回来还罚宝玉,他说不会联句,如今就叫他自己作去。"黛玉笑道:"这话很是。我还有个主意,方才联句不够,莫若拣着联的少的人作红梅。"宝钗笑道:"这话是极。方才邢李三位屈才,且又是客。琴儿和颦儿云儿三个人也抢了许多,我们一概都别作,只让他三个作才是。"李纨因说:"绮儿也不大会作,还是让琴妹妹作罢。"宝钗只得依允,又道:"就用'红梅花'三个字作韵,每人一首七律。邢大妹妹作'红'字,你们李大妹妹作'梅'字,琴儿作'花'字。"李纨道:"饶过宝玉去,我不服。"湘云忙道:"有个好题目命他作。"众人问何题目?湘云道:"命他就作'访妙玉乞红梅',岂不有趣?"众人听了,都说有趣。

一语未了,只见宝玉笑欣欣擎了一枝红梅进来,众丫鬟忙已接过,插入瓶内。众人都笑称谢。宝玉笑道:"你们如今赏罢,也不知费了我多少精神呢。"说着,探春早又递过一钟暖酒来,众丫鬟走上来接了蓑笠掸雪。各人房中丫鬟都添送衣服来,袭人也遣人送了半旧的狐腋褂来。李纨命人将那蒸的大芋头盛了一盘,又将朱橘、黄橙、橄榄等盛了两盘,命人带与袭人去。湘云且告诉宝玉方才的诗题,又催宝玉快作。宝玉道:"姐姐妹妹们,让我自己用韵罢,别限韵了。"众人都说:"随你作去罢。"

一面说一面大家看梅花。原来这枝梅花只有二尺来高,旁有一横枝纵横而出,约有五六尺长,其间小枝分歧,或如蟠螭,或如僵蚓,或孤削如笔,或密聚如林,花吐胭脂,香欺兰蕙,各各称赏。谁知邢岫烟、李纹、薛宝琴三人都已吟成,各自写了出来。众人便依"红梅花"三字之序看去,写道是:

咏红梅花　　得"红"字　　邢岫烟

桃未芳菲杏未红,冲寒先已笑东风。
魂飞庾岭春难辨,霞隔罗浮梦未通。
绿萼添妆融宝炬,缟仙扶醉跨残虹。
看来岂是寻常色,浓淡由他冰雪中。

咏红梅花　　得"梅"字　　李　纹

白梅懒赋赋红梅,逞艳先迎醉眼开。
冻脸有痕皆是血,醉心无恨亦成灰。
误吞丹药移真骨,偷下瑶池脱旧胎。
江北江南春灿烂,寄言蜂蝶漫疑猜。

咏红梅花　　得"花"字　　薛宝琴

疏是枝条艳是花,春妆儿女竞奢华。
闲庭曲槛无余雪,流水空山有落霞。
幽梦冷随红袖笛,游仙香泛绛河槎。
前身定是瑶台种,无复相疑色相差。

众人看了,都笑称赏了一番,又指末一首说更好。宝玉见宝琴年纪最小,才又敏捷,深为奇异。黛玉湘云二人斟

批注

了一小杯酒，齐贺宝琴。宝钗笑道："三首各有各好。你们两个天天捉弄厌了我，如今捉弄他来了。"李纨又问宝玉："你可有了？"宝玉忙道："我倒有了，才一看见那三首，又吓忘了，等我再想。"湘云听了，便拿了一支铜火箸击着手炉，笑道："我击鼓了，若鼓绝不成，又要罚的。"宝玉笑道："我已有了。"黛玉提起笔来，说道："你念，我写。"湘云便击了一下笑道："一鼓绝。"宝玉笑道："有了，你写吧。"众人听他念道，"酒未开樽句未裁"，黛玉写了，摇头笑道："起的平平。"湘云又道："快着！"宝玉笑道："寻春问腊到蓬莱。"黛玉、湘云都点头笑道："有些意思了。"宝玉又道："不求大士瓶中露，为乞嫦娥槛外梅。"黛玉写了，又摇头道："凑巧而已。"湘云忙催二鼓，宝玉又笑道："入世冷挑红雪去，离尘香割紫云来。槎枒谁惜诗肩瘦，衣上犹沾佛院苔。"黛玉写毕，湘云大家才评论时，只见几个小丫鬟跑进来道："老太太来了。"众人忙迎出来。大家又笑道："怎么这等高兴！"说着，远远见贾母围了大斗篷，带着灰鼠暖兜，坐着小竹轿，打着青绸油伞，鸳鸯琥珀等五六个丫鬟，每个人都是打着伞，拥轿而来。李纨等忙往上迎，贾母命人止住说："只在那里就是了。"来至跟前，贾母笑道："我瞒着你太太和凤丫头来了。大雪地下坐着这个无妨，没的叫他们来跐雪。"众人忙一面上前接斗篷，搀扶着，一面答应着。

　　贾母来至室中，先笑道："好俊梅花！你们也会乐，我来着了。"说着，李纨早命拿了一个大狼皮褥来铺在当中。贾母坐了，因笑道："你们只管顽笑吃喝。我因为天短了，不敢睡中觉，抹了一回牌，想起你们来了，我也来凑个趣儿。"李纨早又捧过手炉来，探春另拿了一副杯箸来，亲自斟了暖酒，奉与贾母。贾母便饮了一口，问那个盘子里是什么东西。众人忙捧了过来，回说是糟鹌鹑。贾母道："这倒罢了，撕一两点腿子来。"李纨忙答应了，要水洗手，亲自来撕。贾母又道："你们仍旧坐下说笑我听。"又命李纨："你也坐下，就如同我没来的一样才好，不然我就去了。"

众人听了，方依次坐下，这李纨便挪到尽下边。贾母因问作何事了，众人便说作诗。贾母道："有作诗的，不如作些灯谜，大家正月里好顽的。"众人答应了。说笑了一回，贾母便说："这里潮湿，你们别久坐，仔细受了潮湿。"因说："你四妹妹那里暖和，我们到那里瞧瞧他的画儿，赶年可有了。"众人笑道："那里能年下就有了？只怕明年端阳有了。"贾母道："这还了得！他竟比盖这园子还费工夫了。"

说着，仍坐了竹轿，大家围随，过了藕香榭，穿入一条夹道，东西两边皆有过街门，门楼上里外皆嵌着石头匾，如今进的是西门，向外的匾上凿着"穿云"二字，向里的凿着"度月"两字。来至当中，进了向南的正门，贾母下了轿，惜春已接了出来。从里边游廊过去，便是惜春卧房，门斗上有"暖香坞"三个字。早有几个人打起猩红毡帘，已觉温香拂脸。大家进入房中，贾母并不归坐，只问画在那里。惜春因笑回："天气寒冷了，胶性皆凝涩不润，画了恐不好看，故此收起来。"贾母笑道："我年下就要的。你别托懒儿，快拿出来给我快画。"

一语未了，忽见凤姐儿披着紫羯褂，笑欣欣的来了，口内说道："老祖宗今儿也不告诉人，私自就来了，要我好找。"贾母见他来了，心中自是喜悦，便道："我怕你们冷着了，所以不许人告诉你们去。你真是个鬼灵精儿，到底找了我来。以理，孝敬也不在这上头。"凤姐儿笑道："我那里是孝敬的心找了来？我因为到了老祖宗那里，鸦没雀静的，问小丫头子们，他又不肯说，叫我找到园里来。我正疑惑，忽然来了两三个姑子，我心里才明白。我想姑子必是来送年疏，或要年例香例银子，老祖宗年下的事也多，一定是躲债来了。我赶忙问了那姑子，果然不错。我连忙把年例给了他们去了。如今来回老祖宗，债主已去，不用躲着了。已预备下希嫩的野鸡，请用晚饭去，再迟一回就老了。"他一行说，众人一行笑。

凤姐儿也不等贾母说话，便命人抬过轿子来。贾母笑着，挽了凤姐的手，仍旧上轿，带着众人，说笑出了夹道东门。一看四面粉妆银砌，忽见宝琴披着凫靥裘站在山坡上遥等，身后一个丫鬟抱着一瓶红梅。众人都笑道："少了两个人，他却在这里等着，也弄梅花去了。"贾母喜的忙笑道："你们瞧，这山坡上配上他的这个人品，又是这件衣裳，后头又是这梅花，象个什么？"众人都笑道："就象老太太屋里挂的仇十洲画的《双艳图》。"贾母摇头笑道："那画的那里有这件衣裳？人也不能这样好！"

一语未了，只见宝琴背后转出一个披大红猩毡的人来。贾母道："那又是那个女孩儿？"众人笑道："我们都在这里，那是宝玉。"贾母笑道："我的眼越发花了。"说话之间，来至跟前，可不是宝玉和宝琴。宝玉笑向宝钗黛玉等道："我才又到了栊翠庵。妙玉每人送你们一枝梅花，我已经打发人送去了。"众人都笑说："多谢你费心。"

说话之间，已出了园门，来至贾母房中。吃毕饭大家又说笑了一回。忽见薛姨妈也来了，说："好大雪，一日也没过来望候老太太。今日老太太倒不高兴？正该赏雪才是。"贾母笑道："何曾不高兴！我找了他们姊妹们去顽了一会子。"薛姨妈笑道："昨日晚上，我原想着今日要和我们姨太太借一日园子，摆两桌粗酒，请老太太赏雪的，又见老太太安息的早。我闻得女儿说，老太太心下不大爽，因此今日也没敢惊动。早知如此，我正该请。"贾母笑道："这才是十月里头场雪，往后下雪的日子多呢，再破费不迟。"薛姨妈笑道："果然如此，算我的孝心虔了。"

凤姐儿笑道："姨妈仔细忘了，如今先称五十两银子来，交给我收着，一下雪，我就预备下酒，姨妈也不用操心，也不得忘了。"贾母笑道："既这么说，姨太太给他五十两银子收着，我和他每人分二十五两，到下雪的日子，我装心里不快，混过去了，姨太太更不用操心，我和凤丫头倒得了实惠。"凤姐将手一拍，笑道："妙极了，这和我的主意一样。"众人都笑了。贾母笑道："呸！没脸的，就顺着竿子爬上来了！你不该说姨太太是客，在咱们家受屈，我们该请姨太太才是，那里有破费姨太太的理！不这样说呢，还有脸先要五十两银子，真不害臊！"凤姐儿笑道："我们老祖宗最是有眼色的，试一试，姨妈若松呢，拿出五十两来，就和我分。这会子估量着不中用了，翻过来拿我做法子，说出这些大方话来。如今我也不和姨妈要银子，竟替姨妈出银子治了酒，请老祖宗吃了，我另外再封五十两银子孝敬老祖宗，算是罚我个包揽闲事。这可好不好？"话未说完，众人已笑倒在炕上。

贾母因又说及宝琴雪下折梅比画儿上还好，因又细问他的年庚八字并家内景况。薛姨妈度其意思，大约是要与宝玉求配。薛姨妈心中固也遂意，只是已许过梅家

批注

了，因贾母尚未明说，自己也不好拟定，遂半吐半露告诉贾母道："可惜这孩子没福，前年他父亲就没了。他从小儿见的世面倒多，跟他父母四山五岳都走遍了。他父亲是好乐的，各处因有买卖，带着家眷，这一省逛一年，明年又往那一省逛半年，所以天下十停走了有五六停了。那年在这里，把他许了梅翰林的儿子，偏第二年他父亲就辞世了，他母亲又是痰症。"凤姐也不等说完，便嗐声跺脚的说："偏不巧，我正要作个媒呢，又已经许了人家。"贾母笑道："你要给谁说媒？"凤姐儿说道："老祖宗别管，我心里看准了他们两个是一对。如今已许了人，说也无益，不如不说罢了。"贾母也知凤姐儿之意，听见已有了人家，也就不提了。大家又闲话了一会方散。一宿无话。

次日雪晴。饭后，贾母又亲嘱惜春："不管冷暖，你只画去，赶到年下，十分不能便罢了。第一要紧把昨日琴儿和丫头梅花，照模照样，一笔别错，快快添上。"惜春听了虽是为难，只得应了。一时众人都来看他如何画，惜春只是出神。

李纨因笑向众人道："让他自己想去，咱们且说话儿。昨儿老太太只叫作灯谜，回家和绮儿纹儿睡不着，我就编了两个'四书'的。他两个每人也编了两个。"众人听了，都笑道："这倒该作的。先说了，我们猜猜。"李纨笑道："'观音未有世家传'，打'四书'一句。"湘云接着就说"在止于至善。"宝钗笑道："你也想一想'世家传'三个字的意思再猜。"李纨笑道："再想。"黛玉笑道："哦，是了。是'虽善无征'。"众人都笑道："这句是了。"李纨又道："'一池青草青何名。'"湘云忙道："这一定是'蒲芦也'。再不是不成？"李纨笑道："这难为你猜。纹儿的是'水向石边流出冷',打一古人名。"探春笑问道:"可是山涛?"李纹笑道:"是。"李纨又道:"绮儿的是个'萤'字,打一个字。"众人猜了半日,宝琴笑道:"这个意思却深,不知可是花草的'花'字?"李绮笑道:"恰是了。"众人道:"萤与花何干?"黛玉笑道:"妙得很!萤可不是草化的?"众人会意,都笑了说"好!"

> 批注

宝钗道:"这些虽好,不合老太太的意思,不如作些浅近的物儿,大家雅俗共赏才好。"众人都道:"也要作些浅近的俗物才是。"湘云笑道:"我编了一枝《点绛唇》,恰是俗物,你们猜猜。"说着便念道:"溪壑分离,红尘游戏,真何趣?名利犹虚,后事终难继。"众人不解,想了半日,也有猜是和尚的,也有猜是道士的,也有猜是偶戏人的。宝玉笑了半日,道:"都不是,我猜着了,一定是耍的猴儿。"湘云笑道:"正是这个了。"众人道:"前头都好,末后一句怎么解?"湘云道:"那一个耍的猴子不是剁了尾巴去的?"众人听了,都笑起来,说:"他编个谜儿也是刁钻古怪的。"李纨道:"昨日姨妈说,琴妹妹见的世面多,走的道路也多,你正该编谜儿,正用着了。你的诗且又好,何不编几个我们猜一猜?"宝琴听了,点头含笑,自去寻思。宝钗也有了一个,念道:

镂檀锲梓一层层,岂系良工堆砌成?
虽是半天风雨过,何曾闻得梵铃声!
——打一物

众人猜时,宝玉也有了一个,念道:

> 批注

天上人间两渺茫，琅玕节过谨隄防。
鸾音鹤信须凝睇，好把唏嘘答上苍。

黛玉也有了一个，念道是：

骡骎何劳缚紫绳？驰城逐堑势狰狞。
主人指示风雷动，鳌背三山独立名。

探春也有了一个，方欲念时，宝琴走过来笑道："我从小儿所走的地方的古迹不少。我今拣了十个地方的古迹，作了十首怀古的诗。诗虽粗鄙，却怀往事，又暗隐俗物十件，姐姐们请猜一猜。"众人听了，都说："这倒巧，何不写出来大家一看？"要知端的——

红楼小讲台

"卢雪广争联即景诗"是《红楼梦》中的一个经典桥段，在白雪红梅的映照下，大观园的青年男女面对着园中的美丽冬景，诗情、友情、亲情与美景交相辉映，使这个雪日充满了温暖与开阔！

从排律联诗的你出我对，到对梅吟咏的同题异作，他们热情交流着才华与情致！对知识的好奇、对生活的热爱、对同龄人单纯的好胜心，联出了长篇排律，咏出了红梅颂赞，这更是青春的赞美诗！

贾母作为本回中一个重要人物，首先起到了串场作用，随着贾母的到来，情节进展到"暖香坞雅制春灯谜"。大家跟着贾母一起来到暖香坞（惜春的房子），接着发生了"贾母催画"的情节，承接第40回刘姥姥二进荣国府时"贾母命画"。当初贾母只是让惜春把大观园的景致画出来，这次又增加了人物。第二天是雪后晴天，他们又开始了新一轮的快乐游戏——雅制春灯谜。欢乐仿佛是重复还来，不会停止的样子。

出生、饮食、玩乐、爱情、死亡，是红楼梦的人生五大事。大观园青年在人间诸景备的大观园中，伴着春花秋月、凉风冬雪，做着赏心乐事，并不感到岁月的流逝。

大观园的建成是由于元春皇妃省亲，也是贾府荣耀的顶点，建成后宝玉与群芳的诗意栖居，是人间理想生活的面貌。这种辉煌、团聚、宁静的生活越是美满，当离散、衰落、败亡到来的时候就显得更加伤感、难以接受。

本回我评论：

绝妙好词笺

即景联诗的前四句就是一首咏雪的绝妙好诗。起承转合由凤姐、李纨、香菱三人完成。

> 一夜北风紧，（凤姐）
>
> 开门雪尚飘。（李纨）
>
> 入泥怜洁白，（李纨）
>
> 匝地惜琼瑶。（香菱）

1. 大字不识的凤姐起了一句，为何能赢得大家的赞赏呢？你能在文章中找到原因吗？

凤姐儿想了半日，笑道："你们别笑话我。我只有一句粗话，下剩的我就不知道了。"众人都笑道："越是粗话越好，你说了只管干正事去罢。"凤姐儿笑道："我想下雪必刮北风。昨夜听见了一夜的北风，我有

了一句，就是'一夜北风紧'，可使得？"众人听了，都相视笑道："这句虽粗，不见底下的，这正是会作诗的起法。不但好，而且留了多少地步与后人。就是这句为首，稻香老农快写上续下去。"

2. 写诗的章法讲究"起、承、转、合"，你能从这四个角度分析本诗吗？

3. 写诗还要求押韵，本诗押的是＿＿＿＿韵，题目是"即景联句，五言排律一首，限二萧韵。"

古时没有拼音，清朝写诗押韵主要依据隋唐时流传下来的限韵方法编撰而成的《平水韵部》，共有106韵。二萧韵下的字有：萧箫挑貂刁凋雕迢条髫调蜩枭浇聊辽寥撩嘹僚尧宵消霄绡销超朝潮嚣骄娇蕉焦椒饶硝烧遥徭摇谣韶昭招镳瓢苗猫腰桥乔峣妖飘逍潇鸮骁祧鹩缭獠嘹天幺邀要姚樵谯憔标飚嫖漂剽佻龆茗岧嗃哓跷侥了魈峣描钊轺桡铫鷂翘栲侨窑礁。

4. 诗歌与情感是不可分割的一对双生子，这首诗虽然由三人完成，表达的感情却浑然一体，请从诗歌表达的情感角度分析这首诗。

名家鉴赏台

曹雪芹在《红楼梦》里创造了两个鲜明而对比的世界。这两个世界，我想分别叫它们作"乌托邦的世界"和"现实的世界"。这两个世界，落实到《红楼梦》这部书中便是大观园的世界和大观园以外的世界。……总结地说，《红楼梦》这部小说主要是描写一个理想世界的兴起、发展及其最后的幻灭。

——余英时[1]

红楼活动场

创意写作：

你能即景再做一首诗吗？或者邀请一到两位同学一起完成。

一夜霜露重，

_____。

_____，

_____。

---

[1] [美]余英时.红楼梦的两个世界[M].上海：上海社会科学院出版社，2002。

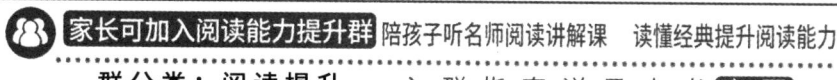

第五十六回

敏探春兴利除宿弊　时宝钗小惠全大体

批注

话说平儿陪着凤姐儿吃了饭，伏侍盥漱毕，方往探春处来。只见院中寂静，只有丫鬟婆子诸内壸近人在窗外听候。

平儿进入厅中，他姊妹三人正议论些家务，说的便是年内赖大家请吃酒他家花园中事故。见他来了，探春便命他脚踏上坐了，因说道："我想的事不为别的，因想着我们一月有二两月银外，丫头们又另有月钱。前儿又有人回，要我们一月所用的头油脂粉，每人又是二两。这又同才刚学里的八两一样，重重叠叠，事虽小，钱有限，看起来也不妥当。你奶奶怎么就没想到这个？"

平儿笑道："这有个原故：姑娘们所用的这些东西，自然是该有分例。每月买办买了，令女人们各房交与我们收管，不过预备姑娘们使用就罢了，没有一个我们天天各人拿钱找人买头油又是脂粉去的理。所以外头买办总领了去，按月使女人按房交与我们的。姑娘们的每月这二两，原不是为买这些的，原为的是一时当家的奶奶太太或不在，或不得闲，姑娘们偶然一时可巧要几个钱使，省得找人去。这原是恐怕姑娘们受委屈，可知这个钱并不是买这个才有的。如今我冷眼看着,各房里的我们的姊妹都是现拿钱买这些东西的,竟有一半。我就疑惑,不是买办脱了空,迟些日子,就是买的不是正经货,弄些使不得的东西来搪塞。"

探春李纨都笑道:"你也留心看出来了。脱空是没有的,也不敢,只是迟些日子;催急了,不知那里弄些来,不过是个名儿,其实使不得,依然得现买。就用这二两银子,另叫别人的奶妈子的或是弟兄哥哥的儿子买了来才使得。若使了官中的人,依然是那一样的。不知他们是什么法子,是铺子里坏了不要的,他们都弄了来,单预备给我们?"平儿笑道:"买办买的是那样的,他买了好的来,买办岂肯和他善开交,又说他使坏心要夺这买办了。所以他们也只得如此,宁可得罪了里头,不肯得罪了外头办事的人。姑娘们只能可使奶妈妈们,他们也就不敢闲话了。"

探春道:"因此我心中不自在。钱费两起,东西又白丢一半,通算起来,反费了两折子,不如竟把买办的每月蠲了为是。此是一件事。第二件,年里往赖大家去,你也去的,你看他那小园子比咱们这个如何?"平儿笑道:"还没有咱们这一半大,树木花草也少多了。"探春道:"我因和他家女儿说闲话儿,谁知那么个园子,除他们带的花,吃的笋菜鱼虾之外,一年还有人包了去,年终足有二百两银子剩。从那日我才知道,一个破荷叶,一根枯草根子,都是值钱的。"

宝钗笑道:"真真膏粱纨袴之谈。虽是千金小姐,原不知这事,但你们都念过书识字的,竟没看见朱夫子有一篇《不自弃文》不成?"探春笑道:"虽看过,那不过是勉人自励,虚比浮词,那里都真有的?"宝钗道:"朱子都有虚

批注

比浮词？那句句都是有的。你才办了两天时事，就利欲熏心，把朱子都看虚浮了。你再出去见了那些利弊大事，越发把孔子也看虚了！"探春笑道："你这样一个通人，竟没看见子书？当日《姬子》有云：'登利禄之场，处运筹之界者，窃尧舜之词，背孔孟之道。'"宝钗笑道："底下一句呢？"探春笑道："如今只断章取意，念出底下一句，我自己骂我自己不成？"宝钗道："天下没有不可用的东西；既可用，便值钱。难为你是个聪敏人，这些正事大节目事竟没经历，也可惜迟了。"李纨笑道："叫了人家来，不说正事，且你们对讲学问。"宝钗道："学问中便是正事。此刻于小事上用学问一提，那小事越发作高一层了。不拿学问提着，便都流入市俗去了。"

三人只是取笑之谈，说了笑了一回，便仍谈正事。探春因又接说道："咱们这园子只算比他们的多一半，加一倍算，一年就有四百银子的利息。若此时也出脱生发银子，自然小器，不是咱们这样人家的事。若派出两个一定的人来，既有许多值钱之物，一味任人作践，也似乎暴殄天物。不如在园子里所有的老妈妈中，拣出几个本分老诚能知园圃的事，派准他们收拾料理，也不必要他们交租纳税，只问他们一年可以孝敬些什么。一则园子有专定之人修理，花木自有一年好似一年的，也不用临时忙乱；二则也不至作践，白辜负了东西；三则老妈妈们也可借此小补，不枉年日在园中辛苦；四则亦可以省了这些花儿匠山子匠打扫人等的工费。将此有余，以补不足，未为不可。"

宝钗正在地下看壁上的字画，听如此说一则，便点一回头，说完，便笑道："善哉，三年之内无饥馑矣！"李纨笑道："好主意。这果一行，太太必喜欢。省钱事小，第一有人打扫，专司其职，又许他们去卖钱。使之以权，动之以利，再无不尽职的了。"平儿道："这件事须得姑娘说出来。我们奶奶虽有此心，也未必好出口。此刻姑娘们在园里住着，不能多弄些玩意儿去陪衬，反叫人去监管修理，图省钱，这话断不好出口。"

宝钗忙走过来，摸着他的脸笑道："你张开嘴，我瞧瞧你的牙齿舌头是什么作的。从早起来到这会子，你说这些话，一套一个样子，也不奉承三姑娘，也没见你说奶奶才短想不到，也并没有三姑娘说一句，你就说一句是；横竖三姑娘一套话出，你就有一套话进去；总是三姑娘想的到的，你奶奶也想到了，只是必有个不可办的原故。这会子又是因姑娘住的园子，不好因省钱令人去监管。你们想想这话，若果真交与人弄钱去的，那人自然是一枝花也不许掐，一个果子也不许动了，姑娘们分中自然不敢，天天与小姑娘们就吵不清。他这远愁近虑，不亢不卑。他奶奶便不是和咱们好，听他这一番话，也必要自他的变好了，不和也变和了。"

探春笑道："我早起一肚子气，听他来了，忽然想起他主子来，素日当家使出来的好撒野的人，我见了他便生了气。谁知他来了，避猫鼠儿似的站了半日，怪可怜的。接着又说了那么些话，不说他主子待我好，倒说'不枉姑娘待我们奶奶素日的情意了。'这一句，不但没了气，我倒愧了，又伤起心来。我细想，我一个女孩儿家，自己还闹得没人疼没人顾的，我那里还有好处去待人。"口内说到这里，不免又流下泪来。

李纨等见他说的恳切，又想他素日赵姨娘每生诽谤，在王夫人跟前亦为赵姨娘所累，亦都不免流下泪来，都忙

批注

劝道："趁今日清净，大家商议两件兴利剔弊的事，也不枉太太委托一场。又提这没要紧的事做什么？"平儿忙道："我已明白了。姑娘竟说谁好，竟一派人就完了。"探春道："虽如此说，也须得回你奶奶一声。我们这里搜剔小遗，已经不当，皆因你奶奶是个明白人，我才这样行，若是糊涂多盅多妒的，我也不肯，倒象抓他乖一般。岂可不商议了行。"平儿笑道："既这样，我去告诉一声。"说着去了，半日方回来，笑说："我说是白走一趟，这样好事，奶奶岂有不依的。"

探春听了，便和李纨命人将园中所有婆子的名单要来，大家参度，大概定了几个。又将他们一齐传来，李纨大概告诉与他们。众人听了，无不愿意，也有说："那一片竹子单交给我，一年工夫，明年又是一片。除了家里吃的笋，一年还可交些钱粮。"这一个说："那一片稻地交给我，一年这些顽的大小雀鸟的粮食不必动官中钱粮，我还可以交钱粮。"

探春才要说话，人回："大夫来了，进园瞧姑娘。"众婆子只得去接大夫。平儿忙说："单你们，有一百个也不成个体统，难道没有两个管事的头脑带进大夫来？"回事的那人说："有，吴大娘和单大娘他两个在西南角上聚锦门等着呢。"平儿听说，方罢了。

众婆子去后，探春问宝钗如何。宝钗笑答道："幸于始者怠于终，缮其辞者嗜其利。"探春听了点头称赞，便向册上指出几人来与他三人看。平儿忙去取笔砚来。他三人说道："这一个老祝妈是个妥当的，况他老头子和他儿子代代都是管打扫竹子，如今竟把这所有的竹子交与他。这一个老田妈本是种庄稼的，稻香村一带凡有菜蔬稻稗之类，虽是顽意儿，不必认真大治大耕，也须得他去，再一按时加些培植，岂不更好？"

探春又笑道："可惜，蘅芜苑和怡红院这两处大地方竟没有出利息之物。"李纨忙笑道："蘅芜苑更利害。如今香料铺并大市大庙卖的各处香料香草儿，都不是这些东西？算起来比别的利息更大。怡红院别说别的，单只说春夏天一季玫瑰花，共下多少花？还有一带篱笆上蔷薇、月季、宝相、金银藤，单这没要紧的草花干了，卖到茶叶铺药铺去，也值几个钱。"探春笑道："原来如此。只是弄香草的没有在行的人。"平儿忙笑道："跟宝姑娘的莺儿他妈就是会弄这个的，上回他还采了些晒干了辫成花篮葫芦给我顽的，姑娘倒忘了不成？"宝钗笑道："我才赞你，你到来捉弄我了。"三人都诧异，都问这是为何。宝钗道："断断使不得！你们这里多少得用的人，一个一个闲着没事办，这会子我又弄个人来，叫那起人连我也看小了。我倒替你们想出一个人来：怡红院有个老叶妈，他就是茗烟的娘。那是个诚实老人家，他又和我们莺儿的娘极好，不如把这事交与叶妈。他有不知的，不必咱们说，他就找莺儿的娘去商议了。那怕叶妈全不管，竟交与那一个，那是他们私情儿，有人说闲话，也就怨不到咱们身上了。如此一行，你们办的又至公，于事又甚妥。"李纨平儿都道："是极。"探春笑道："虽如此，只怕他们见利忘义。"平儿笑道："不相干，前儿莺儿还认了叶妈做干娘，请吃饭吃酒，两家和厚的好的很呢。"探春听了，方罢了。又共同斟酌出几人来，俱是他四人素昔冷眼取中的，用笔圈出。

一时婆子们来回大夫已去。将药方送上去。三人看了，一面遣人送出去取药，监派调服，一面探春与李纨明示诸人：某人管某处，按四季除家中定例用多少外，余者任凭你们采取了去取利，年终算帐。

探春笑道："我又想起一件事：若年终算帐归钱时，自然归到帐房，仍是上头又添一层管主，还在他们手心里，又剥一层皮。这如今我们兴出这事来派了你们，已是跨过他们的头去了，心里有气，只说不出来，你们年终去归帐，他们还不捉弄你们等什么？再者，这一年间管什么的，主子有一全分，他们就得半分。这是家里的旧例，人所共知的，别的偷着的在外。如今这园子里是我的新创，竟别入他们手，每年归帐，竟归到里头来才好。"

宝钗笑道："依我说，里头也不用归帐，这个多了那个少了，倒多事。不如问他们谁领这一分的，他就揽一宗事去。不过是园里的人的动用。我替你们算出来了，有限的几宗事：不过是头油、胭粉、香、纸，每一位姑娘几个丫头，都是有定例的；再者，各处笤帚、撮簸、掸子并大小禽鸟、鹿、兔吃的粮食。不过这几样，都是他们包了去，不用帐房去领钱。你算算，就省下多少来？"

平儿笑道："这几宗虽小，一年通共算了，也省的下四百两银子。"宝钗笑道："却又来，一年四百，二年八百两，取租的房子也能看得了几间，薄地也可添几亩。虽然还有敷余的，但他们既辛苦闹一年，也要叫他们剩些，粘补粘补自家。虽是兴利节用为纲，然亦不可太啬。纵再省上二三百银子，失了大体统也不象。所以如此一行，外头帐房里一年少出四五百银子，也不觉得很艰啬了，他们里头却也得些小补。这些没营生的妈妈们也宽裕了，园子里花木，也可以每年滋长蕃盛，你们也得了可使之物。这庶几不失大体。若一味要省时，那里不搜寻出几个钱来。凡

第五十六回　敏探春兴利除宿弊　时宝钗小惠全大体

有些余利的，一概入了官中，那时里外怨声载道，岂不失了你们这样人家的大体？如今这园里几十个老妈妈们，若只给了这个，那剩的也必抱怨不公。我才说的，他们只供给这个几样，也未免太宽裕了。一年竟除了这个之外，他每人不论有余无余，只叫他拿出若干贯钱来，大家凑齐，单散与园中这些妈妈们。他们虽不料理这些，却日夜也是在园中照看当差之人，关门闭户，起早睡晚，大雨大雪，姑娘们出入，抬轿子，撑船，拉冰床，一应粗糙活计，都是他们的差使。一年在园里辛苦到头，这园内既有出息，也是分内该沾带些的。还有一句至小的话，越发说破了：你们只管了自己宽裕，不分与他们些，他们虽不敢明怨，心里却都不服，只用假公济私的多摘你们几个果子，多掐几枝花儿，你们有冤还没处诉。他们也沾带了些利息，你们有照顾不到，他们就替你照顾了。"

众婆子听了这个议论，又去了帐房受辖治，又不与凤姐儿去算帐，一年不过多拿出若干贯钱来，各各欢喜异常，都齐说："愿意。强如出去被他揉搓着，还得拿出钱来呢。"那不得管地的听了每年终又无故得分钱，也都欢喜起来，口内说："他们辛苦收拾，是该剩些钱粘补的。我们怎么好'稳坐吃三注'的？"

宝钗笑道："妈妈们也别推辞了，这原是分内应当的。你们只要日夜辛苦些，别躲懒纵放人吃酒赌钱就是了。不然，我也不该管这事；你们一般听见，姨娘亲口嘱托我三五回，说大奶奶如今又不得闲儿，别的姑娘又小，托我照看照看。我若不依，分明是叫姨娘操心。你们奶奶又多病多痛，家务也忙。我原是个闲人，便是个街坊邻居，也要帮着些，何况是亲姨娘托我。我免不得去小就大，讲不起众人嫌我。倘或我只顾了小分沽名钓誉,那时酒醉赌博生出事来,我怎么见姨娘?你们那时后悔也迟了,就连你们素日的老脸也都丢了。这些姑娘小姐们,这么一所大花园,都是你们照看,皆因看得你们是三四代的老妈妈,最是循规遵矩的,原该大家齐心,顾些体统。你们反纵放别人任意吃酒赌博,姨娘听见了,教训一场犹可,倘若被那几个管家娘子听见了,他们也不用回姨娘,竟教导你们一番。你们这年老的反受了年小的教训,虽是他们是管家,管的着你们,何如自己存些体统,他们如何得来作践。所以我如今替你们想出这个额外的进益来,也为大家齐心把这园里周全的谨谨慎慎,使那些有权执事的看见这般严肃谨慎,且不用他们操心,他们心里岂不敬伏。也不枉替你们筹画进益,既能夺他们之权,生你们之利,岂不能行无为之治,分他们之忧。你们去细想想这话。"家人都欢声鼎沸说:"姑娘说的很是。从此姑娘奶奶只管放心,姑娘奶奶这样疼顾我们,我们再要不体上情,天地也不容了。"

刚说着,只见林之孝家的进来说:"江南甄府里家眷昨日到京,今日进宫朝贺。此刻先遣人来送礼请安。"说着,便将礼单送上去。探春接了,看道是:"上用的妆缎蟒缎十二匹,上用杂色缎十二匹,上用各色纱十二匹,上用宫绸十二匹,官用各色缎纱绸绫二十四匹。"李纨也看过,说:"用上等封儿赏他。"因又命人回了贾母。

贾母便命人叫李纨、探春、宝钗等也都过来,将礼物看了。李纨收过,一边吩咐内库上人说:"等太太回来看了再收。"贾母因说:"这甄家又不与别家相同,上等赏封赏男人,只怕展眼又打发女人来请安,预备下尺头。"一语未完，果然人回："甄府四个女人来请安。"贾母听了，忙命人带进来。

那四个人都是四十往上的年纪，穿戴之物，皆比主子不甚差别。请安问好毕，贾母命拿了四个脚踏来，他四人谢了坐，待宝钗等坐了，方都坐下。贾母便问："多早晚进京的？"四人忙起身回说："昨日进的京。今日太太带了姑娘进宫请安去了，故令女人们来请安，问候姑娘们。"贾母笑问道："这些年没进京，也不想到今年来。"四人也都笑回道："正是，今年是奉旨进京的。"贾母问道："家眷都来了？"四人回说："老太太和哥儿、两位小姐并别位太太都没来，就只太太带了三姑娘来了。"贾母道："有人家没有？"四人道："尚没有。"贾母笑道："你们大姑娘和二姑娘这两家，都和我们家甚好。"四人笑道："正是。每年姑娘们有信回去说，全亏府上照看。"贾母笑道："什么照看，原是世交，又是老亲，原应当的。你们二姑娘更好，更不自尊自大，所以我们才走的亲密。"四人笑道："这是老太太过谦了。"

贾母又问："你这哥儿也跟着你们老太太？"四人回说："也是跟着老太太。"贾母道："几岁了？"又问："上学不曾？"四人笑说："今年十三岁。因长得齐整，老太太很疼。自幼淘气异常，天天逃学，老爷太太也不便十分管教。"贾母笑道："也不成了我们家的了！你这哥儿叫什么名字？"四人道："因老太太当作宝贝一样，他又生的白，老太太便叫作宝玉。"贾母便向李纨等道："偏也叫作个宝玉。"李纨忙欠身笑道："从古至今，同时隔代重名的很多。"四人也笑道："起了这小名儿之后，我们上下都疑惑，不知那位亲友家也倒似曾有一个的。只是这十来年没进京来，却记不得真了。"贾母笑道："岂敢，就是我的孙子。人来。"众媳妇丫头答应了一声，走近几步。贾母笑道："园里把咱们的宝玉叫了来，给这四个管家娘子瞧瞧，比他们的宝玉如何？"

众媳妇听了，忙去了，半刻围了宝玉进来。四人一见，忙起身笑道："唬了我们一跳。若是我们不进府来，倘若别处遇见，还只道是我们的宝玉后赶着也进了京了呢。"一面说，一面都上来拉他的手，问长问短。宝玉忙也笑问好。贾母笑道："比你们的长的如何？"李纨等笑道："四位妈妈才一说，可知是模样相仿了。"贾母笑道："那有这样巧事？大家子孩子们再养的娇嫩，除了脸上有残疾十分黑丑的，大概看去都是一样的齐整。这也没有什么怪处。"四人笑道："如今看来，模样是一样。据老太太说，淘气也一样。我们看来，这位哥儿性情却比我们的好些。"贾母忙问："怎见得？"四人笑道："方才我们拉哥儿的手说话便知。我们那一个只说我们糊涂，慢说拉手，他的东西我们略动一动也不依。所使唤的人都是女孩子们。"

四人未说完，李纨姊妹等禁不住都失声笑出来。贾母也笑道："我们这会子也打发人去见了你们宝玉，若拉他的手，他也自然勉强忍耐一时。可知你我这样人家的孩子们，凭他们有什么刁钻古怪的毛病儿，见了外人，必是要还出正经礼数来的。若他不还正经礼数，也断不容他刁钻去了。就是大人溺爱的，是他一则生的得人意，二则见人礼数竟比大人行出来的不错，使人见了可爱可怜，背地里所以才纵他一点子。若一味他只管没里没外，不与大人争光，凭他生的怎样，也是该打死的。"

四人听了，都笑说："老太太这话正是。虽然我们宝玉

第五十六回 敏探春兴利除宿弊 时宝钗小惠全大体

淘气古怪，有时见了人客，规矩礼数更比大人有礼。所以无人见了不爱，只说为什么还打他。殊不知他在家里无法无天，大人想不到的话偏会说，想不到的事他偏要行，所以老爷太太恨的无法。就是弄性，也是小孩子的常情，胡乱花费，这也是公子哥儿的常情，怕上学，也是小孩子的常情，都还治的过来。第一，天生下来这一种刁钻古怪的脾气，如何使得。"一语未了，人回："太太回来了。"王夫人进来问过安。他四人请了安，大概说了两句。贾母便命歇歇去。王夫人亲捧过茶，方退出。四人告辞了贾母，便往王夫人处来，说了一会家务，打发他们回去，不必细说。

　　这里贾母喜的逢人便告诉，也有一个宝玉，也却一般行景。众人都为天下之大，世宦之多，同名者也甚多，祖母溺爱孙者也古今所有常事耳，不是什么罕事，故皆不介意。独宝玉是个迂阔呆公子的性情，自为是那四人承悦贾母之词。后至蘅芜苑去看湘云病去，史湘云说他："你放心闹罢，先是'单丝不成线，独树不成林'，如今有了个对子，闹急了，再打很了，你逃走到南京找那一个去。"宝玉道："那里的谎话你也信了，偏又有个宝玉了？"湘云道："怎么列国有个蔺相如，汉朝又有个司马相如呢？"宝玉笑道："这也罢了，偏又模样儿也一样，这是没有的事。"湘云道："怎么匡人看见孔子，只当是阳虎呢？"宝玉笑道："孔子阳虎虽同貌，却不同名，蔺与司马虽同名，而又不同貌；偏我和他就两样俱同不成？"湘云没了话答对，因笑道："你只会胡搅，我也不和你分证。有也罢，没也罢，与我无干。"说着便睡下了。

　　宝玉心中便又疑惑起来：若说必无，然亦似有；若说

批注

必有，又并无目睹。心中闷了，回至房中榻上默默盘算，不觉就忽忽的睡去，不觉竟到了一座花园之内。宝玉诧异道："除了我们大观园，更又有这一个园子？"

正疑惑间，从那边来了几个女儿，都是丫鬟。宝玉诧异道："除了鸳鸯、袭人、平儿之外，也竟还有这一干人？"只见那些丫鬟笑道："宝玉怎么跑到这里来了？"宝玉只当是说他，自己忙来陪笑说道："因我偶步到此，不知是那位世交的花园，好姐姐们，带我逛逛。"众丫鬟都笑道："原来不是咱家的宝玉。他生的倒也还干净，嘴儿也倒乖觉。"

宝玉听了，忙道："姐姐们，这里也更还有个宝玉？"丫鬟们忙道："宝玉二字，我们是奉老太太、太太之命，为保佑他延寿消灾的。我叫他，他听见喜欢。你是那里远方来的臭小厮，也乱叫起他来。仔细你的臭肉，打不烂你的。"又一个丫鬟笑道："咱们快走罢，别叫宝玉看见，又说同这臭小厮说了话，把咱熏臭了。"说着一径去了。

宝玉纳闷道："从来没有人如此涂毒我，他们如何更这样？真亦有我这样一个人不成？"一面想，一面顺步早到了一所院内。宝玉又诧异道："除了怡红院，也更还有这么一个院落。"忽上了台矶，进入屋内，只见榻上有一个人卧着，那边有几个女孩儿做针线，也有嘻笑顽耍的。只见榻上那个少年叹了一声。一个丫鬟笑问道："宝玉，你不睡又叹什么？想必为你妹妹病了，你又胡愁乱恨呢。"

宝玉听说，心下也便吃惊。只见榻上少年说道："我听见老太太说，长安都中也有个宝玉，和我一样的性情，我只不信。我才作了一个梦，竟梦中到了都中一个花园子里头，遇见几个姐姐，都叫我臭小厮，不理我。好容易找到他房里头，偏他睡觉，空有皮囊，真性不知那里去了。"

宝玉听说，忙说道："我因找宝玉来到这里。原来你就是宝玉？"榻上的忙下来拉住："原来你就是宝玉？这可不是梦里了。"宝玉道："这如何是梦？真而又真了。"一语未了，只见人来说："老爷叫宝玉。"唬得二人皆慌了。一个宝玉就走，一个宝玉便忙叫："宝玉快回来，快回来！"

袭人在旁听他梦中自唤，忙推醒他，笑问道："宝玉在那里？"此时宝玉虽醒，神意尚恍惚，因向门外指说："才出去了。"袭人笑道："那是你梦迷了。你揉眼细瞧，是镜子里照的你影儿。"宝玉向前瞧了一瞧，原是那嵌的大镜对面相照，自己也笑了。早有人捧过漱盂茶卤来，漱了口。麝月道："怪道老太太常嘱咐说小人屋里不可多有镜子。小人魂不全，有镜子照多了，睡觉惊恐作胡梦。如今倒在大镜子那里安了一张床。有时放下镜套还好；往前去，天热困倦不定，那里想的到放他，比如方才就忘了。自然是先躺下照着影儿顽的，一时合上眼，自然是胡梦颠倒；不然如何得看着自己叫着自己的名字？不如明儿挪进床来是正经。"一语未了，只见王夫人遣人来叫宝玉，不知有何话说——

红楼小讲台

从本回的回目"敏探春兴利除宿弊　时宝钗小惠全大体"可以看出：一，本回主要内容是探春和宝钗暂代王熙凤管理荣国府；二，从"敏""时"两个形容词可以看出，作者认为探春和宝钗的管理模式和价值观是不同的；三，以探春为改革主导人物，宝钗为协助者。

王熙凤因为"刚将年事忙过，凤姐儿便小月了，在家一月，不能理事"，王夫人"便觉失了臂膀"，李纨"是个尚德不尚才的，未免逞纵了

下人"。"王夫人便命探春合同李纨裁处"。探春是书中少数几个"脂粉队里的英雄",她德才兼备,在众人中又有威信,在这种时候由她来管理家政是最合适的。于是由李纨、探春、宝钗三人组成了荣国府管理小组。

本回一开始便是三个人的领导小组开会,会议统一了思想——如何节省开支,讨论出了改革基本方针——大观园承包责任制。于是迅速执行,"共同斟酌出几个人来",都是"素昔冷眼取中的",确定好承包人,讲清楚责任、权利,众婆子"各各欢喜异常"。可以说这次改革之所以能得到大家欢迎,在于以下几点。第一,公平。在上一回中,探春对待自己的母舅赵国基葬礼秉公办理,即使赵姨娘前来厮闹,也绝不徇私,这种以身作则、公平执事的作风为她树立了良好的管理形象,这一场改革探春也是基于公平,任人唯贤。第二,责任与权利意识。承包管事的婆子要负责什么,能得到什么,都交代得清楚明白,婆子们工作积极性高涨。第三,周全地考虑到人情,不令失利者破坏改革成果。

在这一回中,探春和宝钗都是值得赞赏的,一个在兴利除弊,一个在周全考量;一个突出公平和效率,一个强调人情利害,这种配合既体现了改革制度的透明,也不忽视人的作用。

从表现人物的角度来看,在这场改革中,探春敏于事,作为荣国府的三小姐,她有着高度的家庭责任心,一心想要节省家庭开支,她有着不容动摇的原则和态度,也有着不亚于王熙凤的办事能力;宝钗"随分从时",摆正自己外客的身份,协理探春而不过分出头,相时而动,同时又洞察人心,使全体成员享受到改革的利好,促使改革顺利进行。

本回我评论:

第五十六回 敏探春兴利除宿弊 时宝钗小惠全大体

名家鉴赏台

大观园中唯一具备政治风度的女性是探春，她是行将没落的侯门闺秀中的一个改革者。

贾家四姊妹的名字"元""迎""探""惜"是可以读作"原应叹息"的。作者对他们的命运一概感到悲惨可叹；不过单单把其中的三姑娘探春写成一个才能出众、不同凡响的人物。探春的形象是："俊眼秀眉，顾盼神飞，文采精华，见之忘俗。"做这些探春不同于薛宝钗。宝钗有才能，但她所奉行的却是"女子无才便是德"的"女教"，只想做一个身居正位而品德贤淑的闺范，此外皆非所取。探春却是一个积极有为的人。作者写探春更大异于王熙凤。凤姐难道无才吗？然而她的才常用在贪婪克扣、损人利己上；探春却是一个律己甚严的正派人。探春也与史湘云不一样。湘云天真浑朴、豪放忘形，像个男孩子。探春不庸俗、不纤弱，无脂粉气，但这并不是要求她不像个女孩子，而是要写出一种坚毅明敏、有胆有识、言行中肯的政治风度来。

……

探春是一个有立场、能战斗的正统主义者。

为什么要坚决发动改革，兴利除弊？当然是为了贾府的利益。因为如果真能扩而大之，行而久之，即便不能"家道中兴""绵延世泽"，至少会推迟一点贾府的败落，这岂不也是起了巩固统治的作用吗？

探春想要出去做一番什么样的事业呢？想来：小而言之，是"兴家立业"，大而言之，是"安邦定国"。这除了积极地继承和维护祖宗传统，难道还有别的道路？她对于自己的家族之趋于败亡，抱有特别的敏感和深重的悲念。

——王昆仑[①]

[①] 王昆仑. 红楼梦人物论[M]. 长沙：岳麓书社，2010。

葛老师的 红楼课

王昆仑（1902-1985），笔名太愚。我国著名红学家，代表作《红楼梦人物论》创作于抗战期间。对《红楼梦》中主要人物都有独到评论，可参考。

红楼人物馆

探春是红楼梦中"金陵十二钗"正册人物，在全书中笔墨很重，让我们一起来勾勒探春的形象。

1. 探春的外貌：削肩细腰，长挑身材，鸭蛋脸面，俊眼修眉，顾盼神飞，文彩精华，见之忘俗。（第3回）

2. 探春的居所：

探春素喜阔朗，这三间屋子并不曾隔断。当地放着一张花梨大理石大案，案上磊着各种名人法帖，并数十方宝砚，各色笔筒，笔海内插的笔如树林一般。那一边设着斗大的一个汝窑花囊，插着满满的一囊水晶球儿的白菊。西墙上当中挂着一大幅米襄阳《烟雨图》，左右挂着一副对联，乃是颜鲁公墨迹，其词云：

　　　　烟霞闲骨格　　泉石野生涯

案上设着大鼎。左边紫檀架上放着一个大观窑的大盘，盘内盛着数十个娇黄玲珑大佛手。右边洋漆架上悬着一个白玉比目磬，旁边挂着小锤。（第40回）

3. 探春的身世（如父母、兄弟姐妹、和宝玉以及大观园群芳的关系）：

_____
_____
_____
_____

4. 探春的才华、情致：

探春擅长书法、写诗，她的《咏白海棠》"多情伴我咏黄昏"成为全书中著名的诗句。探春还在大观园中发起诗社，在王熙凤生病期间在大观园实行改革。应该说，探春不仅有高雅志趣，还是一个有组织行动能力的少女。

5. 探春无法摆脱的痛苦：（参阅第55回"辱亲女愚妾争闲气"，概括之）

_____
_____
_____

6. 探春的结局：（参阅第100回，概括之）

_____
_____
_____

红楼活动场

历来有人诟病《红楼梦》是一部儿女情长的"小书",总共来去就几家人,基本不出门的一部"室内戏"。你同意吗?可以找找同学,组成一个辩论队,并把你们辩论的提纲写下来。

	正方	反方
立论		
论据		
猜测对方驳论点		
防守与攻击		
总结陈词		

第四篇

当理想遭遇现实

第七十三回

痴丫头误拾绣春囊　懦小姐不问累金凤

话说那赵姨娘和贾政说话，忽听外面一声响，不知何物。忙问时，原来是外间窗屉不曾扣好，塌了屈成了吊下来。赵姨娘骂了丫头几句，自己带领丫鬟上好，方进来打发贾政安歇。不在话下。

却说怡红院中宝玉正才睡下，丫鬟们正欲各散安歇，忽听有人击院门。老婆子开了门，见是赵姨娘房内的丫鬟名唤小鹊的。问他什么事，小鹊不答，直往房内来找宝玉。只见宝玉才睡下，晴雯等犹在床边坐着，大家顽笑，见他来了，都问："什么事，这时候又跑了来作什么？"小鹊笑向宝玉道："我来告诉你一个信儿。方才我们奶奶这般如此在老爷前说了。你仔细明儿老爷问你话。"说着回身就去了。袭人命留他吃茶，因怕关门，遂一直去了。

这里宝玉听了，便如孙大圣听见了紧箍咒一般，登时四肢五内一齐皆不自在起来。想来想去，别无他法，且理熟了书预备明儿盘考。口内不舛错，便有他事，也可搪塞一半。想罢，忙披衣起来要读书。心中又自后悔，这些日子只说不提了，偏又丢生，早知该天天好歹温习些的。

批注

批注

如今打算打算，肚子内现可背诵的，不过只有"学""庸""二论"是带注背得出的。至上本《孟子》，就有一半是夹生的，若凭空提一句，断不能接背的；至"下孟"，就有一大半忘了。算起五经来，因近来作诗，常把《诗经》读些，虽不甚精阐，还可塞责。别的虽不记得，素日贾政也幸未吩咐过读的，纵不知，也还不妨。

至于古文，这是那几年所读过的几篇，连"左传""国策""公羊""谷梁"汉唐等文，不过几十篇，这几年竟未曾温得半篇片语，虽闲时也曾遍阅，不过一时之兴，随看随忘，未下苦工夫，如何记得。这是断难塞责的。

更有时文八股一道，因平素深恶此道，原非圣贤之制撰，焉能阐发圣贤之微奥，不过作后人饵名钓禄之阶。虽贾政当日起身时选了百十篇命他读的，不过偶因见其中或一二股内，或承起之中，有作的或精致、或流荡、或游戏、或悲感，稍能动性者，偶一读之，不过供一时之兴趣，究竟何曾成篇潜心玩索。

如今若温习这个，又恐明日盘诘那个；若温习那个，又恐盘驳这个。况一夜之功，亦不能全然温习。因此越添了焦燥。自己读书不致紧要，却带累着一房丫鬟们皆不能睡。袭人麝月晴雯等几个大的是不用说，在旁剪烛斟茶；那些小的，都困眼朦胧，前仰后合起来。晴雯因骂道："什么蹄子们，一个个黑日白夜挺尸挺不够，偶然一次睡迟了些，就装出这腔调来了。再这样，我拿针戳给你们两下子！"

话犹未了，只听外间咕咚一声，急忙看时，原来是一个小丫头子坐着打盹，一头撞到壁上了，从梦中惊醒，恰正是晴雯说这话之时，他怔怔的只当是晴雯打了他一下，遂哭央说："好姐姐，我再不敢了。"众人都发起笑来。宝玉忙劝道："饶他去罢，原该叫他们都睡去才是。你们也该替换着睡去。"袭人忙道："小祖宗，你只顾你的罢。通共这一夜的功夫，你把心暂且用在这几本书上，等过了这一关，由你再张罗别的去，也不算误了什么。"宝玉听他说的恳切，只得又读。读了没有几句，麝月又斟了一杯茶来润舌，宝玉接茶吃了。因见麝月只穿着短袄，解了裙子，宝玉道："夜静了，冷，到底穿一件大衣裳才是。"麝月笑指着书道："你暂且把我们忘了，把心且略对着他些罢。"

话犹未了，只听金星玻璃从后房门跑进来，口内喊说："不好了，一个人从墙上跳下来了！"众人听说，忙问在那里，即喝起人来，各处寻找。晴雯因见宝玉读书苦恼，劳费一夜神思，明日也未必妥当，心下正要替宝玉想出一个主意来脱此难，正好忽然逢此一惊，即便生计，向宝玉道："趁这个机会快装病，只说唬着了。"

此话正中宝玉心怀，因而遂传起上夜人等来，打着灯笼，各处搜寻，并无踪迹，都说："小姑娘们想是睡花了眼出去，风摇的树枝儿，错认作人了。"晴雯便道："别放诌屁！你们查的不严，怕得不是，还拿这话来支吾。才刚并不是一个人见的，宝玉和我们出去有事，大家亲见的。如今宝玉唬的颜色都变了，满身发热，我如今还要上房里取安魂丸药去。太太问起来，是要回明白的，难道依你说就罢了不成。"

众人听了，吓的不敢则声，只得又各处去找。晴雯和玻璃二人果出去要药，故意闹的众人皆知宝玉吓着了。王夫人听了，忙命人来看视给药，又吩咐各上夜人仔细搜查,又一面叫查二门外邻园墙上夜的小厮们。于是园内灯笼火把,直闹了一夜。至五更天,就传管家男女,命仔细查一查,拷问内外上夜男女等人。

贾母闻知宝玉被吓,细问原由,不敢再隐,只得回明。贾母道:"我必料到有此事。如今各处上夜都不小心,还是小事,只怕他们就是贼也未可知。"当下邢夫人并尤氏等都过来请安,凤姐及李纨姊妹等皆陪侍,听贾母如此说,都默无所答。独探春出位笑道:"近因凤姐姐身子不好,几日园内的人比先放肆了许多。先前不过是大家偷着一时半刻,或夜里坐更时,三四个人聚在一处,或掷骰或斗牌,小小的顽意,不过为熬困。近来渐次发诞,竟开了赌局,甚至有头家局主,或三十吊五十吊三百吊的大输赢。半月前竟有争斗相打之事。"贾母听了,忙说:"你既知道,为何不早回我们来?"探春道:"我因想着太太事多,且连日不自在,所以没回。只告诉了大嫂子和管事的人们,戒饬过几次,近日好些。"

贾母忙道:"你姑娘家,如何知道这里头的利害。你自为耍钱常事,不过怕起争端。殊不知夜间既耍钱,就保不住不吃酒;既吃酒,就免不得门户任意开锁。或买东西,寻张觅李,其中夜静人稀,趁便藏贼引奸引盗,何等事作不出来。况且园内的姊妹们起居所伴者皆系丫头媳妇们,贤愚混杂,贼盗事小,再有别事,倘略沾带些,关系不小。这事岂可轻恕。"探春听说,便默然归坐。

凤姐虽未大愈,精神因此比常稍减,今见贾母如此说,便忙道:"偏生我又病了。"遂回头命人速传林之孝的等总理家事四个媳妇到来,当着贾母申饬了一顿。贾母命即刻查了头家赌家来,有人出首者赏,隐情不告者罚。

第七十二回　痴丫头误拾绣春囊　懦小姐不问累金凤

　　林之孝家的等见贾母动怒，谁敢狥私，忙至园内传齐人，一一盘查。虽不免大家赖一回，终不免水落石出。查得大头家三人，小头家八人，聚赌者通共二十多人，都带来见贾母，跪在院内磕响头求饶。贾母先问大头家名姓和钱之多少。原来这三个大头家，一个就是林之孝的两姨亲家，一个就是园内厨房内柳家媳妇之妹，一个就是迎春之乳母。这是三个为首的，余者不能多记。

　　贾母便命将骰子牌一并烧毁，所有的钱入官分散与众人，将为首者每人四十大板，撵出，总不许再入；从者每人二十大板，革去三月月钱，拨入圊厕行内。又将林之孝家的申饬了一番。林之孝家的见他的亲戚又与他打嘴，自己也觉没趣。迎春在坐，也觉没意思。

　　黛玉、宝钗、探春等见迎春的乳母如此，也是物伤其类的意思，遂都起身笑向贾母讨情说："这个妈妈素日原不顽的，不知怎么也偶然高兴。求看二姐姐面上，饶他这次罢。"贾母道："你们不知。大约这些奶子们，一个个仗着奶过哥儿姐儿，原比别人有些体面，他们就生事，比别人更可恶，专管调唆主子护短偏向。我都是经过的。况且要拿一个作法，恰好果然就遇见了一个。你们别管，我自有道理。"宝钗等听说，只得罢了。

　　一时贾母歇晌，大家散出，都知贾母今日生气，皆不敢各散回家，只得在此暂候。尤氏便往凤姐儿处来闲话了一回，因他也不自在，只得往园内寻众姑嫂闲谈。邢夫人在王夫人处坐了一回，也就往园内散散心来。刚至园门前，只见贾母房内的小丫头子名唤傻大姐的笑嘻嘻走来，手内拿着个花红柳绿的东西，低头一壁瞧着，一壁只管走，不防迎头撞见邢夫人，抬头看见，方才站住。邢夫人因说："这痴丫头，又得了个什么狗不识儿这么欢喜？拿来我瞧瞧。"

原来这傻大姐年方十四五岁，是新挑上来的与贾母这边提水桶扫院子专作粗活的一个丫头。只因他生得体肥面阔，两只大脚作粗活简捷爽利，且心性愚顽，一无知识，行事出言，常在规矩之外。贾母因喜欢他爽利便捷，又喜他出言可以发笑，便起名为"呆大姐"，常闷来便引他取笑一回，毫无避忌，因此又叫他作"痴丫头"。他纵有失礼之处，见贾母喜欢他，众人也就不去苛责。

这丫头也得了这个力，若贾母不唤他时，便入园内来顽耍。今日正在园内掏促织，忽在山石背后得了一个五彩绣香囊，其华丽精致，固是可爱，但上面绣的并非花鸟等物，一面却是两个人赤条条的盘踞相抱，一面是几个字。这痴丫头原不认得是春意，便心下盘算："敢是两个妖精打架？不然必是两口子相打。"左右猜解不来，正要拿去与贾母看，是以笑嘻嘻的一壁看，一壁走，忽见了邢夫人如此说，便笑道："太太真个说的巧，真个是狗不识呢。太太请瞧一瞧。"说着，便送过去。

邢夫人接来一看，吓得连忙死紧攥住，忙问"你是那里得的？"傻大姐道："我掏促织儿在山石上拣的。"邢夫人道："快休告诉一人。这不是好东西，连你也要打死。皆因你素日是傻子，以后再别提起了。"这傻大姐听了，反吓的黄了脸，说："再不敢了。"磕了个头，呆呆而去。邢夫人回头看时，都是些女孩儿，不便递与，自己便塞在袖内，心内十分罕异，揣摩此物从何而至，且不形于声色，且来至迎春室中。

迎春正因他乳母获罪，自觉无趣，心中不自在，忽报母亲来了，遂接入内室。奉茶毕，邢夫人因说道："你这么大了，你那奶妈子行此事，你也不说说他。如今别人都好好的，偏咱们的人做出这事来，什么意思。"迎春低着头弄衣带，半晌答道："我说他两次，他不听也无法。况且他是妈妈，只有他说我的，没有我说他的。"邢夫人道："胡说！你不好了他原该说，如今他犯了法，你就该拿出小姐的身分来。他敢不从，你就回我去才是。如今直等外人共知，是什么意思。再者，只他去放头儿，还恐怕他巧言花语的和你借贷些簪环衣履作本钱，你这心活面软，未必不周接他些。若被他骗去，我是一个钱没有的，看你明日怎么过节。"迎春不语，只低头弄衣带。

邢夫人见他这般，因冷笑道："总是你那好哥哥好嫂子，一对儿赫赫扬扬，琏二爷凤奶奶，两口子遮天盖日，百事周到，竟通共这一个妹子，全不在意。但凡是我身上吊下来的，又有一话说，——只好凭他们罢了。况且你又不是我养的，你虽然不是同他一娘所生，到底是同出一父，也该彼此瞻顾些，也免别人笑话。我想天下的事也难较定，你是大老爷跟前人养的，这里探丫头也是二老爷跟前人养的，出身一样。如今你娘死了，从前看来你两个的娘，只有你娘比如今赵姨娘强十倍的，你该比探丫头强才是。怎么反不及他一半！谁知竟不然，这可不是异事。倒是我一生无儿无女的，一生干净，也不能惹人笑话议论为高。"旁边伺候的媳妇们便趁机道："我们的姑娘老实仁德，那里像他们三姑娘伶牙俐齿，会要姊妹们的强。他们明知姐姐这样，他竟不顾恤一点儿。"邢夫人道："连他哥哥嫂子还如是，别人又作什么呢。"

一言未了，人回："琏二奶奶来了。"邢夫人听了，冷

> 批注

笑两声，命人出去说："请他自去养病，我这里不用他伺候。"接着又有探事的小丫头来报说："老太太醒了。"邢夫人方起身前边来。迎春送至院外方回。

绣桔因说道："如何，前儿我回姑娘，那一个攒珠累丝金凤竟不知那里去了。回了姑娘，姑娘竟不问一声儿。我说必是老奶奶拿去典了银子放头儿的，姑娘不信，只说司棋收着呢。问司棋，司棋虽病着，心里却明白。我去问他，他说没有收起来，还在书架上匣内暂放着，预备八月十五日恐怕要戴呢。姑娘就该问老奶奶一声，只是脸软怕人恼。如今竟怕无着，明儿要都戴时，独咱们不戴，是何意思呢。"

迎春道："何用问，自然是他拿去暂时借一肩儿。我只说他悄悄的拿了出去，不过一时半晌，仍旧悄悄的送来就完了，谁知他就忘了。今日偏又闹出来，问他想也无益。"绣桔道："何曾是忘记！他是试准了姑娘的性格，所以才这样。如今我有个主意：我竟走到二奶奶房里将此事回了他，或他着人去要，或他省事拿几吊钱来替他赔补。如何？"迎春忙道："罢，罢，罢，省些事罢。宁可没有了，又何必生事。"绣桔道："姑娘怎么这样软弱。都要省起事来，将来连姑娘还骗了去呢，我竟去的是。"说着便走。迎春便不言语，只好由他。

谁知迎春乳母子媳王住儿媳妇正因他婆婆得了罪，来求迎春去讨情，听他们正说金凤一事，且不进去。也因素日迎春懦弱，他们都不放在心上。如今见绣桔立意去回凤姐，估着这事脱不去的，且又有求迎春之事，只得进来，陪笑先向绣桔说："姑娘，你别去生事。姑娘的金丝凤，原是我们老奶奶老糊涂了，输了几个钱，没的捞梢，所以暂

第七十三回　痴丫头误拾绣春囊　懦小姐不问累金凤

借了去。原说一日半晌就赎的，因总未捞过本儿来，就迟住了。可巧今儿又不知是谁走了风声，弄出事来。虽然这样，到底主子的东西，我们不敢迟误下，终久是要赎的。如今还要求姑娘看从小儿吃奶的情常，往老太太那边去讨个情面，救出他老人家来才好。"迎春先便说道："好嫂子，你趁早儿打了这妄想，要等我去说情儿，等到明年也不中用的。方才连宝姐姐林妹妹大伙儿说情，老太太还不依，何况是我一个人。我自己愧还愧不来，反去讨臊去。"绣桔便说："赎金凤是一件事，说情是一件事，别绞在一处说。难道姑娘不去说情，你就不赎了不成？嫂子且取了金凤来再说。"

王住儿家的听见迎春如此拒绝他，绣桔的话又锋利无可回答，一时脸上过不去，也明欺迎春素日好性儿，乃向绣桔发话道："姑娘，你别太仗势了。你满家子算一算，谁的妈妈奶子不仗着主子哥儿多得些益，偏咱们就这样丁是丁卯是卯的，只许你们偷偷摸摸的哄骗了去。自从邢姑娘来了，太太吩咐一个月俭省出一两银子来与舅太太去，这里饶添了邢姑娘的使费，反少了一两银子。常时短了这个，少了那个，那不是我们供给？谁又要去？不过大家将就些罢了。算到今日，少说些也有三十两了。我们这一向的钱，岂不白填了限呢。"绣桔不待说完，便啐了一口，道："作什么的白填了三十两，我且和你算算帐，姑娘要了些什么东西？"迎春听见这媳妇发邢夫人之私意，忙止道："罢，罢，罢。你不能拿了金凤来，不必牵三扯四乱嚷。我也不要那凤了。便是太太们问时，我只说丢了，也妨碍不着你什么的，出去歇息歇息倒好。"一面叫绣桔倒茶来。

批注

批注

绣桔又气又急，因说道："姑娘虽不怕，我们是作什么的，把姑娘的东西丢了。他倒赖说姑娘使了他们的钱，这如今竟要准折起来。倘或太太问姑娘为什么使了这些钱，敢是我们就中取势了？这还了得！"一行说，一行就哭了。司棋听不过，只得勉强过来，帮着绣桔问着那媳妇。迎春劝止不住，自拿了一本《太上感应篇》来看。

三人正没开交，可巧宝钗、黛玉、宝琴、探春等因恐迎春今日不自在，都约来安慰他。走至院中，听得两三个人较口。探春从纱窗内一看，只见迎春倚在床上看书，若有不闻之状。探春也笑了。小丫鬟们忙打起帘子，报道："姑娘们来了。"迎春方放下书起身。那媳妇见有人来，且又有探春在内，不劝而自止了，遂趁便要去。

探春坐下，便问："才刚谁在这里说话？倒像拌嘴似的。"迎春笑道："没有说什么，左不过是他们小题大作罢了。何必问他。"探春笑道："我才听见什么'金凤'，又是什么'没有钱只和我们奴才要'，谁和奴才要钱了？难道姐姐和奴才要钱了不成？难道姐姐不是和我们一样有月钱的，一样有用度不成？"司棋绣桔道："姑娘说的是了。姑娘们都是一样的，那一位姑娘的钱不是由着奶奶妈妈们使，连我们也不知道怎么是算帐，不过要东西只说得一声儿。如今他偏要说姑娘使过了头儿，他赔出许多来了。究竟姑娘何曾和他要什么了。"

探春笑道："姐姐既没有和他要，必定是我们或者和他们要了不成！你叫他进来，我倒要问问他。"迎春笑道："这话又可笑。你们又无沾碍，何得带累于他。"探春笑道："这倒不然。我和姐姐一样，姐姐的事和我的也是一般，他说姐姐就是说我。我那边的人有怨我的，姐姐听见

第七十二回　痴丫头误拾绣春囊　懦小姐不问累金凤

也即同怨姐姐是一理。咱们是主子，自然不理论那些钱财小事，只知想起什么要什么，也是有的事。但不知金累丝凤因何又夹在里头？"那王住儿媳妇生恐绣桔等告出他来，遂忙进来用话掩饰。探春深知其意，因笑道："你们所以糊涂。如今你奶奶已得了不是，趁此求求二奶奶，把方才的钱尚未散人的拿出些来赎取了就完了。比不得没闹出来，大家都藏着留脸面；如今既是没了脸，趁此时纵有十个罪，也只一人受罚，没有砍两颗头的理。你依我，竟是和二奶奶说说。在这里大声小气，如何使得。"

这媳妇被探春说出真病，也无可赖了，只不敢往凤姐处自首。探春笑道："我不听见便罢，既听见，少不得替你们分解分解。"谁知探春早使个眼色与侍书出去了。

这里正说话，忽见平儿进来。宝琴拍手笑说道："三姐姐敢是有驱神召将的符术？"黛玉笑道："这倒不是道家玄术，倒是用兵最精的，所谓'守如处女，脱如狡兔'，出其不备之妙策也。"二人取笑。宝钗便使眼色与二人，令其不可，遂以别话岔开。探春见平儿来了，遂问："你奶奶可好些了？真是病糊涂了，事事都不在心上，叫我们受这样的委曲。"平儿忙道："姑娘怎么委曲？谁敢给姑娘气受，姑娘快吩咐我。"

当时住儿媳妇儿方慌了手脚，遂上来赶着平儿叫："姑娘坐下，让我说原故请听。"平儿正色道："姑娘这里说话，也有你我混插口的礼！你但凡知礼，只该在外头伺候。不叫你进不来的地方，几曾有外头的媳妇子们无故到姑娘们房里来的例。"绣桔道："你不知我们这屋里是没礼的，谁爱来就来。"平儿道："都是你们的不是。姑娘好性儿，你们就该打出去，然后再回太太去才是。"王住儿媳妇见平

批注

293

儿出了言，红了脸方退出去。

探春接着道："我且告诉你，若是别人得罪了我，倒还罢了。如今那住儿媳妇和他婆婆仗着是妈妈，又瞅着二姐姐好性儿，如此这般私自拿了首饰去赌钱，而且还捏造假帐妙算，威逼着还要去讨情，和这两个丫头在卧房里大嚷大叫，二姐姐竟不能辖治，所以我看不过，才请你来问一声：还是他原是天外的人，不知道理？还是谁主使他如此，先把二姐姐制伏，然后就要治我和四姑娘了？"平儿忙陪笑道："姑娘怎么今日说这话出来？我们奶奶如何当得起！"

探春冷笑道："俗语说的，'物伤其类'，'齿竭唇亡'，我自然有些惊心。"平儿道："若论此事，还不是大事，极好处置。但他现是姑娘的奶嫂，据姑娘怎么样为是？"当下迎春只和宝钗阅"感应篇"故事，究竟连探春之语亦不曾闻得，忽见平儿如此说，乃笑道："问我，我也没什么法子。他们的不是，自作自受，我也不能讨情，我也不去苛责就是了。至于私自拿去的东西，送来我收下，不送来我也不要了。太太们要问，我可以隐瞒遮饰过去，是他的造化，若瞒不住，我也没法，没有个为他们反欺枉太太们的理，少不得直说。你们若说我好性儿，没个决断，竟有好主意可以八面周全，不使太太们生气，任凭你们处治，我总不知道。"

众人听了，都好笑起来。黛玉笑道："真是'虎狼屯于阶陛尚谈因果'。若使二姐姐是个男人，这一家上下若许人，又如何裁治他们。"迎春笑道："正是。多少男人尚如此，何况我哉。"一语未了，只见又有一人进来。正不知道是那个，且听下回分解。

红楼小讲台

　　本回内容从贾政要考宝玉开始，宝玉害怕考试而通宵复习，突然两个丫鬟喊说："不好了，一个人从墙上跳下来了！"晴雯心生一计，让宝玉装成被吓病而躲过考试。于是从这个不知真假的"跳墙"声张开来，引起了贾母对荣国府治安的注意。接着对工作人员"查岗"，查出迎春的乳母赌博，接着带出乳母为了赌资而当掉迎春的首饰累金凤的事。

　　本回的回目中"痴丫头"指的是偶然捡到绣春囊的傻大姐，"懦小姐"指的是迎春，性格懦弱，奶妈把她的首饰累金凤拿去当了，她也不敢过问。

　　邢夫人存在感不强，很少成为《红楼梦》故事情节中的重要人物，但在这一回中却串联起"痴丫头误拾绣春囊""懦小姐不问累金凤"两个故事。邢夫人先是遇到傻大姐，发现她捡到了绣春囊，这为下一回"搜检大观园"的情节埋下伏笔；邢夫人作为迎春的继母，来责问迎春乳母赌博的事情。

　　邢夫人来过之后，接着乳母儿媳、迎春丫鬟秀桔又因为是否为乳母求情以及是否要回累金凤的问题而发生争执，迎春懦弱无法处理。然后宝钗、黛玉、宝琴、探春也来了。她们来安慰迎春，探春在其中起到了关键的帮助作用。

本回我评论：

葛老师的红楼课

名家鉴赏台

迎春之懦弱性格，以前并未写过，故借金凤事，出力洗涮一番。以此回为迎春之正传可也。

——姚燮

姚燮（1805—1864年）晚清文学家、画家，字梅伯，号复庄，又号大梅山民、大某山民、复翁等。道光举人，治学涉猎广泛，是晚清著名红学家。可参见《〈红楼梦〉三家评本》集合了清代护花主人（王希廉）、大某山民（姚燮）、太平闲人（张新之）三家评语。此三人是19世纪最具代表性的红学评点家。

红楼人物馆

迎春是"红楼四春"（元春、迎春、探春、惜春）中笔墨较少，个人风采比较黯淡的一个。本回是表现迎春人物形象最重要的一回。请仔细阅读本回，结合"金陵十二钗"正册中迎春的判词和"红楼梦曲"，勾勒出迎春的形象。

红楼活动场

话剧排演：

《迎春的客人》

本回是迎春的房间最热闹的一回，许多客人不请自来。请你编写剧本《迎春的客人》，并召集一些同学排演成话剧。

一、演员与角色

角色名	演员名	人物特点	表演创意

二、剧本与回幕

	主要情节	出场人物
第一幕		

三、布景、道具与服装

布景	
道具	
服装	
其他	

第七十四回

惑奸谗抄检大观园　矢孤介杜绝宁国府

批注

　　话说平儿听迎春说了正自好笑，忽见宝玉也来了。原来管厨房柳家媳妇之妹，也因放头开赌得了不是。这园中有素与柳家不睦的，便又告出柳家来，说他和他妹子是伙计，虽然他妹子出名，其实赚了钱两个人平分。因此凤姐要治柳家之罪。

　　那柳家的因得此信，便慌了手脚，因思素与怡红院人最为深厚，故走来悄悄的央求晴雯金星玻璃等人。金星玻璃告诉了宝玉。宝玉因思内中迎春之乳母也现有此罪，不若来约同迎春讨情，比自己独去单为柳家说情又更妥当，故此前来。忽见许多人在此，见他来时，都问："你的病可好了？跑来作什么？"宝玉不便说出讨情一事，只说："来看二姐姐。"当下众人也不在意，且说些闲话。

　　平儿便出去办累丝金凤一事。那王住儿媳妇紧跟在后，口内百般央求，只说："姑娘好歹口内超生，我横竖去赎了来。"平儿笑道："你迟也赎，早也赎，既有今日，何必当初。你的意思得过去就过去了。既是这样，我也不好意思告人，趁早去赎了来交与我送去，我一字不提。"王住儿媳妇听说，方放下心来，就拜谢，又说："姑娘自去贵

第七十四回 惑奸谗抄检大观园 矢孤介杜绝宁国府

干,我赶晚拿了来,先回了姑娘,再送去,如何?"平儿道:"赶晚不来,可别怨我。"说毕,二人方分路各自散了。

平儿到房,凤姐问他:"三姑娘叫你作什么?"平儿笑道:"三姑娘怕奶奶生气,叫我劝着奶奶些,问奶奶这两天可吃些什么。"凤姐笑道:"倒是他还记挂着我。刚才又出来了一件事:有人来告柳二媳妇和他妹子通同开局,凡妹子所为,都是他作主。我想,你素日肯劝我'多一事不如省一事',就可闲一时心,自己保养保养也是好的。我因听不进去,果然应了些,先把太太得罪了,而且自己反赚了一场病。如今我也看破了,随他们闹去罢,横竖还有许多人呢。我白操一会子心,倒惹的万人咒骂。我且养病要紧;便是好了,我也作个好好先生,得乐且乐,得笑且笑,一概是非都凭他们去罢。所以我只答应着知道了,白不在我心上。"平儿笑道:"奶奶果然如此,便是我们的造化。"

一语未了,只见贾琏进来,拍手叹气道:"好好的又生事前儿我和鸳鸯借当,那边太太怎么知道了。才刚太太叫过我去,叫我不管那里先迁挪二百银子,做八月十五日节间使用。我回没处迁挪。太太就说:'你没有钱就有地方迁挪,我白和你商量,你就搪塞我,你就说没地方。前儿一千银子的当是那里的?连老太太的东西你都有神通弄出来,这会子二百银子,你就这样。幸亏我没和别人说去。'我想太太分明不短,何苦来要寻事奈何人。"凤姐儿道:"那日并没一个外人,谁走了这个消息。"

平儿听了,也细想那日有谁在此,想了半日,笑道:"是了。那日说话时没一个外人,但晚上送东西来的时节,老太太那边傻大姐的娘也可巧来送浆洗衣服。他在下房里

批注

坐了一会子，见一大箱子东西，自然要问，必是小丫头们不知道，说了出来，也未可知。"因此便唤了几个小丫头来问，那日谁告诉呆大姐的娘。众小丫头慌了，都跪下赌咒发誓，说："自来也不敢多说一句话。有人凡问什么，都答应不知道。这事如何敢多说。"

凤姐详情说："他们必不敢，倒别委屈了他们。如今且把这事靠后，且把太太打发了去要紧。宁可咱们短些，又别讨没意思。"因叫平儿："把我的金项圈拿来，且去暂押二百银子来送去完事。"贾琏道："越性多押二百，咱们也要使呢。"凤姐道："很不必，我没处使钱。这一去还不知指那一项赎呢。"平儿拿去，吩咐一个人唤了旺儿媳妇来领去，不一时拿了银子来。贾琏亲自送去，不在话下。

这里凤姐和平儿猜疑，终是谁人走的风声，竟拟不出人来。凤姐儿又道："知道这事还是小事，怕的是小人趁便又造非言，生出别的事来。当紧那边正和鸳鸯结下仇了，如今听得他私自借给琏二爷东西，那起小人眼馋肚饱，连没缝儿的鸡蛋还要下蛆呢，如今有了这个因由，恐怕又造出些没天理的话来也定不得。在你琏二爷还无妨，只是鸳鸯正经女儿，带累了他受屈，岂不是咱们的过失。"

平儿笑道："这也无妨。鸳鸯借东西看的是奶奶，并不为的是二爷。一则鸳鸯虽应名是他私情，其实他是回过老太太的。老太太因怕孙男弟女多，这个也借，那个也要，到跟前撒个娇儿，和谁要去，因此只装不知道。纵闹了出来，究竟那也无碍。"凤姐儿道："理固如此。只是你我是知道的，那不知道的，焉得不生疑呢。"

一语未了，人报："太太来了。"凤姐听了诧异，不知为何事亲来，与平儿等忙迎出来。只见王夫人气色更变，

300

第七十四回　惑奸谗抄检大观园　矢孤介杜绝宁国府

只带一个贴己的小丫头走来，一语不发，走至里间坐下。凤姐忙奉茶，因陪笑问道："太太今日高兴，到这里逛逛。"王夫人喝命："平儿出去！"平儿见了这般，着慌不知怎么样了，忙应了一声，带着众小丫头一齐出去，在房门外站住，越性将房门掩了，自己坐在台矶上，所有的人，一个不许进去。

凤姐也着了慌，不知有何等事。只见王夫人含着泪，从袖内掷出一个香袋子来，说："你瞧。"凤姐忙拾起一看，见是十锦春意香袋，也吓了一跳，忙问："太太从那里得来？"王夫人见问，越发泪如雨下，颤声说道："我从那里得来！我天天坐在井里，拿你当个细心人，所以我才偷个空儿。谁知你也和我一样。这样的东西大天白日明摆在园里山石上，被老太太的丫头拾着，不亏你婆婆遇见，早已送到老太太跟前去了。我且问你，这个东西如何遗在那里来？"

凤姐听得，也更了颜色，忙问："太太怎知是我的？"王夫人又哭又叹说道："你反问我！你想，一家子除了你们小夫小妻，余者老婆子们，要这个何用？再女孩子们是从那里得来？自然是那琏儿不长进下流种子那里弄来。你们又和气。当作一件顽意儿，年轻人儿女闺房私意是有的，你还和我赖！幸而园内上下人还不解事，尚未拣得。倘或丫头们拣着，你姊妹看见，这还了得。不然有那小丫头们拣着，出去说是园内拣着的，外人知道，这性命脸面要也不要？"

凤姐听说，又急又愧，登时紫涨了面皮，便依炕沿双膝跪下，也含泪诉道："太太说的固然有理，我也不敢辩我并无这样的东西。但其中还要求太太细详其理：那香袋是

批注

外头雇工仿着内工绣的,带子穗子一概是市卖货。我便年轻不尊重些,也不要这劳什子,自然都是好的,此其一。二者这东西也不是常带着的,我纵有,也只好在家里,焉肯带在身上各处去?况且又在园里去,个个姊妹我们都肯拉拉扯扯,倘或露出来,不但在姊妹前,就是奴才看见,我有什么意思?我虽年轻不尊重,亦不能糊涂至此。三则论主子内我是年轻媳妇,算起奴才来,比我更年轻的又不止一个人了。况且他们也常进园,晚间各人家去,焉知不是他们身上的?四则除我常在园里之外,还有那边太太常带过几个小姨娘来,如嫣红翠云等人,皆系年轻侍妾,他们更该有这个了。还有那边珍大嫂子,他不算甚老外,他也常带过佩凤等人来,焉知又不是他们的?五则园内丫头太多,保的住个个都是正经的不成?也有年纪大些的知道了人事,或者一时半刻人查问不到偷着出去,或借着因由同二门上小幺儿们打牙犯嘴,外头得了来的,也未可知。如今不但我没此事,就连平儿我也可以下保的。太太请细想。"

王夫人听了这一席话大近情理,因叹道:"你起来。我也知道你是大家小姐出身,焉得轻薄至此,不过我气急了,拿了话激你。但如今却怎么处?你婆婆才打发人封了这个给我瞧,说是前日从傻大姐手里得的,把我气了个死。"凤姐道:"太太快别生气。若被众人觉察了,保不定老太太不知道。且平心静气暗暗访察,才得确实;纵然访不着,外人也不能知道。这叫作'胳膊折在袖内'。如今惟有趁着赌钱的因由革了许多的人这空儿,把周瑞媳妇旺儿媳妇等四五个贴近不能走话的人安插在园里,以查赌为由。再如今他们的丫头也太多了,保不住人大心大,生事作耗,等闹出事来,反悔之不及。如今若无故裁革,不但姑娘们委屈烦恼,就连太太和我也过不去。不如趁此机会,以后凡年纪大些的,或有些咬牙难缠的,拿个错儿撵出去配了人。一则保得住没有别的事,二则也可省些用度。太太想我这话如何?"

王夫人叹道:"你说的何尝不是,但从公细想,你这几个姊妹也甚可怜了。也不用远比,只说如今你林妹妹的母亲,未出阁时,是何等的娇生惯养,是何等的金尊玉贵,那才象个千金小姐的体统。如今这几个姊妹,不过比人家的丫头略强些罢了。通共每人只有两三个丫头象个人样,余者纵有四五个小丫头子,竟是庙里的小鬼。如今还要裁革了去,不但于我心不忍,只怕老太太未必就依。虽然艰难,难不至此。我虽没受过大荣华富贵,比你们是强的。如今我宁可省些,别委屈了他们。以后要省俭先从我来倒使的。如今且叫人传了周瑞家的等人进来,就吩咐他们快快暗地访拿这事要紧。"

凤姐听了,即唤平儿进来吩咐出去。一时,周瑞家的与吴兴家的、郑华家的、来旺家的,来喜家的现在五家陪房进来,余者皆在南方各有执事。王夫人正嫌人少不能勘察,忽见邢夫人的陪房王善保家的走来,方才正是他送香囊来的。王夫人向来看视邢夫人之得力心腹人等原无二意,今见他来打听此事,十分关切,便向他说:"你去回了太太,也进园内照管照管,不比别人又强些。"这王善保家正因素日进园去那些丫鬟们不大趋奉他,他心里大不自在,要寻他们的故事又寻不著,恰好生出这事来,以为得了把柄。又听王夫人委托,正撞在心坎上,说:"这个容易。不是奴才多话,论理这事该早严紧的。太太也不大往

批注

园里去，这些女孩子们一个个倒象受了封诰似的，他们就成了千金小姐了。闹下天来，谁敢哼一声儿。不然，就调唆姑娘的丫头们，说欺负了姑娘们了，谁还耽得起。"

王夫人道："这也有的常情，跟姑娘的丫头原比别的娇贵些。你们该劝他们。连主子们的姑娘不教导尚且不堪，何况他们。"王善保家的道："别的都还罢了。太太不知道，一个宝玉屋里的晴雯，那丫头仗着他生的模样儿比别人标致些。又生了一张巧嘴，天天打扮的象个西施的样子，在人跟前能说惯道，掐尖要强。一句话不投机，他就立起两个骚眼睛来骂人，妖妖趫趫，大不成个体统。"

王夫人听了这话，猛然触动往事，便问凤姐道："上次我们跟了老太太进园逛去，有一个水蛇腰、削肩膀、眉眼又有些象你林妹妹的，正在那里骂小丫头。我的心里很看不上那狂样子，因同老太太走，我不曾说得。后来要问是谁，又偏忘了。今日对了坎儿，这丫头想必就是他了。"凤姐道："若论这些丫头们，共总比起来，都没晴雯生得好。论举止言语，他原有些轻薄。方才太太说的倒很象他，我也忘了那日的事，不敢乱说。"

王善保家的便道："不用这样，此刻不难叫了他来太太瞧瞧。"王夫人道："宝玉房里常见我的只有袭人麝月，这两个笨笨的倒好。若有这个，他自不敢来见我的。我一生最嫌这样人，况且又出来这个事。好好的宝玉，倘或叫这蹄子勾引坏了，那还了得。"因叫自己的丫头来，吩咐他到园里去，"只说我说有话问他们，留下袭人麝月伏侍宝玉不必来，有一个晴雯最伶俐，叫他即刻快来。你不许和他说什么。"

小丫头子答应了，走入怡红院，正值晴雯身上不自

第七十四回 惑奸谗抄检大观园 矢孤介杜绝宁国府

在,睡中觉才起来,正发闷,听如此说,只得随了他来。素日这些丫鬟皆知王夫人最嫌趫妆艳饰语薄言轻者,故晴雯不敢出头。今因连日不自在,并没十分妆饰,自为无碍。及到了凤姐房中,王夫人一见他钗䤜鬓松,衫垂带褪,有春睡捧心之遗风,而且形容面貌恰是上月的那人,不觉勾起方才的火来。王夫人原是天真烂漫之人,喜怒出于心臆,不比那些饰词掩意之人,今既真怒攻心,又勾起往事,便冷笑道:"好个美人!真象个病西施了。你天天作这轻狂样儿给谁看?你干的事,打量我不知道呢!我且放着你,自然明儿揭你的皮!宝玉今日可好些?"

晴雯一听如此说,心内大异,便知有人暗算了他。虽然着恼,只不敢作声。他本是个聪敏过顶的人,见问宝玉可好些,他便不肯以实话对,只说:"我不大到宝玉房里去,又不常和宝玉在一处,好歹我不能知道,只问袭人麝月两个。"王夫人道:"这就该打嘴!你难道是死人,要你们作什么!"

晴雯道:"我原是跟老太太的人。因老太太说园里空大人少,宝玉害怕,所以拨了我去外间屋里上夜,不过看屋子。我原回过我笨,不能伏侍。老太太骂了我,说'又不叫你管他的事,要伶俐的作什么。'我听了这话才去的。不过十天半个月之内,宝玉闷了大家顽一会子就散了。至于宝玉饮食起坐,上一层有老奶奶老妈妈们,下一层又有袭人麝月秋纹几个人。我闲着还要作老太太屋里的针线,所以宝玉的事竟不曾留心。太太既怪,从此后我留心就是了。"

王夫人信以为实了,忙说:"阿弥陀佛!你不近宝玉是我的造化,竟不劳你费心。既是老太太给宝玉的,我明

批注

儿回了老太太，再撵你。"因向王善保家的道："你们进去，好生防他几日，不许他在宝玉房里睡觉。等我回过老太太，再处治他。"喝声"去！站在这里，我看不上这浪样儿！谁许你这样花红柳绿的妆扮！"晴雯只得出来，这气非同小可，一出门便拿手帕子握着脸，一头走，一头哭，直哭到园门内去。

这里王夫人向凤姐等自怨道："这几年我越发精神短了，照顾不到。这样妖精似的东西竟没看见。只怕这样的还有，明日倒得查查。"凤姐见王夫人盛怒之际，又因王善保家的是邢夫人的耳目，常调唆着邢夫人生事，纵有千百样言词，此刻也不敢说，只低头答应着。王善保家的道："太太请养息身体要紧，这些小事只交与奴才。如今要查这个主儿也极容易，等到晚上园门关了的时节，内外不通风，我们竟给他们个猛不防，带着人到各处丫头们房里搜寻。想来谁有这个，断不单只有这个，自然还有别的东西。那时翻出别的来，自然这个也是他的。"王夫人道："这话倒是。若不如此，断不能清的清白的白。"因问凤姐如何。凤姐只得答应说："太太说的是，就行罢了。"王夫人道："这主意很是，不然一年也查不出来。"于是大家商议已定。

至晚饭后，待贾母安寝了，宝钗等入园时，王善保家的便请了凤姐一并入园，喝命将角门皆上锁，便从上夜的婆子处抄检起，不过抄检出些多余攒下蜡烛灯油等物。王善保家的道："这也是赃，不许动，等明儿回过太太再动。"

于是先就到怡红院中，喝命关门。当下宝玉正因晴雯不自在，忽见这一干人来，不知为何直扑了丫头们的房门去，因迎出凤姐来，问是何故。凤姐道："丢了一件要紧的东西，因大家混赖，恐怕有丫头们偷了，所以大家都查一查去疑。"一面说，一面坐下吃茶。

王善保家的等搜了一回，又细问这几个箱子是谁的，都叫本人来亲自打开。袭人因见晴雯这样，知道必有异事，又见这番抄检，只得自己先出来打开了箱子并匣子，任其搜检一番，不过是平常动用之物。随放下又搜别人的，挨次都一一搜过。

到了晴雯的箱子，因问："是谁的，怎不开了让搜？"袭人等方欲代晴雯开时，只见晴雯挽着头发闯进来，豁一声将箱子掀开，两手捉着底子，朝天往地下尽情一倒，将所有之物尽都倒出。王善保家的也觉没趣，看了一看，也无甚私弊之物。回了凤姐，要往别处去。

凤姐儿道："你们可细细的查，若这一番查不出来，难回话的。"众人都道："都细翻看了，没什么差错东西。虽有几样男人物件，都是小孩子的东西，想是宝玉的旧物件，没甚关系的。"凤姐听了，笑道："既如此咱们就走，再瞧别处去。"

说着，一径出来，因向王善保家的道："我有一句话，不知是不是。要抄检只抄检咱们家的人，薛大姑娘屋里，断乎检抄不得的。"王善保家的笑道："这个自然。岂有抄起亲戚家来。"凤姐点头道："我也这样说呢。"一头说，一头到了潇湘馆内。

黛玉已睡了，忽报这些人来，也不知为甚事。才要起来，只见凤姐已走进来，忙按住他不许起来，只说："睡罢，我们就走。"这边且说些闲话。那个王善保家的带了众人到丫鬟房中，也一一开箱倒笼抄检了一番。因从紫鹃房中抄出两副宝玉常换下来的寄名符儿，一副束带上的披

批注

带，两个荷包并扇套，套内有扇子。打开看时皆是宝玉往年往日手内曾拿过的。王善保家的自为得了意，遂忙请凤姐过来验视，又说："这些东西从那里来的？"凤姐笑道："宝玉和他们从小儿在一处混了几年，这自然是宝玉的旧东西。这也不算什么罕事，撂下再往别处去是正经。"紫鹃笑道："直到如今，我们两下里的东西也算不清。要问这一个，连我也忘了是那年月日有的了。"王善保家的听凤姐如此说，也只得罢了。

又到探春院内，谁知早有人报与探春了。探春也就猜着必有原故，所以引出这等丑态来，遂命众丫鬟秉烛开门而待。

一时众人来了。探春故问何事。凤姐笑道："因丢了一件东西，连日访察不出人来，恐怕旁人赖这些女孩子们，所以越性大家搜一搜，使人去疑，倒是洗净他们的好法子。"探春冷笑道："我们的丫头自然都是些贼，我就是头一个窝主。既如此，先来搜我的箱柜，他们所有偷了来的都交给我藏着呢。"说着便命丫头们把箱柜一齐打开，将镜奁、妆盒、衾袱、衣包若大若小之物一齐打开，请凤姐去抄阅。凤姐陪笑道："我不过是奉太太的命来，妹妹别错怪我。何必生气。"因命丫鬟们快快关上。

平儿丰儿等忙着替侍书等关的关，收的收。探春道："我的东西倒许你们搜阅；要想搜我的丫头，这却不能。我原比众人歹毒，凡丫头所有的东西我都知道，都在我这里间收着，一针一线他们也没的收藏，要搜所以只来搜我。你们不依，只管去回太太，只说我违背了太太，该怎么处治，我去自领。你们别忙，自然连你们抄的日子有呢！你们今日早起不曾议论甄家，自己家里好好的抄家,果然今日真抄了。咱们也渐渐的来了。可知这样大族人家,若从外头杀来,一时是杀不死的,这是古人曾说的'百足之虫,死而不僵',必须先从家里自杀自灭起来,才能一败涂地!"说着,不觉流下泪来。凤姐只看着众媳妇们。

周瑞家的便道:"既是女孩子的东西全在这里,奶奶且请到别处去罢,也让姑娘好安寝。"凤姐便起身告辞。探春道:"可细细的搜明白了?若明日再来,我就不依了。"凤姐笑道:"既然丫头们的东西都在这里,就不必搜了。"探春冷笑道:"你果然倒乖。连我的包袱都打开了,还说没翻。明日敢说我护着丫头们,不许你们翻了。你趁早说明,若还要翻,不妨再翻一遍。"凤姐知道探春素日与众不同的,只得陪笑道:"我已经连你的东西都搜查明白了。"探春又问众人:"你们也都搜明白了不曾?"周瑞家的等都陪笑说:"都翻明白了。"

那王善保家的本是个心内没成算的人,素日虽闻探春的名,那是为众人没眼力没胆量罢了,那里一个姑娘家就这样起来;况且又是庶出,他敢怎么。他自恃是邢夫人陪房,连王夫人尚另眼相看,何况别个。今见探春如此,他只当是探春认真单恼凤姐,与他们无干。他便要趁势作脸献好,因越众向前拉起探春的衣襟,故意一掀,嘻嘻笑道:"连姑娘身上我都翻了,果然没有什么。"凤姐见他这样,忙说:"妈妈走罢,别疯疯颠颠的。"一语未了,只听"拍"的一声,王家的脸上早着了探春一掌。

探春登时大怒,指着王家的问道:"你是什么东西,敢来拉扯我的衣裳!我不过看着太太的面上,你又有年纪,叫你一声妈妈,你就狗仗人势,天天作耗,专管生事。如

批注

今越性了不得了。你打谅我是同你们姑娘那样好性儿,由着你们欺负他,就错了主意!你搜检东西我不恼,你不该拿我取笑。"说着,便亲自解衣卸裙,拉着凤姐儿细细的翻。又说:"省得叫奴才来翻我身上。"

凤姐平儿等忙与探春束裙整袂,口内喝着王善保家的说:"妈妈吃两口酒就疯疯颠颠起来。前儿把太太也冲撞了。快出去,不要提起了。"又劝探春休得生气。探春冷笑道:"我但凡有气性,早一头碰死了!不然岂许奴才来我身上翻贼赃了。明儿一早,我先回过老太太、太太,然后过去给大娘陪礼,该怎么,我就领。"

那王善保家的讨了个没意思,在窗外只说:"罢了,罢了,这也是头一遭挨打。我明儿回了太太,仍回老娘家去罢。这个老命还要他做什么!"探春喝命丫鬟道:"你们听他说的这话,还等我和他对嘴去不成。"侍书等听说,便出去说道:"你果然回老娘家去,倒是我们的造化了。只怕舍不得去。"凤姐笑道:"好丫头,真是有其主必有其仆。"探春冷笑道:"我们作贼的人,嘴里都有三言两语的。这还算笨的,背地里就只不会调唆主子。"平儿忙也陪笑解劝,一面又拉了侍书进来。周瑞家的等人劝了一番。凤姐直待伏侍探春睡下,方带着人往对过暖香坞来。

彼时李纨犹病在床上,他与惜春是紧邻,又与探春相近,故顺路先到这两处。因李纨才吃了药睡着,不好惊动,只到丫鬟们房中一一的搜了一遍,也没有什么东西,遂到惜春房中来。

因惜春年少,尚未识事,吓的不知当有什么事,故凤姐也少不得安慰他。谁知竟在入画箱中寻出一大包金银锞子来,约共三四十个,又有一副玉带板子并一包男人的靴袜等物。入画也黄了脸。

因问是那里来的，入画只得跪下哭诉真情，说："这是珍大爷赏我哥哥的。因我们老子娘都在南方，如今只跟着叔叔过日子。我叔叔婶子只要吃酒赌钱，我哥哥怕交给他们又花了，所以每常得了，悄悄的烦了老妈妈带进来叫我收着的。"惜春胆小，见了这个也害怕，说："我竟不知道。这还了得！二嫂子，你要打他，好歹带他出去打罢，我听不惯的。"凤姐笑道："这话若果真呢，也倒可恕，只是不该私自传送进来。这个可以传递，什么不可以传递。这倒是传递人的不是了。若这话不真，倘是偷来的，你可就别想活了。"入画跪着哭道："我不敢扯谎。奶奶只管明日问我们奶奶和大爷去，若说不是赏的，就拿我和我哥哥一同打死无怨。"

凤姐道："这个自然要问的，只是真赏的也有不是。谁许你私自传送东西的！你且说是谁作接应，我便饶你。下次万万不可。"惜春道："嫂子别饶他这次方可。这里人多，若不拿一个人作法，那些大的听见了，又不知怎样呢。嫂子若饶他，我也不依。"凤姐道："素日我看他还好。谁没一个错，只这一次。二次犯下，二罪俱罚。但不知传递是谁。"惜春道："若说传递，再无别个，必是后门上的张妈。他常肯和这些丫头们鬼鬼祟祟的，这些丫头们也都肯照顾他。"凤姐听说，便命人记下，将东西且交给周瑞家的暂拿着，等明日对明再议。于是别了惜春，方往迎春房内来。

迎春已经睡着了，丫鬟们也才要睡，众人叩门半日才开。凤姐吩咐："不必惊动小姐。"遂往丫鬟们房里来。因司棋是王善保的外孙女儿，凤姐倒要看看王家的可藏私不

批注

藏，遂留神看他搜检。先从别人箱子搜起，皆无别物。及到了司棋箱子中搜了一回，王善保家的说："也没有什么东西。"

才要盖箱时，周瑞家的道："且住，这是什么？"说着，便伸手掣出一双男子的锦带袜并一双缎鞋来。又有一个小包袱，打开看时，里面有一个同心如意并一个字帖儿。一总递与凤姐。凤姐因当家理事，每每看开帖并帐目，也颇识得几个字了。便看那帖子是大红双喜笺帖，上面写道："上月你来家后，父母已觉察你我之意。但姑娘未出阁，尚不能完你我之心愿。若园内可以相见，你可托张妈给一信息。若得在园内一见，倒比来家得说话。千万，千万。再所赐香袋二个，今已查收外，特寄香珠一串，略表我心。千万收好。表弟潘又安拜具。"

凤姐看罢，不怒而反乐。别人并不识字。王家的素日并不知道他姑表姊弟有这一节风流故事，见了这鞋袜，心内已是有些毛病，又见有一红帖，凤姐又看着笑，他便说道："必是他们胡写的帐目，不成个字，所以奶奶见笑。"凤姐笑道："正是这个帐竟算不过来。你是司棋的老娘，他的表弟也该姓王，怎么又姓潘呢？"王善保家的见问的奇怪，只得勉强告道："司棋的姑妈给了潘家，所以他姑表兄弟姓潘。上次逃走了的潘又安就是他表弟。"凤姐笑道："这就是了。"因道："我念给你听听。"说着从头念了一遍，大家都唬了一跳。

这王家的一心只要拿人的错儿，不想反拿住了他外孙女儿，又气又臊。周瑞家的四人又都问着他："你老可听见了？明明白白，再没的话说了。如今据你老人家，该怎么样？"这王家的只恨没地缝儿钻进去。凤姐只瞅着他嘻嘻

第七十四回　惑奸谗抄检大观园　矢孤介杜绝宁国府

的笑，向周瑞家的笑道："这倒也好。不用你们作老娘的操一点儿心，他鸦雀不闻的给你们弄了一个好女婿来，大家倒省心。"周瑞家的也笑着凑趣儿。王家的气无处泄，便自己回手打着自己的脸，骂道："老不死的娼妇，怎么造下孽了！说嘴打嘴，现世现报在人眼里。"众人见这般，俱笑个不住，又半劝半讽的。凤姐见司棋低头不语，也并无畏惧惭愧之意，倒觉可异。料此时夜深，且不必盘问，只怕他夜间自愧去寻拙志，遂唤两个婆子监守起他来。带了人，拿了赃证回来，且自安歇，等待明日料理。谁知到夜里又连起来几次，下面淋血不止。

至次日，便觉身体十分软弱，起来发晕，遂撑不住。请太医来，诊脉毕，遂立药案云："看得少奶奶系心气不足，虚火乘脾，皆由忧劳所伤，以致嗜卧好眠，胃虚土弱，不思饮食。今聊用升阳养荣之剂。"写毕，遂开了几样药名，不过是人参、当归、黄芪等类之剂。一时退去，有老嬷嬷们拿了方子回过王夫人，不免又添一番愁闷，遂将司棋等事暂未理。

可巧这日尤氏来看凤姐，坐了一回，到园中去又看过李纨。才要望候众姊妹们去，忽见惜春遣人来请，尤氏遂到了他房中来。惜春便将昨晚之事细细告诉与尤氏，又命将入画的东西一概要来与尤氏过目。

尤氏道："实是你哥哥赏他哥哥的，只不该私自传送，如今官盐竟成了私盐了。"因骂入画"糊涂脂油蒙了心的。"惜春道："你们管教不严，反骂丫头。这些姊妹，独我的丫头这样没脸，我如何去见人。昨儿我立逼着凤姐姐带了他去，他只不肯。我想，他原是那边的人，凤姐姐不

批注

带他去，也原有理。我今日正要送过去，嫂子来的恰好，快带了他去。或打，或杀，或卖，我一概不管。"

入画听说，又跪下哭求，说："再不敢了。只求姑娘看从小儿的情常，好歹生死在一处罢。"尤氏和奶娘等人也都十分分解，说他"不过一时糊涂了，下次再不敢的。他从小儿伏侍你一场，到底留着他为是。"谁知惜春虽然年幼，却天生成一种百折不回的廉介孤独僻性，任人怎说，他只以为丢了他的体面，咬定牙断乎不肯。更又说的好："不但不要入画，如今我也大了，连我也不便往你们那边去了。况且近日我每每风闻得有人背地里议论什么多少不堪的闲话，我若再去，连我也编派上了。"

尤氏道："谁议论什么？又有什么可议论的！姑娘是谁，我们是谁。姑娘既听见人议论我们，就该问着他才是。"惜春冷笑道："你这话问着我倒好。我一个姑娘家，只有躲是非的，我反去寻是非，成个什么人了！还有一句话：我不怕你恼，好歹自有公论，又何必去问人。古人说得好，'善恶生死，父子不能有所勖助'，何况你我二人之间。我只知道保得住我就够了，不管你们。从此以后，你们有事别累我。"

尤氏听了，又气又好笑，因向地下众人道："怪道人人都说这四丫头年轻糊涂，我只不信。你们听才一篇话，无原无故，又不知好歹，又没个轻重。虽然是小孩子的话，却又能寒人的心。"众嬷嬷笑道："姑娘年轻，奶奶自然要吃些亏的。"惜春冷笑道："我虽年轻，这话却不年轻。你们不看书不识几个字，所以都是些呆子，看着明白人，倒说我年轻糊涂。"

尤氏道："你是状元榜眼探花，古今第一个才子。我们是糊涂人，不如你明白，何如？"惜春道："状元榜眼难道就没有糊涂的不成。可知他们也有不能了悟的。"尤氏笑道："你倒好。才是才子，这会子又作大和尚了，又讲起了悟来了。"惜春道："我不了悟，我也舍不得入画了。"尤氏道："可知你是个心冷口冷心狠意狠的人。"惜春道："古人曾也说的，'不作狠心人，难得自了汉。'我清清白白的一个人，为什么教你们带累坏了我！"

　　尤氏心内原有病，怕说这些话。听说有人议论，已是心中羞恼激射，只是在惜春分上不好发作，忍耐了大半。今见惜春又说这句，因按捺不住，因问惜春道："怎么就带累了你了？你的丫头的不是，无故说我，我倒忍了这半日，你倒越发得了意，只管说这些话。你是千金万金的小姐，我们以后就不亲近，仔细带累了小姐的美名。即刻就叫人将入画带了过去！"说着，便赌气起身去了。惜春道："若果然不来，倒也省了口舌是非，大家倒还清净。"尤氏也不答话，一径往前边去了。不知后事如何——

> ✏️ 批注

红楼小讲台

　　上一回由一个并不明确的贼人跳墙而引起贾母查赌，这一回由于"绣春囊"事件而发展成抄检大观园。决策者由贾母变成王夫人，执行者是一水儿的陪房（邢夫人的陪房王善保家的，王夫人的陪房周瑞家的）。抄检的主题由查赌变为"扫黄"，抄检的对象由年老婆子变为年轻丫鬟。

　　在迎春房中"扫黄"成功，结果却是王善保家的外孙女司棋，搬起石头砸了自己的脚，一场来势汹汹的查抄抄到了自己头上，在王熙凤、周瑞家的奚落下，变成一场闹剧。只搜检到一丁点儿错处的丫鬟入画，在主管王熙凤并未要治罪的情况下，惜春却冷面冷心将她坚决撵走。并与嫂子尤氏一番论辩、争吵中，誓与宁国府决裂，坚决地躲避是非。

本回我评论：

名家鉴赏台

许多迹象显示，曹雪芹从《红楼梦》的第七十一回到八十回之间，已在积极地布置大观园理想世界的破灭。

——余英时[①]

余英时，1930年生于天津，原籍安徽潜山，历史学家、汉学家，中央研究院院士（台湾）、美国哲学学会院士。余英时在《红楼梦的两个世界》中，将大观园看作理想世界，把大观园之外称为现实世界。他认为74回的抄检大观园是红楼梦理想世界破灭的一个加速力。

红楼人物馆

惜春是红楼梦中"金陵十二钗"正册人物，在"四春"中是年龄最小的，第3回林黛玉进贾府时她还是一个"身量未足，形容尚小"的女孩子；在书中的时空慢慢成长，到刘姥姥二进荣国府之后，贾母命画，她懒懒意意的样子；第74回，面对抄检大观园，不同于探春果敢护仆，迎春虽不能护仆却也温情脉脉的表现，惜春冷面冷心，**坚决驱逐犯事的贴身丫鬟**，甚至杜绝了和本家宁国府的来往。最后的结果是看破三春，遁入空门。

---

① [美]余英时.红楼梦的两个世界[M].上海：上海社会科学院出版社，2002.

一、惜春小像——懒画

1. 请仔细阅读红楼梦第40回"贾母命画"。

刘姥姥二进荣国府，贾母领头带着参观并款待，行至沁芳亭时：贾母倚柱坐下，命刘姥姥也坐在旁边，因问他："这园子好不好？"刘姥姥念佛说道："我们乡下人到了年下，都上城来买画儿贴。时常闲了，大家都说，怎么得也到画儿上去逛逛。想着那个画儿也不过是假的，那里有这个真地方呢。谁知我今儿进这园一瞧，竟比那画儿还强十倍。怎么得有人也照着这个园子画一张，我带了家去，给他们见见，死了也得好处。"贾母听说，便指着惜春笑道："你瞧我这个小孙女儿，他就会画。等明儿叫他画一张如何？"刘姥姥听了，喜的忙跑过来，拉着惜春说道："我的姑娘。你这么大年纪儿，又这么个好模样，还有这个能干，别是神仙托生的罢。"

2. 详细阅读第42回"贾母催画——黛玉戏画、宝钗论画——惜春懒画"，说一说人人讨好的贾母，为何惜春不上心？

_____

_____

_____

二、惜春侧影——辩嫂

（惜春）更又说的好："不但不要入画，如今我也大了，连我也不便往你们那边去了。况且近日我每每风闻得有人背地里议论什么多少不堪的闲话，我若再去，连我也编派上了。"

尤氏道："谁议论什么？又有什么可议论的！姑娘是谁，我们是谁。姑娘既听见人议论我们，就该问着他才是。"惜春冷笑道："你这话问着我倒好。我一个姑娘家，只有躲是非的，我反去寻是非，成个什么人了！还有一句话：我不怕你恼，好歹自有公论，又何必去问人。古人说得好，'善恶生死，父子不能有所勖助'，何况你我二人之间。我只知道保得住我就够了，不管你们。从此以后，你们有事别累我。"

尤氏听了，又气又好笑，因向地下众人道："怪道人人都说这四丫头年轻糊涂，我只不信。你们听才一篇话，无原无故，又不知好歹，又没个轻重。虽然是小孩子的话，却又能寒人的心。"众嬷嬷笑道："姑娘年轻，奶奶自然要吃些亏的。"惜春冷笑道："我虽年轻，这话却不年轻。你们不看书不识几个字，所以都是些呆子，看着明白人，倒说我年轻糊涂。"

尤氏道："你是状元榜眼探花，古今第一个才子。我们是糊涂人，不如你明白，何如？"惜春道："状元榜眼难道就没有糊涂的不成。可知他们也有不能了悟的。"尤氏笑道："你倒好。才是才子，这会子又作大和尚了，又讲起了悟来了。"惜春道："我不了悟，我也舍不得入画了。"尤氏道："可知你是个心冷口冷心狠意狠的人。"惜春道："古人曾也说的，'不作狠心人，难得自了汉。'我清清白白的一个人，为什么教你们带累坏了我！"

尤氏心内原有病，怕说这些话。听说有人议论，已是心中羞恼激射，只是在惜春分上不好发作，忍耐了大半。今见惜春又说这句，因按捺不住，因问惜春道："怎么就带累了你？你的丫头的不是，无故说我，我倒忍了这半日，你倒越发得了意，只管说这些话。你是千金万金的小姐，我们以后就不亲近，仔细带累了小姐的美名。即刻就叫人将入画带了过去！"说着，便赌气起身去了。惜春道："若果然不来，倒也省了口舌是非，大家倒还清净。"尤氏也不答话，一径往前边去了。

两人的吵嘴实际上是两种价值观的辩论：

尤氏的价值观是_____

_____

惜春的价值观是_____

_____

3. 大观园中只有黛玉是一个事实上的孤儿，但她风采独立，受人瞩目，有贾母的疼爱、宝玉的宠溺，加之后来与薛宝钗关系改善以姐妹相

称，与薛姨妈母女相待。而大观园里真正的孤儿可能是惜春和迎春，虽然她们都有一个父亲，但是……请以"大观园中真正的孤儿"为话题，写一写惜春。

葛老师的红楼课

红楼活动场

1. 罗丹说：在艺术中有性格的作品才算是美的。惜春、迎春、探春三姐妹面对抄检大观园有着截然不同的态度，这是由他们迥异的性格决定的。

	态度	行为	性格	对家族命运的关心程度	你的评价
迎春					
探春					
惜春					

2. "惑奸谗抄检大观园"意思是_____（人名）听信_____（人名）的挑拨而决定抄检大观园。

（1）抄检大观园第一站来到了_____（人名）的居所——怡红院。主要表现人物是晴雯，她的响亮行动是_____（请用原文四字概括）

（2）抄检大观园第二站来到了_____（人名）的居所——潇湘馆。主要表现人物是紫鹃，她的行动是"笑道"。

（3）抄检大观园第三站来到了_____（人名）的居所——秋爽斋。主要表现人物是探春，她的响亮行动是_____。

（4）抄检大观园第四站来到了_____（人名）的居所——稻香村。她已经睡下了。

（5）抄检大观园第五站来到了_____（人名）的居所——暖香坞。

搜检到了丫鬟入画哥哥的鞋袜，暖香坞主仆的表现是_____。

（6）抄检大观园第六站来到了_____（人名）的居所——紫菱洲。搜检到了丫鬟司棋的情物，紫菱洲主仆的表现是_____。

第五篇

我们散了，世界还在继续

第九十七回

林黛玉焚稿断痴情　薛宝钗出闺成大礼

话说黛玉到潇湘馆门口,紫鹃说了一句话,更动了心,一时吐出血来,几乎晕倒。亏了还同着秋纹,两个人挽扶着黛玉到屋里来。那时秋纹去后,紫鹃雪雁守着,见他渐渐苏醒过来,问紫鹃道:"你们守着哭什么?"紫鹃见他说话明白,倒放了心了,因说:"姑娘刚才打老太太那边回来,身上觉着不大好,唬的我们没了主意,所以哭了。"黛玉笑道:"我那里就能够死呢。"这一句话没完,又喘成一处。原来黛玉因今日听得宝玉宝钗的事情,这本是他数年的心病,一时急怒,所以迷惑了本性。及至回来吐了这一口血,心中却渐渐的明白过来,把头里的事一字也不记得了。这会子见紫鹃哭,方模糊想起傻大姐的话来,此时反不伤心,惟求速死,以完此债。这里紫鹃雪雁只得守着,想要告诉人去,怕又象上次招得凤姐儿说他们失惊打怪的。

那知秋纹回去,神情慌遽。正值贾母睡起中觉来,看见这般光景,便问怎么了。秋纹吓的连忙把刚才的事回了一遍。贾母大惊说:"这还了得!"连忙着人叫了王夫人凤姐过来,告诉了他婆媳两个。凤姐道:"我都嘱咐到了,

批注

批注

这是什么人走了风呢。这不更是一件难事了吗。"贾母道："且别管那些，先瞧瞧去是怎么样了。"说着便起身带着王夫人凤姐等过来看视。见黛玉颜色如雪，并无一点血色，神气昏沉，气息微细。半日又咳嗽了一阵，丫头递了痰盒，吐出都是痰中带血的。大家都慌了。只见黛玉微微睁眼，看见贾母在他旁边，便喘吁吁的说道："老太太，你白疼了我了！"贾母一闻此言，十分难受，便道："好孩子，你养着罢，不怕的。"黛玉微微一笑，把眼又闭上了。外面丫头进来回凤姐道："大夫来了。"于是大家略避。王大夫同着贾琏进来，诊了脉，说道："尚不妨事。这是郁气伤肝，肝不藏血，所以神气不定。如今要用敛阴止血的药，方可望好。"王大夫说完，同着贾琏出去开方取药去了。

贾母看黛玉神气不好，便出来告诉凤姐等道："我看这孩子的病，不是我咒他，只怕难好。你们也该替他预备预备，冲一冲。或者好了，岂不是大家省心。就是怎么样，也不至临时忙乱。咱们家里这两天正有事呢。"凤姐儿答应了。贾母又问了紫鹃一回，到底不知是那个说的。贾母心里只是纳闷，因说："孩子们从小儿在一处儿顽，好些是有的。如今大了懂的人事，就该要分别些，才是做女孩儿的本分，我才心里疼他。若是他心里有别的想头，成了什么人了呢！我可是白疼了他了。你们说了，我倒有些不放心。"因回到房中，又叫袭人来问。袭人仍将前日回王夫人的话并方才黛玉的光景述了一遍。贾母道："我方才看他却还不至糊涂，这个理我就不明白了。咱们这种人家，别的事自然没有的，这心病也是断断有不得的。林丫头若不是这个病呢，我凭着花多少钱都使得。若是这个病，不但治不好，我也没心肠了。"凤姐道："林妹妹的事老太太倒

第九十七回 林黛玉焚稿断痴情 薛宝钗出闺成大礼

不必张心，横竖有他二哥哥天天同着大夫瞧看。倒是姑妈那边的事要紧。今日早起听见说，房子不差什么就妥当了，竟是老太太、太太到姑妈那边，我也跟了去，商量商量。就只一件，姑妈家里有宝妹妹在那里，难以说话，不如索性请姑妈晚上过来，咱们一夜都说结了，就好办了。"贾母王夫人都道："你说的是。今日晚了，明日饭后咱们娘儿们就过去。"说着，贾母用了晚饭。凤姐同王夫人各自归房。不提。

且说次日凤姐吃了早饭过来，便要试试宝玉，走进里间说道："宝兄弟大喜，老爷已择了吉日要给你娶亲了。你喜欢不喜欢？"宝玉听了，只管瞅着凤姐笑，微微的点点头儿。凤姐笑道："给你娶林妹妹过来好不好？"宝玉却大笑起来。凤姐看着，也断不透他是明白是糊涂，因又问道："老爷说你好了才给你娶林妹妹呢，若还是这么傻，便不给你娶了。"宝玉忽然正色道："我不傻，你才傻呢。"说着，便站起来说："我去瞧瞧林妹妹，叫他放心。"凤姐忙扶住了，说："林妹妹早知道了。他如今要做新媳妇了，自然害羞，不肯见你的。"宝玉道："娶过来他到底是见我不见？"凤姐又好笑，又着忙，心里想："袭人的话不差。提了林妹妹，虽说仍旧说些疯话，却觉得明白些。若真明白了，将来不是林姑娘，打破了这个灯虎儿，那饥荒才难打呢。"便忍笑说道："你好好儿的便见你，若是疯疯颠颠的，他就不见你了。"宝玉说道："我有一个心，前儿已交给林妹妹了。他要过来，横竖给我带来，还放在我肚子里头。"凤姐听着竟是疯话，便出来看着贾母笑。贾母听了，又是笑，又是疼，便说道："我早听见了。如今且不用理他，叫

批注

批注

袭人好好的安慰他。咱们走罢。"

说着王夫人也来。大家到了薛姨妈那里，只说惦记着这边的事来瞧瞧。薛姨妈感激不尽，说些薛蟠的话。喝了茶，薛姨妈才要人告诉宝钗，凤姐连忙拦住说："姑妈不必告诉宝妹妹。"又向薛姨妈陪笑说道："老太太此来，一则为瞧姑妈，二则也有句要紧的话特请姑妈到那边商议。"薛姨妈听了，点点头儿说："是了。"于是大家又说些闲话便回来了。

当晚薛姨妈果然过来，见过了贾母，到王夫人屋里来，不免说起王子腾来，大家落了一回泪。薛姨妈便问道："刚才我到老太太那里，宝哥儿出来请安还好好儿的，不过略瘦些，怎么你们说得很利害？"凤姐便道："其实也不怎么样，只是老太太悬心。目今老爷又要起身外任去，不知几年才来。老太太的意思，头一件叫老爷看着宝兄弟成了家也放心，二则也给宝兄弟冲冲喜，借大妹妹的金锁压压邪气，只怕就好了。"薛姨妈心里也愿意，只虑着宝钗委屈，便道："也使得，只是大家还要从长计较计较才好。"王夫人便按着凤姐的话和薛姨妈说，只说："姨太太这会子家里没人，不如把装奁一概蠲免。明日就打发蝌儿去告诉蟠儿，一面这里过门，一面给他变法儿撕掳官事。"并不提宝玉的心事，又说："姨太太，既作了亲，娶过来早早好一天，大家早放一天心。"正说着，只见贾母差鸳鸯过来候信。薛姨妈虽恐宝钗委屈，然也没法儿，又见这般光景，只得满口应承。鸳鸯回去回了贾母。贾母也甚喜欢，又叫鸳鸯过来求薛姨妈和宝钗说明原故，不叫他受委屈。薛姨妈也答应了。便议定凤姐夫妇作媒人。大家散了。王夫人姊妹不免又叙了半夜话儿。

次日，薛姨妈回家将这边的话细细的告诉了宝钗，还说："我已经应承了。"宝钗始则低头不语，后来便自垂泪。薛姨妈用好言劝慰解释了好些话。宝钗自回房内，宝琴随去解闷。薛姨妈才告诉了薛蝌，叫他明日起身，"一则打听审详的事，二则告诉你哥哥一个信儿，你即便回来。"

薛蝌去了四日，便回来回复薛姨妈道："哥哥的事上司已经准了误杀，一过堂就要题本了，叫咱们预备赎罪的银子。妹妹的事，说'妈妈做主很好的，赶着办又省了好些银子，叫妈妈不用等我，该怎么着就怎么办罢。'"薛姨妈听了，一则薛蟠可以回家，二则完了宝钗的事，心里安放了好些。便是看着宝钗心里好象不愿意似的，"虽是这样，他是女儿家，素来也孝顺守礼的人，知我应了，他也没得说。"便叫薛蝌："办泥金庚帖，填上八字，即叫人送到琏二爷那边去。还问了过礼的日子来，你好预备。本来咱们不惊动亲友，哥哥的朋友是你说的'都是混帐人'，亲戚呢，就是贾王两家，如今贾家是男家，王家无人在京里。史姑娘放定的事，他家没有请咱们，咱们也不用通知。倒是把张德辉请了来，托他照料些，他上几岁年纪的人，到底懂事。"薛蝌领命，叫人送帖过去。

次日贾琏过来，见了薛姨妈，请了安，便说："明日就是上好的日子，今日过来回姨太太，就是明日过礼罢。只求姨太太不要挑饬就是了。"说着，捧过通书来。薛姨妈也谦逊了几句，点头应允。贾琏赶着回去回明贾政。贾政便道："你回老太太说，既不叫亲友们知道，诸事宁可简便些。若是东西上，请老太太瞧了就是了，不必告诉我。"贾琏答应，进内将话回明贾母。

这里王夫人叫了凤姐命人将过礼的物件都送与贾母过

目,并叫袭人告诉宝玉。那宝玉又嘻嘻的笑道:"这里送到园里,回来园里又送到这里。咱们的人送,咱们的人收,何苦来呢。"贾母王夫人听了,都喜欢道:"说他糊涂,他今日怎么这么明白呢。"鸳鸯等忍不住好笑,只得上来一件一件的点明给贾母瞧,说:"这是金项圈,这是金珠首饰,共八十件。这是妆蟒四十四。这是各色绸缎一百二十匹。这是四季的衣服共一百二十件。外面也没有预备羊酒,这是折羊酒的银子。"贾母看了都说"好",轻轻的与凤姐说道:"你去告诉姨太太,说:不是虚礼,求姨太太等蟠儿出来慢慢的叫人给他妹妹做来就是了。那好日子的被褥还是咱们这里代办了罢。"凤姐答应了,出来叫贾琏先过去,又叫周瑞旺儿等,吩咐他们:"不必走大门,只从园里从前开的便门内送去,我也就过去。这门离潇湘馆还远,倘别处的人见了,嘱咐他们不用在潇湘馆里提起。"众人答应着送礼而去。宝玉认以为真,心里大乐,精神便觉得好些,只是语言总有些疯傻。那过礼的回来都不提名说姓,因此上下人等虽都知道,只因凤姐吩咐,都不敢走漏风声。

且说黛玉虽然服药,这病日重一日。紫鹃等在旁苦劝,说道:"事情到了这个分儿,不得不说了。姑娘的心事,我们也都知道。至于意外之事是再没有的。姑娘不信,只拿宝玉的身子说起,这样大病,怎么做得亲呢。姑娘别听瞎话,自己安心保重才好。"黛玉微笑一笑,也不答言,又咳嗽数声,吐出好些血来。紫鹃等看去,只有一息奄奄,明知劝不过来,惟有守着流泪,天天三四趟去告诉贾母。鸳鸯测度贾母近日比前疼黛玉的心差了些,所以不常去回。况贾母这几日的心都在宝钗宝玉身上，不见黛玉的信儿也不大提起，只请太医调治罢了。

黛玉向来病着，自贾母起，直到姊妹们的下人，常来问候。今见贾府中上下人等都不过来，连一个问的人都没有，睁开眼，只有紫鹃一人。自料万无生理，因扎挣着向紫鹃说道："妹妹，你是我最知心的，虽是老太太派你伏侍我这几年，我拿你就当我的亲妹妹。"说到这里，气又接不上来。紫鹃听了，一阵心酸，早哭得说不出话来。迟了半日，黛玉又一面喘一面说道："紫鹃妹妹，我躺着不受用，你扶起我来靠着坐坐才好。"紫鹃道："姑娘的身上不大好，起来又要抖搂着了。"黛玉听了，闭上眼不言语了。一时又要起来。紫鹃没法，只得同雪雁把他扶起，两边用软枕靠住，自己却倚在旁边。

黛玉那里坐得住，下身自觉硌的疼，狠命的撑着，叫过雪雁来道："我的诗本子。"说着又喘。雪雁料是要他前日所理的诗稿，因找来送到黛玉跟前。黛玉点点头儿，又抬眼看那箱子。雪雁不解，只是发怔。黛玉气的两眼直瞪，又咳嗽起来，又吐了一口血。雪雁连忙回身取了水来，黛玉漱了，吐在盒内。紫鹃用绢子给他拭了嘴。黛玉便拿那绢子指着箱子，又喘成一处，说不上来，闭了眼。紫鹃道："姑娘歪歪儿罢。"黛玉又摇摇头儿。紫鹃料是要绢子，便叫雪雁开箱，拿出一块白绫绢子来。黛玉瞧了，撂在一边，使劲说道："有字的。"紫鹃这才明白过来，要那块题诗的旧帕，只得叫雪雁拿出来递给黛玉。紫鹃劝道："姑娘歇歇罢，何苦又劳神，等好了再瞧罢。"只见黛玉接到手里，也不瞧诗，扎挣着伸出那只手来狠命的撕那绢子，却是只有打颤的分儿，那里撕得动。紫鹃早已

批注

知他是恨宝玉,却也不敢说破,只说:"姑娘何苦自己又生气!"黛玉点点头儿,掖在袖里,便叫雪雁点灯。雪雁答应,连忙点上灯来。

黛玉瞧瞧,又闭了眼坐着,喘了一会子,又道:"笼上火盆。"紫鹃打谅他冷。因说道:"姑娘躺下,多盖一件罢。那炭气只怕耽不住。"黛玉又摇头儿。雪雁只得笼上,搁在地下火盆架上。黛玉点头,意思叫挪到炕上来。雪雁只得端上来,出去拿那张火盆炕桌。那黛玉却又把身子欠起,紫鹃只得两只手来扶着他。黛玉这才将方才的绢子拿在手中,瞅着那火点点头儿,往上一撂。紫鹃唬了一跳,欲要抢时,两只手却不敢动。雪雁又出去拿火盆桌子,此时那绢子已经烧着了。紫鹃劝道:"姑娘这是怎么说呢。"黛玉只作不闻,回手又把那诗稿拿起来,瞧了瞧又撂下了。紫鹃怕他也要烧,连忙将身倚住黛玉,腾出手来拿时,黛玉又早拾起,撂在火上。此时紫鹃却够不着,干急。雪雁正拿进桌子来,看见黛玉一撂,不知何物,赶忙抢时,那纸沾火就着,如何能够少待,早已烘烘的着了。雪雁也顾不得烧手,从火里抓起来撂在地下乱踩,却已烧得所余无几了。那黛玉把眼一闭,往后一仰,几乎不曾把紫鹃压倒。紫鹃连忙叫雪雁上来将黛玉扶着放倒,心里突突的乱跳。欲要叫人时,天又晚了;欲不叫人时,自己同着雪雁和鹦哥等几个小丫头,又怕一时有什么原故。好容易熬了一夜。

到了次日早起,觉黛玉又缓过一点儿来。饭后,忽然又嗽又吐,又紧起来。紫鹃看着不祥了,连忙将雪雁等都叫进来看守,自己却来回贾母。那知到了贾母上房,静悄悄的,只有两三个老妈妈和几个做粗活的丫头在那里看屋

第九十七回　林黛玉焚稿断痴情　薛宝钗出闺成大礼

子呢。紫鹃因问道："老太太呢？"那些人都说不知道。紫鹃听这话诧异，遂到宝玉屋里去看，竟也无人。遂问屋里的丫头，也说不知。紫鹃已知八九，"但这些人怎么竟这样狠毒冷淡！"又想到黛玉这几天竟连一个人问的也没有，越想越悲，索性激起一腔闷气来，一扭身便出来了。自己想了一想，"今日倒要看看宝玉是何形状！看他见了我怎么样过的去！那一年我说了一句谎话他就急病了，今日竟公然做出这件事来！可知天下男子之心真真是冰寒雪冷，令人切齿的！"一面走，一面想，早已来到怡红院。只见院门虚掩，里面却又寂静的很。紫鹃忽然想到："他要娶亲，自然是有新屋子的，但不知他这新屋子在何处？"

　　正在那里徘徊瞻顾，看见墨雨飞跑，紫鹃便叫住他。墨雨过来笑嘻嘻的道："姐姐在这里做什么？"紫鹃道："我听见宝二爷娶亲，我要来看看热闹儿。谁知不在这里，也不知是几儿。"墨雨悄悄的道："我这话只告诉姐姐，你可别告诉雪雁他们。上头吩咐了，连你们都不叫知道呢。就是今日夜里娶，那里是在这里，老爷派琏二爷另收拾了房子了。"说着又问："姐姐有什么事么？"紫鹃道："没什么事，你去罢。"墨雨仍旧飞跑去了。紫鹃自己也发了一回呆，忽然想起黛玉来，这时候还不知是死是活。因两泪汪汪，咬着牙发狠道："宝玉，我看他明儿死了，你算是躲的过不见了！你过了你那如心如意的事儿，拿什么脸来见我！"一面哭，一面走，呜呜咽咽的自回去了。

　　还未到潇湘馆，只见两个小丫头在门里往外探头探脑的，一眼看见紫鹃，那一个便嚷道："那不是紫鹃姐姐来了吗。"紫鹃知道不好了，连忙摆手儿不叫嚷，赶忙进去看时，只见黛玉肝火上炎，两颧红赤。紫鹃觉得不妥，叫了

批注

批注

黛玉的奶妈王奶奶来。一看，他便大哭起来。这紫鹃因王奶妈有些年纪，可以仗个胆儿，谁知竟是个没主意的人，反倒把紫鹃弄得心里七上八下。忽然想起一个人来，便命小丫头急忙去请。你道是谁，原来紫鹃想起李宫裁是个孀居，今日宝玉结亲，他自然回避。况且园中诸事向系李纨料理，所以打发人去请他。

李纨正在那里给贾兰改诗，冒冒失失的见一个丫头进来回说："大奶奶，只怕林姑娘好不了，那里都哭呢。"李纨听了，吓了一大跳，也不及问了，连忙站起身来便走，素云碧月跟着，一头走着，一头落泪，想着："姐妹在一处一场，更兼他那容貌才情真是寡二少双，惟有青女素娥可以仿佛一二，竟这样小小的年纪，就作了北邙乡女！偏偏凤姐想出一条偷梁换柱之计，自己也不好过潇湘馆来，竟未能少尽姊妹之情。真真可怜可叹。"一头想着，已走到潇湘馆的门口。里面却又寂然无声，李纨倒着起忙来，想来必是已死，都哭过了，那衣衾未知装裹妥当了没有？连忙三步两步走进屋子来。

里间门口一个小丫头已经看见，便说："大奶奶来了。"紫鹃忙往外走，和李纨走了个对脸。李纨忙问："怎么样？"紫鹃欲说话时，惟有喉中哽咽的分儿，却一字说不出。那眼泪一似断线珍珠一般，只将一只手回过去指着黛玉。李纨看了紫鹃这般光景，更觉心酸，也不再问，连忙走过来。看时，那黛玉已不能言。李纨轻轻叫了两声，黛玉却还微微的开眼，似有知识之状，但只眼皮嘴唇微有动意，口内尚有出入之息，却要一句话一点泪也没有了。李纨回身见紫鹃不在跟前，便问雪雁。雪雁道："他在外头屋里呢。"李纨连忙出来，只见紫鹃在外间空床上躺着，颜色青黄，闭了眼只管流泪，那鼻涕眼泪把一个砌花锦边的褥子已湿了碗大的一片。李纨连忙唤他，那紫鹃才慢慢的睁开眼欠起身来。李纨道："傻丫头，这是什么时候，且只顾哭你的！林姑娘的衣衾还不拿出来给他换上，还等多早晚呢。难道他个女孩儿家，你还叫他赤身露体精着来光着去吗！"紫鹃听了这句话，一发止不住痛哭起来。李纨一面也哭，一面着急，一面拭泪，一面拍着紫鹃的肩膀说："好孩子，你把我的心都哭乱了，快着收拾他的东西罢，再迟一会子就了不得了。"

　　正闹着，外边一个人慌慌张张跑进来，倒把李纨唬了一跳，看时却是平儿。跑进来看见这样，只是呆磕磕的发怔。李纨道："你这会子不在那边，做什么来了？"说着，林之孝家的也进来了。平儿道："奶奶不放心，叫来瞧瞧。既有大奶奶在这里，我们奶奶就只顾那一头儿了。"李纨点点头儿。平儿道："我也见见林姑娘。"说著，一面往里走，一面早已流下泪来。这里李纨因和林之孝家的道："你来的正好，快出去瞧瞧去。告诉管事的预备林姑娘的后事。妥当了叫他来回我，不用到那边去。"林之孝家的答应了，还站着。李纨道："还有什么话呢？"林之孝家的道："刚才二奶奶和老太太商量了，那边用紫鹃姑娘使唤使唤呢。"李纨还未答言，只见紫鹃道："林奶奶，你先请罢。等着人死了我们自然是出去的，那里用这么……"说到这里却又不好说了，因又改说道："况且我们在这里守着病人，身上也不洁净。林姑娘还有气儿呢，不时的叫我。"李纨在旁解说道："当真这林姑娘和这丫头也是前世的缘法儿。倒是雪雁是他南边带来的，他倒不理会。惟有紫鹃，我看他两个一时也离不开。"林之孝家的头里听了紫鹃的

批注

话，未免不受用，被李纨这番一说，却也没的说，又见紫鹃哭得泪人一般，只好瞅着他微微的笑，因又说道："紫鹃姑娘这些闲话倒不要紧，只是他却说得，我可怎么回老太太呢。况且这话是告诉得二奶奶的吗！"

正说着，平儿擦着眼泪出来道："告诉二奶奶什么事？"林之孝家的将方才的话说了一遍。平儿低了一回头，说："这么着罢，就叫雪姑娘去罢。"李纨道："他使得吗？"平儿走到李纨耳边说了几句，李纨点点头儿道："既是这么着，就叫雪雁过去也是一样的。"林之孝家的因问平儿道："雪姑娘使得吗？"平儿道："使得，都是一样。"林家的道："那么姑娘就快叫雪姑娘跟了我去。我先去回了老太太和二奶奶去，这可是大奶奶和姑娘的主意。回来姑娘再各自回二奶奶去。"李纨道："是了。你这么大年纪，连这点子事还不耽呢。"林家的笑道："不是不耽，头一宗这件事老太太和二奶奶办的，我们都不能很明白；再者又有大奶奶和平姑娘呢。"说着，平儿已叫了雪雁出来。原来雪雁因这几日嫌他小孩子家懂得什么，便也把心冷淡了。况且听是老太太和二奶奶叫，也不敢不去。连忙收拾了头，平儿叫他换了新鲜衣服，跟着林家的去了。随后平儿又和李纨说了几句话。李纨又嘱咐平儿打那么催着林之孝家的叫他男人快办了来。平儿答应着出来，转了个弯子，看见林家的带着雪雁在前头走呢，赶忙叫住道："我带了他去罢，你先告诉林大爷办林姑娘的东西去罢。奶奶那里我替回就是了。"那林家的答应着去了。这里平儿带了雪雁到了新房子里，回明了自去办事。

却说雪雁看见这般光景，想起他家姑娘，也未免伤

第九十七回 林黛玉焚稿断痴情 薛宝钗出闺成大礼

心，只是在贾母凤姐跟前不敢露出。因又想道："也不知用我作什么，我且瞧瞧。宝玉一日家和我们姑娘好的蜜里调油，这时候总不见面了，也不知是真病假病。怕我们姑娘不依，他假说丢了玉，装出傻子样儿来，叫我们姑娘寒了心，他好娶宝姑娘的意思。我看看他去，看他见了我傻不傻。莫不成今儿还装傻么！"一面想着，已溜到里间屋子门口，偷偷儿的瞧。这时宝玉虽因失玉昏愦，但只听见娶了黛玉为妻，真乃是从古至今天上人间第一件畅心满意的事了，那身子顿觉健旺起来，——只不过不似从前那般灵透，所以凤姐的妙计百发百中——巴不得即见黛玉，盼到今日完姻，真乐得手舞足蹈，虽有几句傻话，却与病时光景大相悬绝了。雪雁看了，又是生气，又是伤心，他那里晓得宝玉的心事，便各自走开。

　　这里宝玉便叫袭人快快给他装新，坐在王夫人屋里。看见凤姐尤氏忙忙碌碌，再盼不到吉时，只管问袭人道："林妹妹打园里来，为什么这么费事，还不来？"袭人忍着笑道："等好时辰。"回来又听见凤姐与王夫人道："虽然有服，外头不用鼓乐，咱们南边规矩要拜堂的，冷清清使不得。我传了家内学过音乐管过戏子的那些女人来吹打，热闹些。"王夫人点头说："使得。"

　　一时大轿从大门进来，家里细乐迎出去，十二对宫灯，排着进来，倒也新鲜雅致。傧相请了新人出轿。宝玉见新人蒙着盖头，喜娘披着红扶着。下首扶新人的你道是谁，原来就是雪雁。宝玉看见雪雁，犹想："因何紫鹃不来，倒是他呢？"又想道："是了，雪雁原是他南边家里带来的，紫鹃仍是我们家的，自然不必带来。"因此见了雪雁竟如见了黛玉的一般欢喜。傧相赞礼，拜了天地。请出

批注

贾母受了四拜，后请贾政夫妇登堂，行礼毕，送入洞房。还有坐床撒帐等事，俱是按金陵旧例。贾政原为贾母作主，不敢违拗，不信冲喜之说。那知今日宝玉居然象个好人一般，贾政见了，倒也喜欢，那新人坐了床便要揭起盖头的，凤姐早已防备，故请贾母王夫人等进去照应。

宝玉此时到底有些傻气，便走到新人跟前说道："妹妹身上好了？好些天不见了，盖着这劳什子做什么！"欲待要揭去，反把贾母急出一身冷汗来。宝玉又转念一想道："林妹妹是爱生气的，不可造次。"又歇了一歇，仍是按捺不住，只得上前揭了。喜娘接去盖头，雪雁走开，莺儿等上来伺候。宝玉睁眼一看，好象宝钗，心里不信，自己一手持灯，一手擦眼，一看，可不是宝钗么！只见他盛妆艳服，丰肩悇体，鬟低鬓嚲，眼瞤息微，真是荷粉露垂，杏花烟润了。宝玉发了一回怔，又见莺儿立在旁边，不见了雪雁。宝玉此时心无主意，自己反以为是梦中了，呆呆的只管站着。众人接过灯去，扶了宝玉仍旧坐下，两眼直视，半语全无。贾母恐他病发，亲自扶他上床。凤姐尤氏请了宝钗进入里间床上坐下，宝钗此时自然是低头不语。宝玉定了一回神，见贾母王夫人坐在那边，便轻轻的叫袭人道："我是在那里呢？这不是做梦么？"袭人道："你今日好日子，什么梦不梦的混说。老爷可在外头呢。"宝玉悄悄儿的拿手指着道："坐在那里这一位美人儿是谁？"袭人握了自己的嘴，笑的说不出话来，歇了半日才说道："是新娶的二奶奶。"众人也都回过头去，忍不住的笑。宝玉又道："好糊涂，你说二奶奶到底是谁？"袭人道："宝姑娘。"宝玉道："林姑娘呢？"袭人道："老爷作主娶的是宝姑娘，怎么混说起林姑娘来。"宝玉道："我才刚看见林姑

第九十七回 林黛玉焚稿断痴情 薛宝钗出闺成大礼

娘了么,还有雪雁呢,怎么说没有。你们这都是做什么顽呢?"凤姐便走上来轻轻的说道:"宝姑娘在屋里坐着呢。别混说,回来得罪了他,老太太不依的。"宝玉听了,这会子糊涂更利害了。本来原有昏愦的病,加以今夜神出鬼没,更叫他不得主意,便也不顾别的了,口口声声只要找林妹妹去。贾母等上前安慰,无奈他只是不懂。又有宝钗在内,又不好明说。知宝玉旧病复发,也不讲明,只得满屋里点起安息香来,定住他的神魂,扶他睡下。众人鸦雀无闻,停了片时,宝玉便昏沉睡去。贾母等才得略略放心,只好坐以待旦,叫凤姐去请宝钗安歇。宝钗置若罔闻,也便和衣在内暂歇。贾政在外,未知内里原由,只就方才眼见的光景想来,心下倒宽了。恰是明日就是起程的吉日,略歇了一歇,众人贺喜送行。贾母见宝玉睡着,也回房去暂歇。

次早,贾政辞了宗祠,过来拜别贾母,禀称:"不孝远离,惟愿老太太顺时颐养。儿子一到任所,即修禀请安,不必挂念。宝玉的事,已经依了老太太完结,只求老太太训诲。"贾母恐贾政在路不放心,并不将宝玉复病的话说起,只说:"我有一句话,宝玉昨夜完姻,并不是同房。今日你起身,必该叫他远送才是。他因病冲喜,如今才好些,又是昨日一天劳乏,出来恐怕着了风。故此问你,你叫他送呢,我即刻去叫他;你若疼他,我就叫人带了他来,你见见,叫他给你磕头就算了。"贾政道:"叫他送什么,只要他从此以后认真念书,比送我还喜欢呢。"贾母听了,又放了一条心,便叫贾政坐着,叫鸳鸯去如此如此,带了宝玉,叫袭人跟着来。鸳鸯去了不多一会,果然宝玉来了,仍是叫他行礼。宝玉见了父亲,神志略敛

批注

些，片时清楚，也没什么大差。贾政吩咐了几句，宝玉答应了。贾政叫人扶他回去了，自己回到王夫人房中，又切实的叫王夫人管教儿子，断不可如前娇纵。明年乡试，务必叫他下场。王夫人一一的听了，也没提起别的。即忙命人扶了宝钗过来，行了新妇送行之礼，也不出房。其余内眷俱送至二门而回。贾珍等也受了一番训饬。大家举酒送行，一班子弟及晚辈亲友，直送至十里长亭而别。

不言贾政起程赴任。且说宝玉回来，旧病陡发，更加昏愦，连饮食也不能进了。未知性命如何，下回分解。

红楼小讲台

《红楼梦》毋庸置疑是一部爱情小说，但又绝不仅是一部爱情小说。因为在爱情的主角们身上，爱情的密度是令人窒息的，爱情的深度是钻入心灵最深处的，爱情的广度是涉及了全部人生的。**爱情是一件决定了要成为什么样的人，要拥有怎样的人生的大问题**，特别是在林黛玉那里，一生便为了爱情这一件大事而来。

在小说开头的神话里，爱情是宿命，是前世绛珠仙草与神瑛侍者的不解之缘，是为了偿还甘露之惠而将今世全部的眼泪还他。小说开头已经明白地告诉读者，这是一个注定的悲剧，林黛玉的结局已经写好——泪尽而逝。既然没有悬念，两百多年来宝黛的故事为什么还一直令读者唏嘘、感叹、伤怀不已呢？

因为流泪的人纯洁、美丽、忠诚，情不知所起一往而深。比美更能打动人的是美的毁灭。

本回我评论：

名家鉴赏台

宝、黛爱情关系中的各个发展阶段，都属于伦理性质：

前生——恩义、德惠的报偿基础；

今世——日常生活的伦理情感；

就此与其说黛玉的整体生命结构是"为情而生，为情而死"，不如说是"受惠而生，报恩而死"，只是在恩惠之中裹挟了生活中自幼至长逐日累积的由衷真情，因此比单纯的男女之爱更深厚，又比单纯的偿债关系更感人。

——欧丽娟[1]

欧丽娟，台湾大学中国文学系教授，在《大观红楼》中如是说。

红楼人物馆

"傻大姐"这个人物在《红楼梦》中是个配角，但仅有的两次出场都对情节推进起到了关键作用：第一次由她捡到了"绣春囊"，带来了"抄检大观园"；第二次由她告诉了林黛玉，宝玉和宝钗的婚事，导致了林黛玉的病逝。试分析傻大姐的"傻"，艺术上为什么需要她的"傻"。

---

[1] 欧丽娟.大观红楼[M].北京：北京大学出版社，2017。

红楼活动场

1. 本回的回目"林黛玉焚稿断痴情　薛宝钗出闺成大礼"两面的场景一个是＿＿＿＿，另一个是＿＿＿＿，运用了＿＿＿＿的写作技巧，我认为好处是＿＿＿＿＿＿＿＿＿＿＿＿＿＿＿＿＿＿＿＿＿＿。

2. 《红楼梦》的诗人中，林黛玉为冠首。她的《葬花词》，题帕诗，诗社题咏，即使是没有通读过小说的人也能吟诵几句。弥留之际，她却将这本凝聚了她一生心血的诗集付之一炬。你如何理解她的行为，如何理解诗歌对于林黛玉的意义？

创意写作：请为林黛玉代笔，以《诗歌对我的意义》为题，写一篇文章。

群分类：阅读提升

第一百二十回

甄士隐详说太虚情　贾雨村归结红楼梦

　　话说宝钗听秋纹说袭人不好，连忙进去瞧看。巧姐儿同平儿也随着走到袭人炕前。只见袭人心痛难禁，一时气厥。宝钗等用开水灌了过来，仍旧扶他睡下，一面传请大夫。巧姐儿问宝钗道："袭人姐姐怎么病到这个样？"宝钗道："大前儿晚上哭伤了心了，一时发晕栽倒了。太太叫人扶他回来，他就睡倒了。因外头有事，没有请大夫瞧他，所以致此。"说着，大夫来了，宝钗等略避。大夫看了脉，说是急怒所致，开了方子去了。

　　原来袭人模糊听见说宝玉若不回来，便要打发屋里的人都出去，一急越发不好了。到大夫瞧后，秋纹给他煎药。他各自一人躺着，神魂未定，好象宝玉在他面前，恍惚又象是个和尚，手里拿着一本册子揭着看，还说道："你别错了主意，我是不认得你们的了。"袭人似要和他说话，秋纹走来说："药好了，姐姐吃罢。"袭人睁眼一瞧，知是个梦，也不告诉人。吃了药，便自己细细的想："宝玉必是跟了和尚去。上回他要拿玉出去，便是要脱身的样子，被我揪住，看他竟不象往常，把我混推混搡的，一点情意都没有。后来待二奶奶更生厌烦。在别的姊妹跟前，也是没

批注

批注

有一点情意。这就是悟道的样子。但是你悟了道,抛了二奶奶怎么好!我是太太派我服侍你,虽是月钱照着那样的分例,其实我究竟没有在老爷太太跟前回明就算了你的屋里人。若是老爷太太打发我出去,我若死守着,又叫人笑话;若是我出去,心想宝玉待我的情分,实在不忍。"左思右想,实在难处。想到刚才的梦"好象和我无缘"的话,"倒不如死了干净。"岂知吃药以后,心痛减了好些,也难躺着,只好勉强支持。过了几日,起来服侍宝钗。宝钗想念宝玉,暗中垂泪,自叹命苦。又知他母亲打算给哥哥赎罪,很费张罗,不能不帮着打算。暂且不表。

且说贾政扶贾母灵柩,贾蓉送了秦氏凤姐鸳鸯的棺木,到了金陵,先安了葬。贾蓉自送黛玉的灵也去安葬。贾政料理坟基的事。一日接到家书,一行一行的看到宝玉贾兰得中,心里自是喜欢。后来看到宝玉走失,复又烦恼,只得赶忙回来。在道儿上又闻得有恩赦的旨意,又接家书,果然赦罪复职,更是喜欢,便日夜趱行。

一日,行到毗陵驿地方,那天乍寒下雪,泊在一个清净去处。贾政打发众人上岸投帖辞谢朋友,总说即刻开船,都不敢劳动。船中只留一个小厮伺候,自己在船中写家书,先要打发人起早到家。写到宝玉的事,便停笔。抬头忽见船头上微微的雪影里面一个人,光着头,赤着脚,身上披着一领大红猩猩毡的斗篷,向贾政倒身下拜。贾政尚未认清,急忙出船,欲待扶住问他是谁。那人已拜了四拜,站起来打了个问讯。贾政才要还揖,迎面一看,不是别人,却是宝玉。贾政吃一大惊,忙问道:"可是宝玉么?"那人只不言语,似喜似悲。贾政又问道:"你若是

344

宝玉，如何这样打扮，跑到这里？"宝玉未及回言，只见舡头上来了两人，一僧一道，夹住宝玉说道："俗缘已毕，还不快走。"说着，三个人飘然登岸而去。贾政不顾地滑，疾忙来赶。见那三人在前，那里赶得上。只听得他们三人口中不知是那个作歌曰：

> 我所居兮，青埂之峰。我所游兮，鸿蒙太空。谁与我游兮，吾谁与从。渺渺茫茫兮，归彼大荒。

贾政一面听着，一面赶去，转过一小坡，倏然不见。贾政已赶得心虚气喘，惊疑不定，回过头来，见自己的小厮也是随后赶来。贾政问道："你看见方才那三个人么？"小厮道："看见的。奴才为老爷追赶，故也赶来。后来只见老爷，不见那三个人了。"贾政还欲前走，只见白茫茫一片旷野，并无一人。贾政知是古怪，只得回来。

众家人回舡，见贾政不在舱中，问了舡夫，说是"老爷上岸追赶两个和尚一个道士去了。"众人也从雪地里寻踪迎去，远远见贾政来了，迎上去接着，一同回船。贾政坐下，喘息方定，将见宝玉的话说了一遍。众人回禀，便要在这地方寻觅。贾政叹道："你们不知道，这是我亲眼见的，并非鬼怪。况听得歌声大有元妙。那宝玉生下时衔了玉来，便也古怪，我早知不祥之兆，为的是老太太疼爱，所以养育到今。便是那和尚道士，我也见了三次：头一次是那僧道来说玉的好处；第二次便是宝玉病重，他来了将那玉持诵了一番，宝玉便好了；第三次送那玉来，坐在前厅，我一转眼就不见了。我心里便有些诧异，只道宝玉果真有造化，高僧仙道来护佑他的。岂知宝玉是下凡历劫的，竟哄了老太太十九年！如今叫我才明白。"说到那里，掉下泪来。众人道："宝二爷果然是下凡的和尚，就不该中

批注

> 批注

举人了。怎么中了才去？"贾政道："你们那里知道，大凡天上星宿，山中老僧，洞里的精灵，他自具一种性情。你看宝玉何尝肯念书，他若略一经心，无有不能的。他那一种脾气也是各别另样。"说着，又叹了几声。众人便拿"兰哥得中，家道复兴"的话解了一番。贾政仍旧写家书，便把这事写上，劝谕合家不必想念了。写完封好，即着家人回去。贾政随后赶回。暂且不题。

且说薛姨妈得了赦罪的信，便命薛蝌去各处借贷。并自己凑齐了赎罪银两。刑部准了，收兑了银子，一角文书将薛蟠放出。他们母子姊妹弟兄见面，不必细述，自然是悲喜交集了。薛蟠自己立誓说道："若是再犯前病，必定犯杀犯剐！"薛姨妈见他这样，便要握他嘴说："只要自己拿定主意，必定还要妄口巴舌血淋淋的起这样恶誓么！只香菱跟了你受了多少的苦处，你媳妇已经自己治死自己了，如今虽说穷了，这碗饭还有得吃，据我的主意，我便算他是媳妇了，你心里怎么样？"薛蟠点头愿意。宝钗等也说："很该这样。"倒把香菱急得脸胀通红，说是："伏侍大爷一样的，何必如此。"众人便称起大奶奶来，无人不服。薛蟠便要去拜谢贾家，薛姨妈宝钗也都过来。见了众人，彼此聚首，又说了一番的话。

正说着，恰好那日贾政的家人回家，呈上书子，说："老爷不日到了。"王夫人叫贾兰将书子念给听。贾兰念到贾政亲见宝玉的一段，众人听了都痛哭起来，王夫人宝钗袭人等更甚。大家又将贾政书内叫家内"不必悲伤，原是借胎"的话解说了一番。"与其作了官，倘或命运不好，犯了事坏家败产，那时倒不好了。宁可咱们家出一位佛爷，倒是老爷太太的积德，所以才投到咱们家来。不是说句不顾前后的话，当初东府里太爷倒是修炼了十几年，也没有成了仙。这佛是更难成的。太太这么一想，心里便开豁了。"王夫人哭着和薛姨妈道："宝玉抛了我，我还恨他呢。我叹的是媳妇的命苦，才成了一二年的亲，怎么他就硬着肠子都撂下了走了呢！"薛姨妈听了也甚伤心。宝钗哭得人事不知。所有爷们都在外头，王夫人便说道："我为他担了一辈子的惊，刚刚儿的娶了亲，中了举人，又知道媳妇作了胎，我才喜欢些，不想弄到这样结局！早知这样，就不该娶亲害了人家的姑娘！"薛姨妈道："这是自己一定的，咱们这样人家，还有什么别的说的吗？幸喜有了胎，将来生个外孙子必定是有成立的，后来就有了结果了。你看大奶奶，如今兰哥儿中了举人，明年成了进士，可不是就做了官了么。他头里的苦也算吃尽的了，如今的甜来，也是他为人的好处。我们姑娘的心肠儿姊姊是知道的，并不是刻薄轻佻的人，姊姊倒不必耽忧。"王夫人被薛姨妈一番言语说得极有理，心想："宝钗小时候更是廉静寡欲极爱素淡的，他所以才有这个事，想人生在世真有一定数的。看着宝钗虽是痛哭，他端庄样儿一点不走，却倒来劝我，这是真真难得的！不想宝玉这样一个人，红尘中福分竟没有一点儿！"想了一回，也觉解了好些。又想到袭人身上："若说别的丫头呢，没有什么难处的，大的配了出去，小的伏侍二奶奶就是了。独有袭人可怎么处呢？"此时人多，也不好说，且等晚上和薛姨妈商量。

那日薛姨妈并未回家，因恐宝钗痛哭，所以在宝钗房中解劝。那宝钗却是极明理，思前想后，"宝玉原是一种奇异的人。夙世前因，自有一定，原无可怨天尤人。"更将大道理的话告诉他母亲了。薛姨妈心里反倒安了,便到王夫人那里先把宝钗的话说了。王夫人点头叹道:"若说我无德,不该有这样好媳妇了。"说着,更又伤心起来。薛姨妈倒又劝了一会子,因又提起袭人来,说:"我见袭人近来瘦的了不得,他是一心想着宝哥儿。但是正配呢理应守的,屋里人愿守也是有的。惟有这袭人,虽说是算个屋里人,到底他和宝哥儿并没有过明路儿的。"王夫人道:"我才刚想着,正要等妹妹商量商量。若说放他出去,恐怕他不愿意,又要寻死觅活的;若要留着他也罢,又恐老爷不依。所以难处。"薛姨妈道:"我看姨老爷是再不肯叫守着的。再者姨老爷并不知道袭人的事,想来不过是个丫头,那有留的理呢?只要姊姊叫他本家的人来,狠狠的吩咐他,叫他配一门正经亲事,再多多的陪送他些东西。那孩子心肠儿也好,年纪儿又轻,也不枉跟了姐姐会子,也算姐姐待他不薄了。袭人那里还得我细细劝他。就是叫他家的人来也不用告诉他,只等他家里果然说定了好人家儿,我们还去打听打听,若果然足衣足食,女婿长的象个人儿,然后叫他出去。"王夫人听了道:"这个主意很是。不然叫老爷冒冒失失的一办,我可不是又害了一个人了么!"薛姨妈听了点头道:"可不是么!"又说了几句,便辞了王夫人,仍到宝钗房中去了。

　　看见袭人泪痕满面,薛姨妈便劝解譬喻了一会。袭人本来老实,不是伶牙利齿的人,薛姨妈说一句,他应一句,回来说道:"我是做下人的人,姨太太瞧得起我,才和我说这些话,我是从不敢违拗太太的。"薛姨妈听他的话,"好一个柔顺的孩子!"心里更加喜欢。宝钗又将大义的话说了一遍,大家各自相安。

过了几日，贾政回家，众人迎接。贾政见贾赦贾珍已都回家，弟兄叔侄相见，大家历叙别来的景况。然后内眷们见了，不免想起宝玉来，又大家伤了一会子心。贾政喝住道："这是一定的道理。如今只要我们在外把持家事，你们在内相助，断不可仍是从前这样的散慢。别房的事，各有各家料理，也不用承总。我们本房的事，里头全归于你，都要按理而行。"王夫人便将宝钗有孕的话也告诉了，将来丫头们都放出去。贾政听了，点头无语。

次日贾政进内，请示大臣们，说是："蒙恩感激，但未服阕，应该怎么谢恩之处，望乞大人们指教。"众朝臣说是代奏请旨。于是圣恩浩荡，即命陛见。贾政进内谢了恩，圣上又降了好些旨意，又问起宝玉的事来。贾政据实回奏。圣上称奇，旨意说，宝玉的文章固是清奇，想他必是过来人，所以如此。若在朝中，可以进用。他既不敢受圣朝的爵位，便赏了一个"文妙真人"的道号。贾政又叩头谢恩而出。

回到家中，贾琏贾珍接着，贾政将朝内的话述了一遍，众人喜欢。贾珍便回说："宁国府第收拾齐全，回明了要搬过去。栊翠庵圈在园内，给四妹妹静养。"贾政并不言语，隔了半日，却吩咐了一番仰报天恩的话。贾琏也趁便回说："巧姐亲事，父亲太太都愿意给周家为媳。"贾政昨晚也知巧姐的始末，便说："大老爷大太太作主就是了。莫说村居不好，只要人家清白，孩子肯念书，能够上进。朝里那些官儿难道都是城里的人么？"贾琏答应了"是"，又说："父亲有了年纪，况且又有痰症的根子，静养几年，诸事原仗二老爷为主。"贾政道："提起村居养静，甚合我

批注

意。只是我受恩深重，尚未酬报耳。"贾政说毕进内。贾琏打发请了刘姥姥来，应了这件事。刘姥姥见了王夫人等，便说些将来怎样升官，怎样起家，怎样子孙昌盛。

正说着，丫头回道："花自芳的女人进来请安。"王夫人问几句话，花自芳的女人将亲戚作媒，说的是城南蒋家的，现在有房有地，又有铺面，姑爷年纪略大了几岁，并没有娶过的，况且人物儿长的是百里挑一的。王夫人听了愿意，说道："你去应了，隔几日进来再接你妹子罢。"王夫人又命人打听，都说是好。王夫人便告诉了宝钗，仍请了薛姨妈细细的告诉了袭人。袭人悲伤不已，又不敢违命的，心里想起宝玉那年到他家去，回来说的死也不回去的话，"如今太太硬作主张。若说我守着，又叫人说我不害臊；若是去了，实不是我的心愿"，便哭得咽哽难鸣，又被薛姨妈宝钗等苦劝，回过念头想道："我若是死在这里，倒把太太的好心弄坏了。我该死在家里才是。"

于是，袭人含悲叩辞了众人，那姐妹分手时自然更有一番不忍说。袭人怀着必死的心肠上车回去，见了哥哥嫂子，也是哭泣，但只说不出来。那花自芳悉把蒋家的聘礼送给他看，又把自己所办妆奁一一指给他瞧，说那是太太赏的，那是置办的。袭人此时更难开口，住了两天，细想起来："哥哥办事不错，若是死在哥哥家里，岂不又害了哥哥呢。"千思万想，左右为难，真是一缕柔肠，几乎牵断，只得忍住。

那日已是迎娶吉期，袭人本不是那一种泼辣人，委委屈屈的上轿而去，心里另想到那里再作打算。岂知过了门，见那蒋家办事极其认真，全都按着正配的规矩。一进了门，丫头仆妇都称奶奶。袭人此时欲要死在这里，又恐害了人家，辜负了一番好意。那夜原是哭着不肯俯就的，那姑爷却极柔情曲意的承顺。到了第二天开箱，这姑爷看见一条猩红汗巾，方知是宝玉的丫头。原来当初只知是贾母的侍儿，益想不到是袭人。此时蒋玉菡念着宝玉待他的旧情，倒觉满心惶愧，更加周旋，又故意将宝玉所换那条松花绿的汗巾拿出来。袭人看了，方知这姓蒋的原来就是蒋玉菡，始信姻缘前定。袭人才将心事说出，蒋玉菡也深为叹息敬服，不敢勉强，并越发温柔体贴，弄得个袭人真无死所了。看官听说：虽然事有前定，无可奈何。但孽子孤臣，义夫节妇，这"不得已"三字也不是一概推委得的。此袭人所以在又副册也。正是前人过那桃花庙的诗上说道：

千古艰难惟一死，伤心岂独息夫人！

不言袭人从此又是一番天地。且说那贾雨村犯了婪索的案件，审明定罪，今遇大赦，褫籍为民。雨村因叫家眷先行，自己带了一个小厮，一车行李，来到急流津觉迷渡口。只见一个道者从那渡头草棚里出来，执手相迎。雨村认得是甄士隐，也连忙打恭。士隐道："贾老先生别来无恙？"雨村道："老仙长到底是甄老先生！何前次相逢觌面不认？后知火焚草亭，下鄙深为惶恐。今日幸得相逢，益叹老仙翁道德高深。奈鄙人下愚不移，致有今日。"甄士隐道："前者老大人高官显爵，贫道怎敢相认！原因故交，敢赠片言，不意老大人相弃之深。然而富贵穷通，亦非偶然，今日复得相逢，也是一桩奇事。这里离草庵不远，暂请膝谈，未知可否？"

批注

雨村欣然领命，两人携手而行，小厮驱车随后，到了一座茅庵。士隐让进雨村坐下，小童献上茶来。雨村便请教仙长超尘的始末。士隐笑道："一念之间，尘凡顿易。老先生从繁华境中来，岂不知温柔富贵乡中有一宝玉乎？"雨村道："怎么不知。近闻纷纷传述，说他也遁入空门。下愚当时也曾与他往来过数次，再不想此人竟有如是之决绝。"士隐道："非也。这一段奇缘，我先知之。昔年我与先生在仁清巷旧宅门口叙话之前，我已会过他一面。"雨村惊讶道："京城离贵乡甚远，何以能见？"士隐道："神交久矣。"雨村道："既然如此，现今宝玉的下落，仙长定能知之。"士隐道："宝玉，即宝玉也。那年荣宁查抄之前，钗黛分离之日，此玉早已离世。一为避祸，二为撮合，从此夙缘一了，形质归一。又复稍示神灵，高魁贵子，方显得此玉那天奇地灵煅炼之宝，非凡间可比。前经茫茫大士渺渺真人携带下凡，如今尘缘已满，仍是此二人携归本处，这便是宝玉的下落。"雨村听了，虽不能全然明白，却也十知四五，便点头叹道："原来如此，下愚不知。但那宝玉既有如此的来历，又何以情迷至此，复又豁悟如此？还要请教。"士隐笑道："此事说来，老先生未必尽解。太虚幻境即是真如福地。一番阅册，原始要终之道，历历生平，如何不悟？仙草归真，焉有通灵不复原之理呢！"雨村听着，却不明白了。知仙机也不便更问，因又说道："宝玉之事既得闻命，但是敝族闺秀如此之多，何元妃以下算来结局俱属平常呢？"士隐叹息道："老先生莫怪拙言，贵族之女俱属从情天孽海而来。大凡古今女子，那'淫'字固不可犯，只这'情'字也是沾染不得的。所以崔莺苏小，无非仙子尘心；宋玉相如，大是文人口孽。凡是情思缠绵的，那结果就不可问了。"雨村听到这里，不觉扭须长叹，因又问道："请教老仙翁，那荣宁两府，尚可如前否？"士隐道："福善祸淫，古今定理。现今荣宁两府，善者修缘，恶者悔祸，将来兰桂齐芳，家道复初，也是自然的道理。"雨村低了半日头，忽然笑道："是了，是了。现在他府中有一个名兰的已中乡榜，恰好应着'兰'字。适间老仙翁说'兰桂齐芳'，又道宝玉'高魁子贵'，莫非他有遗腹之子，可以飞黄腾达的么？"士隐微微笑道："此系后事，未便预说。"雨村还要再问，士隐不答，便命人设俱盘飧，邀雨村共食。

食毕，雨村还要问自己的终身，士隐便道："老先生草庵暂歇，我还有一段俗缘未了，正当今日完结。"雨村惊讶道："仙长纯修若此，不知尚有何俗缘？"士隐道："也不过是儿女私情罢了。"雨村听了益发惊异："请问仙长，何出此言？"士隐道："老先生有所不知，小女英莲幼遭尘劫，老先生初任之时曾经判断。今归薛姓，产难完劫，遗一子于薛家以承宗祧。此时正是尘缘脱尽之时，只好接引接引。"士隐说着拂袖而起。雨村心中恍恍惚惚，就在这急流津觉迷渡口草庵中睡着了。

这士隐自去度脱了香菱，送到太虚幻境，交那警幻仙子对册。刚过牌坊，见那一僧一道，缥渺而来。士隐接着说道："大士、真人，恭喜，贺喜！情缘完结，都交割清楚了么？"那僧道说："情缘尚未全结，倒是那蠢物已经回来了。还得把他送还原所，将他的后事叙明，不枉他下世一回。"士隐听了，便拱手而别。那僧道仍携了玉到青埂峰下，将宝玉安放在女娲炼石补天之处，各自云游而去。从此后，"天外书传天外事，两番人作一番人。"

> 批注

　　这一日空空道人又从青埂峰前经过,见那补天未用之石仍在那里,上面字迹依然如旧,又从头的细细看了一遍,见后面偈文后又历叙了多少收缘结果的话头,便点头叹道:"我从前见石兄这段奇文,原说可以闻世传奇,所以曾经抄录,但未见返本还原。不知何时复有此一佳话,方知石兄下凡一次,磨出光明,修成圆觉,也可谓无复遗憾了。只怕年深日久,字迹模糊,反有舛错,不如我再抄录一番,寻个世上清闲无事的人,托他传遍,知道奇而不奇,俗而不俗,真而不真,假而不假。或者尘梦劳人,聊倩鸟呼归去;山灵好客,更从石化飞来,亦未可知。"想毕,便又抄了,仍袖至那繁华昌盛的地方,遍寻了一番,不是建功立业之人,即系饶口谋衣之辈,那有闲情更去和石头饶舌。直寻到急流津觉迷渡口,草庵中睡着一个人,因想他必是闲人,便要将这抄录的《石头记》给他看看。那知那人再叫不醒。空空道人复又使劲拉他,才慢慢的开眼坐起,便草草一看,仍旧掷下道:"这事我已亲见尽知。你这抄录的尚无舛错,我只指与你一个人,托他传去,便可归结这一新鲜公案了。"空空道人忙问何人,那人道:"你须待某年某月某日某时到一个悼红轩中,有个曹雪芹先生,只说贾雨村言托他如此如此。"说毕,仍旧睡下了。

　　那空空道人牢牢记着此言,又不知过了几世几劫,果然有个悼红轩,见那曹雪芹先生正在那里翻阅历来的古史。空空道人便将贾雨村言了,方把这《石头记》示看。那雪芹先生笑道:"果然是'贾雨村言'了!"空空道人便问:"先生何以认得此人,便肯替他传述?"曹雪芹先生笑道:"说你空,原来你肚里果然空空。既是假语村言,但无鲁鱼亥豕以及背谬矛盾之处,乐得与二三同志,酒余饭饱，雨夕灯窗之下，同消寂寞，又不必大人先生品题传世，似你这样寻根问底，便是刻舟求剑，胶柱鼓瑟了。"那空空道人听了，仰天大笑，掷下抄本，飘然而去。一面走着，口中说道："果然是敷衍荒唐！不但作者不知，抄者不知，并阅者也不知。不过游戏笔墨，陶情适性而已！"后人见了这本奇传，亦曾题过四句为作者缘起之言更转一竿头云：

说到辛酸处，荒唐愈可悲。
由来同一梦，休笑世人痴！

红楼小讲台

本回主要写的是下面几件事。一，贾宝玉中举后出家，雪天拜别父亲贾政。二，袭人悲伤出嫁，竟得好姻缘；薛宝钗明理自持，静养胎儿。三，甄士隐与贾雨村的再次会面。

贾宝玉光着头、赤着脚，身披一件大红猩猩毡的斗篷，在雪中向贾政倒身拜了四拜，站起来做了一个僧尼向人问安的合掌手势。一言不发，似喜似悲，然后在一僧一道的夹挟下飘然而去，只留下一片白茫茫大地真干净。契合了第5回中"红楼梦曲"的《收尾·飞鸟各投林》：

为官的，家业凋零；富贵的，金银散尽；
有恩的，死里逃生；无情的，分明报应。
欠命的，命已还；欠泪的，泪已尽。
冤冤相报实非轻，分离合聚皆前定。
欲知命短问前生，老来富贵也真侥幸。
看破的，遁入空门；痴迷的，枉送了性命。
好一似食尽鸟投林，落了片白茫茫大地真干净！

这是全世界最好的闭幕式。从艺术手法上看，这个结局是很美的，毋庸赘言，只需想象一下这幅画面便知。

但是这个结局留给我们很多疑问，首先便是宝玉出家为什么要选择在中举之后？第119回，宝玉赴考前拜别母亲王夫人的场景可做一解：

只见宝玉一声不哼，待王夫人说完了，走过来给王夫人跪下，满眼流泪，磕了三个头，说道："母亲生我一世，我也无可答报，只有这一入场用心作了文章，好好的中个举人出来。那时太太喜欢喜欢，便是儿子一辈的事也完了，一辈子的不好也都遮过去了。"

为了完成对父母亲人的报恩，为了无牵无挂地离去。这是宝玉反叛的特殊形式，有一种仁至义尽、两不相欠的决绝，也是宝玉最后的深情。这个结局从另一个方面说明宝玉超尘拔俗的心性与能力，父母亲人孜孜不倦追求的功名仕途，终身规劝、打骂、哄骗着宝玉去进取的，宝玉全不在意，而只要稍一用心便可得到。这也反映了只知名利进取的人间俗情的平庸和无趣。

《红楼梦》第1回由甄士隐、贾雨村开始，最后一回也由他们作结。由神话开始，由神话结束，从哪儿来回到了哪儿去，中间的尘世经历就成了刻在石头上的文字，由空空道人抄录下来，又由贾雨村交给悼红轩中的曹雪芹，与第1回"你道此书从何而来"片段呼应。

本回我评论：

绝妙好词笺

原文说："后人见了这本奇传，亦曾题过四句为作者缘起之言更转一竿头"。意即此结语比缘起之言意思更进一层。

缘起诗：

> 满纸荒唐言，一把辛酸泪！
> 都云作者痴，谁解其中味？

结语诗：

> 说到辛酸处，荒唐愈可悲。
> 由来同一梦，休笑世人痴！

两首诗都写到，以荒唐言来写辛酸泪。这个荒唐言不仅指书中的奇异人物的荒唐行径，也包括了作者大胆的艺术创造。这个辛酸泪是作者对虚实相生、梦醒交错的人生历程和创作历程的总的概括。缘起诗由荒唐的事实，说到内心的辛酸；结语诗由辛酸更进一层，感到愈加可悲。

缘起诗中作者是孤独的，一片痴心反思、忏悔、纪念着梦幻般的人生，又有谁能理解其中滋味呢？他似乎期待着理解，又似乎对知遇知音感到无望。

结语诗中的作者是芸芸众生之一，"由来同一梦，休笑世人痴"，痴狂迷恋的岂止是我曹雪芹一个人呐！谁也不要笑谁啦，大家都一样。这是一本属于所有人的书，人人都可在书中找到自己的影子，找到后尽可与他相视一笑吧！

名家鉴赏台

至于说到《红楼梦》的价值，可是在中国底小说中实在是不可多得的。其要点在敢于如实描写，并无讳饰，和从前的小说叙好人完全是好，坏人完全是坏的，大不相同，所以其中所叙的人物，都是真的人物。总之自有《红楼梦》出来以后，传统的思想和写法都打破了。[①]

——鲁迅

[①] 鲁迅，中国小学史略[M].上海：上海古籍出版社，1998.1。

红楼活动场

主持读书会：厚厚的一部《红楼梦》已经读到第120回，你有什么样的感受呢？邀请父母、同学、朋友、老师，无论读过还是正想读此书的人，主持召开一场读书会吧！

群分类：读书心得

图书在版编目（CIP）数据

葛老师的红楼课/葛承程编著.— 南京：南京大学出版社，2019.6
（领读经典/王召强主编）
ISBN 978-7-305-21861-3

Ⅰ.①葛… Ⅱ.①葛… Ⅲ.①阅读课—中学—教学参考资料 Ⅳ.① G634.333

中国版本图书馆 CIP 数据核字（2019）第 061435 号

出版发行	南京大学出版社
社　　址	南京市汉口路22号　　邮　编 210093
出 版 人	金鑫荣

丛 书 名	领读经典
丛书主编	王召强
书　　名	葛老师的红楼课
编　　著	葛承程
策　　划	夏德元
责任编辑	徐　媛　　　　编辑热线 025-83685720
封面设计	叶　茂
插图绘制	史建期

印　　刷	丹阳兴华印务有限公司
开　　本	718×1000　1/16　印张 23.5　字数 325 千
版　　次	2019 年 6 月第 1 版　2019 年 6 月第 1 次印刷

ISBN 978-7-305-21861-3
定　价　58.00 元

网　　址	http://www.njupco.com
官方微博	http://weibo.com/njupco
官方微信	njupress
销售热线	025-83594756

* 版权所有，侵权必究
* 凡购买南大版图书，如有印装质量问题，请与所购图书销售部门联系调换